近代中国
大众教育的兴起
（1927—1937）

冯　淼◎著

社会科学文献出版社

SOCIAL SCIENCES ACADEMIC PRESS (CHINA)

目 录 Contents

导　论 / 001

　　一　问题的提出 / 001

　　二　国民革命与大众的兴起 / 015

　　三　教育与政治 / 018

　　四　生活教育与大众教育 / 030

　　五　"大众"和日常生活 / 035

　　六　材料、方法和章节安排 / 039

第一部分

第一章　由革命到日常：工作重心变化与知识分子
　　　　聚集城市 / 047

　　一　工作重心的变化 / 047

　　二　革命知识分子聚集上海 / 052

第二章　《读书生活》与面向识字劳工的教育 / 064

　　一　读者指导部和《读书生活》/ 066

二 记录生活，组织情感 / 073

三 认识生活 / 084

小 结 / 093

第二部分

第三章 生活教育：陶行知及其乡村社会
教育观 / 099

一 陶行知与教育普及问题 / 109

二 见证国民革命时期工农运动的崛起 / 111

三 "伪知识"阶级与对知识和教育私有权的
批评 / 113

四 晓庄的"新教育"实践 / 122

五 "中心学校"的建立 / 127

六 组织乡村公共事务 / 136

七 重新组织乡村生产，展望新机器文化 / 145

小 结 / 151

第四章 从生活教育到大众教育 / 153

一 大众的日常生活与"大众教育"的
提出 / 158

二 创造"大众文字"和"大众文学" / 163

三 "大众歌曲"和"大众唱歌团" / 184

四 重新定义"大众之德" / 192

五 教育、阶级和团结统一的对话 / 194

小 结 / 200

第三部分

第五章　另一种"走向大众"：中国文化建设协会的
　　　　"民智"说 / 205

　　一　危机中转向文化运动 / 209

　　二　陈高佣关于半殖民地中国社会的文化
　　　　论说 / 215

　　三　文化的"精神方面"与"物质方面" / 223

第六章　全国读书扫盲运动 / 232

　　一　发展主义还是保守革命 / 232

　　二　规范"读书"实践，规训民众日常 / 235

　　三　民众教育话语中的农民、工人和精英 / 249

　　小　结 / 255

结　语 / 258

参考文献 / 264

附　录　跨学科视野下的"群众"历史

　　　　——评肖铁《革命之涛：现代中国的群众》/ 278

导　论

一　问题的提出

俄国布尔什维克革命、中国共产主义革命等 20 世纪的社会革命成功地动员和组织了大量的非精英群体，这在人类历史上是史无前例的。可以说，20 世纪社会革命史也是一部动员、组织和融合"大众"的历史。中国革命的特殊和普遍之处恰恰在于它有效地聚集了来自社会底层的各种力量，这一群体跨越了性别、阶级、地域、教育文化等界限。本书考察从国民大革命到全面抗战爆发的十年间，三派知识分子和政治力量有关工农等非精英大众教育的思考以及实践。这三个大众教育活动是：由中共地下党员柳湜、夏征农、艾思奇以及大革命后聚集在城市的左翼知识分子所引领的、以识字劳工为对象的大众教育活动；由教育家陶行知引领的"生活教育"；由陈立夫以其中国文化建设协会而组织的全国读书、扫盲民众教育活动。这三个大众教育活动同时在 20

世纪30年代展开，相互关联竞争。这三组知识分子和政治力量
以农村和城市为背景，引导城市识字劳工、熟练技术工人和农民
识字、读书、写作。他们都将教育的重心放在农民、工人乃至城
市底层的"日常生活"上。然而，他们并没有形成一个先验而
自洽的对于大众和大众日常生活的认识。在知识论争和教育实践
中，他们试图描述、概括和改造这些非精英大众认识世界和生活
实践的方式。"大众"既是有待认识的客体，也是这些知识分子
和政治力量批评现实、改造动员的来源。

　　本书从更广阔的视野探索20世纪中国革命的组织与动员
机制，探讨文化、教育等非经济和非军事的"软实力"如何成
为革命中国政治的有机组成部分。分析、对比不同知识和政治
力量的大众教育思想和实践，有利于辨别和评估不同的文化政
治，突破政党和派别分野，也有利于反思文化与政治之间的关
系。现有党史和革命史研究有将文化和教育化约为政治、政党
宣传的趋势。本书呈现知识分子改造底层群众日常生活和思维
方式的教育过程，探究传统政治史和政党史忽略的文化和社会
面向。

　　本书受到国内、国外新革命史和社会文化史研究的影响。20
世纪50年代以来，中国革命如何成功地动员社会大多数工农群
众，一直是西方历史学界研究的重要议题。50年代美国学者受
到冷战意识形态影响，其问题意识集中于中国革命的胜利是否代
表社会主义制度的胜利以及阶级革命的胜利、中国共产党如何动
员并非传统意义上无产阶级的农民大众。代表作包括查默斯·约
翰逊《农民民族主义与共产党的权力：革命中国的出现，1937—

1945》等。① 约翰逊的研究主要运用日本军部档案，他认为中共成功地动员了中国农民朴素的爱国主义情感和排外情绪，并没有针对农民、农村阶级和社会矛盾的社会和经济革命。受到史料限制和意识形态的影响，约翰逊的结论有失偏颇。然而，他的研究却意外地开启了农民农村革命（agrarian revolution）这个领域，也影响了一代国内外学者。这个领域的建立推动了美国革命史研究，促进其脱离冷战意识形态，展开相对历史和客观的研究。六七十年代的美国中国史学者多数受到世界范围内社会革命和反越战浪潮的影响，公开批评美国政府和中央情报局在亚非等第三世界国家的经济和军事扩张，认为美国政府并不了解这些国家的文化和内部矛盾，其对外政策体现了美国官僚主义和帝国主义的傲慢和偏见。这些历史学者同情第三世界国家的反殖民独立运动，尤其同情中国革命。他们的研究积极挖掘中国革命中的民主因素，中国共产党的群众路线成为研究热点。代表学者马克·赛尔登称延安时期毛泽东领导的中国革命为"延安道路"。他认为中国革命胜利的主要原因在于毛泽东领导的土地改革得到农民的拥护，认为中国革命的胜利建立在群众路线、基层组织、反官僚运动基础上。这一代的学者有力地回应了约翰逊的农民民族主义论说。八九十年代，随着市场化和新自由主义在全球范围内的扩张，以暴力和激进手段促进社会变革的意识形态受到批评和否定，"否定革命""告别革命"成为革命史研究的基调。这一时期，革命史侧重研究革命暴力机制的出现、革命的恐怖主义倾

① Charlmas Johnson, *Peasant Nationalism and the Chinese Communist Power: The Rise of Communist China, 1937–1945*, Stanford University Press, 1962.

向、集权机制如何出现。这些研究中社会底层往往被视为"乌合之众"，具有不稳定性、不可知性，难以沟通和启蒙。周锡瑞的《关于中国革命的十个议题》有效地总结和分析了这一时期的美国学界中国革命研究。

近些年，英文学界出现了革命史的回归，随着档案资料的开放和对中国的深入了解，其开始总结反思几代革命史研究，重新认识中国革命。比较有代表性的研究有裴宜理对安源的研究，[①] 丛小平对地方师范学校老师如何在农村传播革命思想的研究、[②] 对陕甘宁边区婚姻法改革的研究，[③] 肖铁对近代群众话语历史的梳理，[④] 麦吉·克林顿对 30 年代左翼和右翼文化革命的研究。[⑤] 这一批新

① 裴宜理：《安源：发掘中国革命之传统》，阎小骏译，香港大学出版社，2014。

② Xiaoping Cong, *Teachers' Schools and the Making of the Modern Chinese Nation-State, 1897–1937*, The University of British Columbia, 2007; "Planning the Seeds for the Rural Revolution: Local Teachers' Schools and the Reemergence of Chinese Communism in the 1930s," *Twentieth-century China*, 32/2 (2007):135–165.

③ Xiaoping Cong, *Marriage, Law and Gender in Revolutionary China, 1940–1960*, Cambridge University Press, 2016 [中文版见《自主：中国革命的婚姻、法律与女性身份（1940—1960）》，社会科学文献出版社，2022]。关于该书在中、英文学界学术脉络中的价值与缺陷，见冯淼《革命地方实践与妇女解放问题：兼评丛小平〈革命中国的婚姻、法律与性别，1940—1960〉》，《妇女研究论丛》2021 年第 1 期。

④ Tie Xiao, *Revolutionary Waves: The Crowd in Modern China*, Cambridge: Harvard University Press, 2017. 关于该书在中、英文学界学术脉络中的价值与缺陷，见冯淼《跨学科视野下的"群众"历史——评肖铁〈革命之涛：现代中国的群众〉》，《史学理论研究》2020 年第 6 期。

⑤ Maggie Clinton, *Revolutionary Nativism*: *Fascism and Culture in China, 1925–1937*, Durham: University of Duke Press, 2017. 关于该书在中、英文学界学术脉络中的价值与缺陷，见冯淼《右翼革命及其文化政治——评〈革命的本土主义——1925—1937 年中国的法西斯主义与文化〉》，《开放时代》2018 年第 4 期。

的革命史研究运用文化人类学，将社会文化史与传统政治史、党史结合，着眼于革命政治空间的出现和消失，从多角度和多视野审视中国革命和革命动员机制。这些研究探讨革命如何运用传统文化元素、地缘和地方文化，如何动员不同群体，揭示文化革命的出现，建立城市革命与乡村革命的联系，比较中国共产党革命动员与同时期国民党国民动员的异同。这些新近研究揭示出中国革命的多样性、复杂性以及革命的各个面向。

随着 80 年代社会史研究转向、新文化史方法论引入，国内革命史研究发展迅速。无论是 90 年代初张静如先生提出的"综合性"社会史，还是近期李金铮提出的"新革命史"，都意识到有必要将 20 世纪中国革命置于一个更广阔的视野和平台，挖掘和呈现其独特性。① 近年来的革命史研究试图将传统的政治史、中国共产党党史与社会文化史相结合，以此揭示中国革命动员机制的复杂性和多样性。学者们认识到中国共产党革命意图的"大众化""通俗化"，往往不是一个简单的"工具化"和"技术性"信息传播的过程，绝非"党挥手，群众跟谁"那样一帆风顺、"控制与被控制"一般的机械。地方性因素和群体的多样性是中国共产党推进革命中必须面对的问题。党媒阅读、政治学习、民俗和仪式，这些不仅仅是传播中共意图的工具，也是我们考察中共改造社会和既有文化的"现场"。中共革命如何改变群众的观念，如何改造和吸收地方传统"旧瓶装新酒"，政治组织力如何

①　张静如：《以社会史为基础深化党史研究》，《历史研究》1991 年第 1 期；李金铮：《向"新革命史"转型：中共革命史研究方法的反思与突破》，《中共党史研究》2010 年第 1 期。

配合渗透，改造了哪些，又延续了哪些，这些都是近期研究者追问的问题。

革命中的阅读与学习是近些年来革命文化研究的一个新兴领域。中共是一个注重在现实中提炼和运用理论的政党。越来越多的党史学者也注意到，政治教育是中共向基层拓展革命以及政治危机时不可或缺的重要因素。[①] 政治教育是 20 世纪社会主义革命中的特殊历史现象。从方法上，政治教育是综合性和整体性都非常强的研究对象，涉及从思想、文化到社会的方方面面，以及这一过程中意识形态的组织和机制化。从经验层面上，社会、文化方面史料的搜集和整合相对政治、经济方面并不容易。从这两方面来说，阅读史是一个十分有效、可行的切入视角。不同形式和层面上的阅读和学习贯穿中共革命历史，是理解中共政治文化的重要途径。李金铮将"阅读史"列入新革命史的开拓研究点，大概也是意识到阅读史打通政治、社会和文化这一点。[②] 党史学者刘雨亭关注从社会思潮到政党意识形态这一过程，并提出了"政党与阅读"的重要视角与命题。[③] 她注意到清末儒家经典作为一种政治理念和意识形态失去了现实支撑，五四新文化运动后，新知识人以小团体"集体阅读"的方式追求新的社会共同价

①　杨奎松在对抗战前后山西长治基层干部的研究中就指出，党的方针政策落实到基层的过程中，除了依靠严格登记、分工和规则的科层制度，更加重要的是基层干部自身的文化水平以及相应的基层干部政治教育。参见杨奎松《敌后中共农村基层干部队伍的配备、选拔与规训——以抗战胜利前后中共山西太南农村基层干部为例》，《抗日战争研究》2019 年第 4 期。

②　李金铮：《再议"新革命史"的理念与方法》，《中共党史研究》2016 年第 11 期。

③　刘雨亭：《阅读与革命：二十世纪二十年代中共马克思主义著作经典化的发生》，《中共党史研究》2019 年第 10 期。

值。刘雨亭指出，这样的集体阅读和讨论实践，恰恰使植根于英法工业革命土壤的西方马克思主义逐渐发展成一种本土化的思想潮流，并进一步经过"经典化"的过程逐渐发展为中共革命中的意识形态根基。她的研究更进一步指出，经过"五四"与科学、玄学之论战，中国共产党逐渐成为马克思主义文本阅读活动的实践主体，"有组织的阅读"从党内延伸到党外，成为扩展理论权威和吸纳组织成员的通道。[①] 刘文主要关注从社会思潮到政党意识形态这一过程，但从思想的层面上来说，并不关注同时期并行的不同派别知识分子对马克思主义和社会科学经典的诠释。从社会文化层面上来说，也不关心承载从思潮到意识形态这个过程的阅读社会经历本身。这两个层面的缺失，多少使其叙事缺乏张力和层次，而容易陷入传统的党史叙事逻辑中。

　　与刘文相比，几位研究者对《论持久战》和《晋察冀日报》阅读史的考察，则下沉到了社会思想和文化的层面，探究中国共产党意识形态的社会文化成因。金伯文跟踪了1938年《论持久战》发表后在晋察冀抗日根据地中、下级干部以及民兵、群众当中的传播情况。该研究在运用根据地干部的日记、回忆录的同时，也运用了报纸以及干部学校和民众教材。研究指出，对《论持久战》思想的学习和宣传，"干部级别越高，自学比例越大；级别越低，则越需要借助相关课程进行学习"，高级干部自修读书同时也有小组集体讨论，初级干部主要靠上课和

---

① 刘雨亭：《阅读与革命：二十世纪二十年代中共马克思主义著作经典化的发生》，《中共党史研究》2019年第10期，第55页。

讨论掌握。① 在群众和士兵等层面，政治教育与语文识字学习往往结合起来。金文展示了中共在各层次组织和开展的集体阅读和政治学习平台，并且注意到政工干部这个革命阅读和政治教育的重要群体。可惜的是，该文较少呈现政工干部等作为能动个体在具体环境下的操作和受到的局限，政治教育的"教"和各层次的"学"的经历也少有呈现。文章由此折射出更多中共晋察冀地区宣传的鼓动性和工具性。

相比之下，桑兵的研究呈现出持久战思想传播过程中的层次和曲折。他考察了大量不同类型和派别的报刊关于《论持久战》的报道，在这些文本间建立联系，综合分析论持久战思想下沉到社会大众媒体层面时发生的流变。② 文章表明，大众媒体、社会和精英层面对于《论持久战》的传播和扩散，并非工具性的播散或全盘接受。桑兵指出，1940 年前国民党控制的城市媒体上诸多关于抗战的言论都秉承了《论持久战》的主要思想，认为毛泽东运动战和动员大众的战略，较之国民党空洞的精神统一、领袖崇拜，要更有说服力。另外，桑兵发现，吴半农和胡风等学者文人还从经济和文化方面延伸了以军事战略为主的"持久战"的意涵。《论持久战》从中共政党内部下沉到社会，这个思想传播扩散的过程，不是单纯的"通俗化"的过程，也不是"接受"与"不接受"的结果效应。鼓动和呼应的层次

---

① 金伯文：《〈论持久战〉在中共抗日根据地的阅读与接受》，《抗日战争研究》2019 年第 3 期，第 34 页。

② 桑兵：《鼓与呼：〈论持久战〉的舆论攻势》，《中山大学学报（社会科学版）》2019 年第 6 期；《〈论持久战〉的各方反响》，《学术月刊》2019 年第 9 期。

与内涵并不单一。

李金铮对党报《晋察冀日报》阅读史的研究进一步下沉到社会层面，挖掘"读者的视角"。[①]《晋察冀日报》这份党报的读者群中不仅有党政军各级干部、工作人员和编辑记者，还包括广大民众。该文呈现了不少群众自发组织读报组的鲜活历史细节。李金铮指出，中国共产党在敌后的根据地创建出这样一份让干部和群众喜闻乐见的报纸是"敌后战争环境下报社、党政军机构和读者共同完成的一个网络"。他认为，"《晋察冀日报》的阅读史是一部读者与报纸、与党政军联动的历史，也可以说是一部塑造阅读的政治史"。[②]

阅读史下沉到社会层面，研究的核心和难点是阅读经历的呈现，这包括读者的回应，也包括孕育读者阅读生活的社会文化氛围。点、面结合的阅读经历的呈现，也是较早提出阅读史的欧美新文化学者研究中的难点。[③]但这个问题放在中共革命文化的研究中，变得尤为关键和困难。因为中国共产党有自觉的宣传话语和明确的党媒机制，比如党报中读者来信栏目的设置有着非常自觉和明确的目的。以这些机制和媒介为平台的阅读经历和史料，

① 李金铮:《读者与报纸、党政军的联动:〈晋察冀日报〉的阅读史》,《近代史研究》2018 年第 4 期。

② 李金铮:《读者与报纸、党政军的联动:〈晋察冀日报〉的阅读史》,《近代史研究》2018 年第 4 期,第 25 页。

③ 此类综述性文章见 Robert Darton, "Towards a History of Reading," *Australian Journal of French Studies*, 23/1 (1986):5-30; James Smith Allen, "From the History of the Book to the History of Reading: A Review," *Libraries & Culture*, 28/3 (1993):319-326;Ian Jackson, "Approaches to the History of Readers and Reading in 18th Century England," *The Historical Journal* 47/4 (2004):1041-1054。

多数时候是我们研究的"对象"，而非不证自明的经验"史料"。我们如何解构和诠释这些由党媒呈现的个体和集体的阅读经历，是阅读史研究的核心和难点。李金铮在考察读者的阅读反应及其与日报的互动时，主要运用了回忆录和《晋察冀日报》自身的地方报道，来支持他"民众读报都得到了正向效应"的论断。① 直接引用媒介关于读者感受的叙述以及当事人的回忆，难免陷入两种境况。一种是重复印证史料自身的逻辑。李金铮也在别处指出过这种重复史料逻辑的历史叙事和当时的"宣传"相类似。② 另外一种困境是陷入"控制－被控制"的叙事逻辑。这两种线性叙事逻辑无疑遮盖了其中的回环曲折，特别是意识形态的能动和界限。20 世纪 30 年代社会性质论战的一个核心问题是，中国乡村社会裹足不前是不是因为农民农村的愚昧落后。无论答案如何，在考察根据地农民和底层阅读史的时候，史家必须面对的问题是：农民哪里来的读报需求？人类学家费孝通在《乡土中国》中有关乡村文化和文字的论述中指出，乡土中国有和城里人不一样的"知识"，只不过不是"文字"。③ 民国政府和知识分子"送字下乡"困难重重。中共农村革命动员的成功证明农民不一定永远没有文字、文化的需求。④ 那么，民众识字读报等文化需

---

① 李金铮：《读者与报纸、党政军的联动：〈晋察冀日报〉的阅读史》，《近代史研究》2018 年第 4 期，第 21 页。

② 李金铮：《向"新革命史"转型：中共革命史研究方法的反思与突破》，《中共党史研究》2010 年第 1 期，第 77 页。

③ 费孝通：《乡土中国》修订版，上海人民出版社，2013。详见"文字下乡""再论文字下乡"两部分（第 12—22 页）。

④ 关于新中国初期农村识字运动，见孙晓忠《识字的用途——论 1950 年代的农村识字运动》，《社会科学》2015 年第 7 期。

求是一个我们必须严肃对待的问题。20 世纪中共革命中党媒的一个值得关注的现象是跨媒介。1946 年《晋察冀日报》的一则报道记载，束鹿县郭庄村在 1946 年初的统累税征收工作，因为读报组的宣传工作及时，不到三天即告完成，当地农民说："报上已登了，我早准备好了。"[①] 这种跨越媒介、媒体连接乡村社会和生产的局面，如果是一种普遍现象，那么是如何发生的？农民对于党报的需求和信任如此之高，如果并不罕见，那党媒是怎么做到的？回答这些问题不仅需要我们深挖史料，扎实论证，也需要我们挖掘孕育阅读群体的社会、思想和地方文化土壤，将革命阅读与农村研究、地方史结合起来，建立更深入的问题意识。

如何呈现革命中的人和日常，是近些年革命史、党史研究的另一个重要问题。这样的探索力求回归常理、常情，揭示革命底色。这个研究路径，不仅源自对以政治和军事为主的、单一的传统革命叙事的反思，也源自对近期"新革命史"的反思。呈现革命中的人和日常的研究，关注行动和结果，更关注过程；关注政治和军事氛围，更关注观念和意识。这些研究普遍认为，革命中的人，无论是精英群体还是普通人，都不是纯粹的、经济利益的集合体，其选择和行为也不能用政治动员的技术因素来诠释。如何看待革命中的人？是理性的经济人、富有情感欲望的自然人，还是受到各种社会力量塑造的社会人？研究者对这一前提的清楚认识和考量很大程度上影响了其研究的问题意识和路径的延伸。

---

① 转引自李金铮《读者与报纸、党政军的联动：〈晋察冀日报〉的阅读史》，《近代史研究》2018 年第 4 期，第 21 页。

李里的研究《"革命夫妻"：中国共产党白区机关家庭化中的党员角色探析（1927—1934）》探析中共在 20 世纪二三十年代白区城市中的革命实践。[1]文章结合妇女运动史、城市文化史、社会史，展示出与以往以农村和政治军事为中心的十分不同的革命叙事。大革命失败后中国共产党遭受重创，首次大规模转入地下，在这样的历史背景下，中共推行机关家庭化，将党员调配组合成家庭形式以掩护机关运作，出现"革命夫妻"的工作组合方式。李里认为此时的"革命夫妻"干部身处双重境遇，既要应对白色恐怖，又要对城市家庭生活方式予以批判，工作机关与家庭这两个公私领域交汇重叠，由此产生的紧张感集中地投射在党员个体上。女性党员干部更是面临了多重困境，既要担负起留守机关负责人的角色，又要主持家务。她们不仅应对白区恶劣的政治环境，还要面对来自党内的不解。女性党员被质疑与"资产阶级太太小姐"相似，贪图享乐，脱离群众。"革命夫妻"的历史经验折射出复杂交错的革命日常，从理念到实际充满紧张感和纠结。对于置身"革命夫妻"境地的党员来说，公与私、内与外、革命与日常是很难撇清的。黄道炫的研究呈现出革命者深邃的心灵。《"二五八团"下的心灵史——战时中共干部的婚恋管控》细致入微地刻画出抗战时期中共青年干部的心灵轨迹。[2]抗战和解放战争时期中共为了保持自身战斗力，逐步限制、约束军队和干部的

---

[1] 李里：《"革命夫妻"：中共白区机关家庭化中的党员角色探析（1927—1934）》，《中共党史研究》2019 年第 11 期。

[2] 黄道炫：《"二五八团"下的心灵史——战时中共干部的婚恋管控》，《近代史研究》2019 年第 1 期。

婚恋生活。当年一批中共青年干部的日记为我们呈现了这一过程中个体青年干部内心世界的跌宕起伏。黄道炫认为，这些日记呈现出的个性与党性、个人与集体的碰撞与挣扎，清楚地指向具有崇高意识的个体心灵、革命主体的存在。黄道炫关注心灵史，旨在探索中共政治文化生命力的源头。在他看来，近些年来革命史研究以实证研究为主流，缺乏对中国共产党意识形态的探索。而中共政治文化所生发的力量"很难通过量化方式得到展现"，需要从更多角度探究、呈现之。他认为心灵史正是这样的尝试。①在他看来，注重理论思考和宏观导向，强调干群平等和群众路线，建立理论联系实际、实践优先的落实机制，开展批评与自我批评以实现内部监督等，都是中共政治文化的重要内涵。而中共干部是发挥和生成这些政治文化内涵的重要主体，应是我们探索中共文化政治的重点。②笔者的研究关注革命中的劳工大众和他们的情感与日常。我在研究中追问，革命精英和组织者，如何看待劳工大众的精神文化需求，如何应对劳动工人表露出的丰富个人情感、困惑以及琐碎日常。③继 E.P. 汤普森对英国工人阶级日常的研究，国内外的民国社会文化史、劳工史研究揭示了三四十

---

① 黄道炫：《政治文化视野下的心灵史》，《中共党史研究》2018 年第 11 期，第 27 页。

② 相关的主要研究包括《如何落实：抗战时期中共的贯彻机制》，《近代史研究》2019 年第 5 期；《抗战时期中共的权力下探与社会形塑》，《抗日战争研究》2018 年第 4 期；《整风运动的心灵史》，《近代史研究》2020 年第 2 期；《群众组织有什么用——1944 年的一场争论》，《抗日战争研究》2019 年第 3 期；《抗战时期中共干部的养成》，《近代史研究》2016 年第 4 期。

③ 冯淼：《〈读书生活〉与三十年代上海城市革命文化的发展》，《文学评论》2019 年第 4 期。

年代城市底层日常生活的多样化。① 如同汤普森笔下的英国工匠，20 世纪的中国工人群体有不同的地缘、性别、语言等文化差异。经典马克思主义意义上的"工人阶级"在近代中国也不是一个同质的群体。那么，中共革命的问题意识，就不仅仅是一个政治、军事命题，也是一个社会、文化命题——而且首先是一个社会、文化命题。社会革命的范畴和意涵就不仅仅是政党政治和军事视野下的"行动"和"结果"。社会革命的组织和发展，首先面临的是如何塑造、改变包括语言、思维和文化的既有日常和习惯。

正如黄道炫在他关于农村革命的研究中一针见血地指出的，"民众在（过去的）精英体制下，养成对既有秩序习惯性的遵从，相当程度上，这是要求变革的中国共产党在文化上的最大阻力"。通过梳理以上的研究，我们可以说，20 世纪的革命不只是一场政治革命，也是一场深入日常和人们头脑的文化和教育革命。这也正是越来越多的学者关注革命文化的重要出发点。

本书借鉴近些年国内外革命史研究成果，力图揭示中国革命和其组织机制的复杂性和多样性。裴宜理、丛小平、李金铮、黄道炫等中外学者的研究都直接或间接地指出社会教育（工人夜

---

① E.P 汤普森：《英国工人阶级的形成》，钱乘旦等译，译林出版社，2013。原书于 1963 年出版。中国工人阶级研究代表作包括韩起澜《苏北人在上海，1850—1980》，卢明华译，上海古籍出版社、上海远东出版社，2004（原书于 1986 年出版）；Gail Hershatter, *The Workers of Tianjin, 1900-1949*, Stanford: Stanford University Press, 1986。贺萧在英文版前言中明确指出她受到了汤普森的影响。有关汤普森的研究以及其对美国劳工史研究的影响，见蔡萌《美国劳工史研究中"阶级"的概念重构与范式更新》，《世界历史》2020 年第 1 期。值得注意的是汤普森的研究启发了整个史学界劳工历史的书写，不仅仅限于美国劳工史。贺萧和韩起澜的著作是中国劳工史"社会文化转向"的代表作。

校、师范学校、农民运动讲习所）是重要的革命组织动员空间。然而这些研究都没有正面地、系统地解释非精英社会群体的教育和文化如何成为革命不可或缺的部分，这些文化和教育方面的动员与以往的军事和政治动员的区别在哪里。麦吉·克林顿等学者对同时期国民党文化教育运动的研究显示中共和左翼知识分子并非唯一利用教育和文化手段动员大众的政治群体。本书在这些研究的基础上，试图探讨文化教育等非经济和非军事的"软实力"如何在大革命以后成为革命和政治的一部分并发挥作用。本书对比分析三派知识分子和政治力量的大众教育思想和实践，辨别和评估不同的文化政治路径，揭示中国革命组织动员的文化教育面向。

二 国民革命与大众的兴起

20 世纪 20 年代中国的劳工运动是一战后资本主义制度在全世界范围内所引发的社会经济和政治危机的延续。工人、农民和城市民众是这些运动的主要力量。国民革命期间，劳工运动旨在打倒帝国主义扶植的军阀势力，建立统一的国家，但最终随着社会阶级和政党结盟的破裂而宣告结束。1919 年 5 月 4 日，数千名学生、小工商业者和店员聚集在天安门广场反对签订《凡尔赛条约》，抗议条约中拒绝归还山东。[①] 这一事件开启了中国劳工运动

---

① 五四运动的过程见 Tse-tsung Chow, *The May Fourth Movement: Intellectual Revolution in Modern China*, Stanford: Stanford University Press, 1960。

的浪潮。[①]1925 年 2 月，沪西日商纱厂的一名 40 岁男性工人被年轻女工取而代之，此事发生后 22 家日资工厂工人于 1925 年 5 月 28 日开始罢工，取得胜利。5 月 15 日，日本资本家开枪杀害工会代表、地下党员顾正红。5 月 30 日，成千上万的工人、学生、教师和其他市民齐集上海公共租界示威，英国巡捕以保护租界外籍人士安全为由，向人群开火，致十几名工人和学生死亡，50 多人受伤。这就是著名的"五卅惨案"。"五卅惨案"掀起了全国范围内劳工运动和群众运动的浪潮，包括罢工、抵制外货、学生示威等激进的反帝活动。[②]与城市的劳工运动和群众运动相比，乡村的农民运动同样发展迅速。到 1925 年中期，已有超过两百万的农民被动员和组织起来。[③]

工人、城市民众和乡村农民参加劳工运动和群众运动的动机不同，但这种政治气氛和局面无疑为国共合作及其领导的北伐革命奠定了基础。共产党动员组织工人、小市民、农民等民众力量，国民党引领北伐军队，受民族资本家和大地主支持。这样所形成的阶级和政党的联盟被历史学家称为第一次国共合作统一战线。第一次国共统一战线促成了 1925—1927 年全国范围内的军

① 见 S.A. Smith, *Like Cattle and Horses*: *Nationalism and Labor in Shanghai, 1895-1927*, Durham and London: Duke University Press, 2002; Jean Chesneaux, *The Chinese Labor Movement, 1919-1927*, Stanford: Stanford University Press, 1968; Emily Honig, *Sisters and Strangers: Women in the Shanghai Cotton Mills, 1919-1949*; Gail Hershatter, *The Workers of Tianjin, 1900-1949*。

② Peter Zarrow, *China in War and Revolution, 1895-1949*, London and New York: Routledge, 2005, pp.203-209.

③ Rebecca E.Karl, *Mao Zedong and China in the Twentieth-century World: A Concise History*, Durham: Duke University Press, 2010, p.29.

事和群众动员运动，其目的是结束军阀割据的局面，把国家从帝国主义资本家和地主支持的地方军阀手中解放出来，建立统一的中国，因而称为"国民革命"。

国民革命期间，共产党动员工农兵大众并加以协助，吸引了成千上万青年男女加入革命队伍。城市民众（包括教师、学生、商店学徒和小工商业主）自发抵制外国公司并向外国领事馆发起抗议。无数不知名的志愿者在国民革命军中负责运输和挖沟，农民匿名积极提供军阀消息，破坏基础设施以阻止军阀前进。在农村，成千上万的村民被动员起来加入农会。1927 年初，国民革命军抵达南京，此时其已统一了中国南部和东南部的大部分地区。[①]当群众运动和劳工运动正引领国民革命走向成功时，国民党右派认为共产党的激进运动威胁到了他们对政治、军事和社会的控制权。1927 年 4 月，当国民革命军取得了上海的控制权时，蒋介石立即下令镇压共产党及其劳工和群众运动。到 1927 年底，大多数共产党人惨遭杀害。[②]

虽然国共统一战线破裂了，但是"五卅"以来的工人、农民大众成为引领、推动历史的主要角色，这在中国历史上是史无前例的。不同派别的知识分子和政治力量不得不重新估量和看待社会与大众的力量。此时兴起的"社会科学"理论以及有关中国社

---

① 有关国民革命全面的论述，包括 20 世纪 20 年代初工人作为强大的社会力量登上历史舞台，1925 年五卅运动，思想方面的影响，共产党、国民党及无党派人士动员妇女和农民以及北伐战争，见 Peter Zarrow, *China in War and Revolution, 1895–1949*, Chap.8, 10, 11, and 12。

② Maurice Meisner, *Mao's China and After: A History of the People's Republic*, New York: The Free Press, 1999, p.28.

会性质的论争，都是这一历史意识的表现。有关"大众"作为能够组织动员起来的社会力量的思考，也正是在这样的气氛中萌生和展开的。本书侧重呈现此时知识分子和民众教育家的言说和实践。正如本书在后面几章中试图揭示的，中国知识界和各派政治力量并不认为"大众"是一个不言自明的群体。"大众"既是有待认识的客体，也是这些知识分子和政治力量批评现实、改造动员的来源。前面提到的三组知识分子和政治力量提倡大众教育，他们认为30年代中国教育的重心应该放在农民、工人乃至城市底层的"日常生活"上。他们批评正规学校的教育方案，认为其忽略了校门之外的工人和农民大众。他们提出要调整教育空间，为了民族的振兴，应该减少个人消费计划，在公共空间中建立更多的如图书馆这样的教育空间。教育不仅仅限于学校的空间，也不仅仅限于精英，而应该无时无刻无所不在。更重要的是，工农大众也做到有意识地规划自己的日常生活。在知识论争和教育实践中，他们试图描述、概括和改造这些非精英大众认识世界和生活实践的方式。"大众"既是有待认识的客体，也是这些知识分子和政治力量批评现实、改造动员的来源。

三　教育与政治

20世纪70年代以来，学界已经积累了不少关于民国大众教育的研究。我认为对国民革命后大众教育政治的批判性理解，需要考虑到国民革命统一战线分裂后的思想和政治动态，以及国民革命结束后持续发生的社会和劳工问题。以下的文献综述将考察20

世纪 70 年代至 21 世纪初的代表性研究，以此说明这一时期的作品是如何分析国民革命后的大众教育政治以及其可以推进之处。①

现有研究通常将大众教育的制定与国民革命后以大众为中心的政治思想的萌发区别开来。陈明铼和德里克 1991 年的研究强调了国民革命后中国教育家制定新教育政策过程中的思想和政治动态，我的研究结合了二人的学术成果。② 在柯瑞佳最近对一战后城市大众文化政治的研究中，她将中国知识分子对半殖民地中国社会经济问题的描述着重放在日常生活，我的研究也吸收了她的研究成果。③

---

① 主要作品包括 Evelyn S. Rawski, *Education and Popular Literacy in Ch'ing China,* Ann Arbor: The University of Michigan Press, 1979; Barry Keenan, *The Dewey Experiment in China: Educational Reform and Political Power in the Early Republic,* Cambridge, Mass.: Harvard University Press, 1977; "Educational Reform and Politics in Early Republican China," *Journal of Asian Studies,* 33/2 (1974): 225–237; Paul J. Bailey, *Reforming the People: Changing Attitudes towards Popular Education in Early Twentieth-century China,* Vancouver: University of British Columbia Press, 1990; Ming K. Chan and Arif Dirlik, *Schools into Fields and Factories: Anarchists, the Guomingdang, and the National Labor University in Shanghai, 1927–1932,* Durham and London: Duke University Press, 1991; Li Hsiao-t'I, "Making a Name and a Culture for the Masses in Modern China," *Positions,* 9/1(2001): 29–67; Kang Liu, "Popular Culture and the Culture of the Masses in Contemporary China," *Boundary 2,* 24/3, *Postmodernism and China* (1997): 99–122; Rebecca E. Karl, "Can a Post-1919 World History be Written?" *Sungkyun Journal of East Asian Studies,* 9/1(2009): 1–10; "Journalism, Social Value, and a Philosophy of the Everyday in 1920s China," *Positions,* 16/3 (2008): 539–567。

② Ming K. Chan and Arif Dirlik, *Schools into Fields and Factories: Anarchists, the Guomingdang, and the National Labor University in Shanghai, 1927–1932.*

③ Rebecca E. Karl, "Can a Post-1919 World History be Written?" *Sungkyun Journal of East Asian Studies,* 9/1(2009): 1–10; "Journalism, Social Value, and a Philosophy of the Everyday in 1920s China," *Positions,* 16/3 (2008): 539–567.

罗友枝对清朝及 20 世纪中国的大众文化和教育进行了研究，一些人认为中国大众教育体现了政府的规范性职能，是中国永久的政治文化的标准要素的体现，该研究就是此类想法的重要代表。[①] 对罗友枝来说，中国教育家对大众文化的关注反映了中国从 19 世纪前沿承的独特的政治文化。她引用了列维 – 斯特劳斯关于政府和文化的理论，认为"中国的独特之处在于更加强调教育的规范性，不仅在古代，在 20 世纪也是如此"。[②] 尽管这种政治文化 19 世纪后仍在中国延续，但在罗友枝看来，在西方这种政治文化却开始产生动摇。她认为，20 世纪中国知识分子的差异在于一些人能够"认识"并为了个人目的而利用教育的规范性，另一些人则不能。[③] 晚清改革失败的原因就在于未能在地方和乡村实施大众教育以推动改革。相反，随后的政权（包括蒋介石的民族主义政权）得以保存的一个重要原因是他们认识到了这种规范性，并将其融入大众教育的建设之中。[④]

具体而言，罗友枝认为国民革命后多个大众教育方案的建立源于以城市为中心的工业化的劳动需求。这些方案对农民的日常生活和文化的重视，反映了西方对中国的影响与日俱增、现代化发展愈加紧迫以及中国社会传统价值观的延续。谈到国民革命后的大众教育家，她说：

---

①   Evelyn S. Rawski, *Education and Popular Literacy in Ch'ing China*.

②   Evelyn S. Rawski, *Education and Popular Literacy in Ch'ing China*, p.155.

③   Evelyn S. Rawski, *Education and Popular Literacy in Ch'ing China*, pp.155-156.

④   Evelyn S. Rawski, *Education and Popular Literacy in Ch'ing China*, p.156.

  大多数人居住的乡村中，价值观和行为亟须改变，（他们）并不排除这种共同认识。他们都相信乡村是中国现代化建设最终成功的关键。由于各群体都开始对大众教育产生兴趣，他们面临着类似的问题，以工业化国家的标准以及适合传递现代观念的书面材料内容来判断，乡村的文化水平很低……①

在罗友枝的分析中，教育的地位不及延续下来的政治文化和经济理性。所谓经济理性，即设想一条实现以城市为中心的工业化或现代化的路径。这一分析框架难以将中国教育家对国民革命后大众的关注和对大众日常生活的关注区分开来，二者均是对"西方"的回应，而中国大众教育家所重视的"大众"则被视为一个庞大的整体，继承了中国传统价值观。

  尽管罗友枝将大众教育的地位置于政治传统和经济之下，但思想史家秦博理却特别关注民国社会政治环境中教育思想的变化。②秦博理想要证明杜威的改革思想"同中国最早的马克思主义思想一样，经历了政治和思想环境的考验"。③他认为，国民革命时的政治动荡、军事命令以及随后国民政府的政策让杜威的改革主义教育在中国落地变得难以实现。

---

① Evelyn S. Rawski, *Education and Popular Literacy in Ch'ing China*, p.156.

② Barry Keenan, *The Dewey Experiment in China: Educational Reform and Political Power in the Early Republic*; "Educational Reform and Politics in Early Republican China," *Journal of Asian Studies*, 33/2 (1974): 225-237.

③ Barry Keenan, *The Dewey Experiment in China: Educational Reform and Political Power in the Early Republic*, p.5.

一战后中国社会政治动荡，最终引发大量群众和劳工运动，国民革命爆发，秦博理追溯了此背景下改革主义教育思想的产生和转变。这一时期的中国教育改革派中许多人是杜威的学生，秦博理认为他们面临着两难的局面。一方面，新教育将会推动法律和秩序的建立；另一方面，没有剧烈的政治变革，便不可能推进新教育，而变革必然会扰乱法律和秩序。通过国民革命期间的群众和劳动运动，秦博理看到了新教育所体现出来的中国教育改革派的强大信念。他得出结论，这种困境导致了政治与教育的"融合"，或者教育会被政治"掩盖"。国民革命期间新教育法令遭到废止，新国民政府授权的军事化教育在国内开始施行，这标志着杜威在中国改革教育的结束。①

秦博理的分析表明，杜威教育与国民革命带来的社会政治变革互不相容。在该分析框架中，国民革命后有关大众教育的研究空间闭塞，很难辨别这一时期大众教育政治思想的变化。进一步说，首先在秦博理看来，国民革命期间的城市民众抗议、工人罢工和农民起义与中国知识分子对教育和政治的重新考虑毫无关系。秦博理认为，受杜威思想影响的自由主义教育家陶行知放弃了正规学校教育，在国民革命后对杜威的教育理论进行再创造，这并不是什么新鲜事。他反而认为，国民革命时期的政治动荡迫使陶放弃了正规学校教育，将视野转向农村，试图找到良好的实验环境以继续实施国民革命前杜威的改革主义教育。② 然而，正

---

① Barry Keenan, "Educational Reform and Politics in early Republican China," *Journal of Asian Studies*, 33/2 (1974): 225–237.

② Barry Keenan, *The Dewey Experiment in China: Educational Reform and Political Power in the Early Republic*, Chap. 4.

如秦博理所说，陶行知的尝试终将失败，就如同那些中国教育改革派未能完成教育改革一样。其次，秦博理认为，国民革命后的中国教育家将中国视作一个统一的民族和文化体，因此在分析中国教育者对大众的论述时，中国教育者在政治和思想上似乎是保持中立的。

保罗·贝利针对大众教育的"态度变化"展开了研究，写成了中国研究领域较早描写 20 世纪早期大众教育思想的著作。贝利的研究体现了 20 世纪八九十年代的史学走向，重新考虑了中国近代史上的改革和革命。贝利指出，他想通过揭示"整个辛亥革命期间教育态度的连续性"，来补足先前有关晚清教育史的研究。[①]这一重新考虑与这一时期中国的历史巨变密切相关。1978年，中国实行改革开放，昭示着新时期的开始；苏联解体和随后东欧社会主义国家的市场化标志着冷战结束，中国的历史性转折也反映了全球及地方的历史转变。[②]在美国，越来越多的学者开始用资本主义的发展标准评估近代中国革命，认为中国革命破坏了制度发展和技术创新，也压制了市民社会的发展和技术进步。[③]

在重新审视历史的过程中，许多历史学家一直将教育作为

---

① Paul J. Bailey, *Reforming the People: Changing Attitudes towards Popular Education in Early Twentieth-century China*, p.8.

② 有关戊戌变法这一历史转折所带来的影响的论述，见 Peter Zarrow and Rebecca E. Karl, eds., *Rethinking the 1898 Reforms: Political and Cultural Change in Modern China*, Cambridge, MA: Harvard University, Council on East Asian Publications, 2002, Introduction。有关这一时期中国相关研究的范式转换，见 Arif Dirlik, "Reversals, Ironies, and Hegemonies: Notes on the Contemporary Historiography of Modern China," *Modern China*, 22/3 (1996):243-284。

③ Arif Dirlik, "Reversals, Ironies, and Hegemonies: Notes on the Contemporary Historiography of Modern China," *Modern China*, 22/3 (1996):243-284.

重新考虑革命和改革的重点。① 尽管这些研究都表明了对晚清改革历史阶段的深刻理解，但在这些研究中，教育成了改革的代名词，而不是政治的解释。这些教育史研究的主要议题不仅是确定教育改革，还要解释教育改革失败的原因。其中一些研究认为，晚清教育改革失败使改革主义现代化丧失了一个机会，这让知识分子变得极端化，革命只是出于偶然，对历史造成了破坏。

　　贝利关注知识分子之间有关大众教育的争论，这让他能够同时掌握不同的知识分子对教育的看法，其研究表明了中国大众教育者对工业化下的劳工问题持不同态度，有的人甚至对此颇有异议。然而，他坚持认为他们都是为了维持社会团结而培养公众意识和高效公民的"教育游说者"。② 例如，他揭示了三种不同的大众教育方案，均反映出中国教育者对"社会"各持己见。第一位是晚清教育家罗振玉，他观察了明治日本工业化时期大众的日常生活，积极介绍日本知识分子对"社会问题"的讨论及他们对"社会教育"的创造。③ 据贝利所说，罗振玉曾指出日本明治时期的知识分子都在描述城乡之间差距日益扩大，城市动荡，工人罢工，劳动和资本之间发生冲突，个人主义冷酷无情，社会主义激进政党开始出现。第二位是民族企业家张謇，他积极推动职业教

①　有关这一方法的全面概述，见 Ruth Hayhoe and Marianne Bastid, eds., *China's Education and the Industrialized World, Studies in Cultural Transfer*, New York and London: M.E. Sharpe, Inc., 1987, Introduction。

②　Paul J. Bailey, *Reforming the People: Changing Attitudes towards Popular Education in Early Twentieth-century China*, pp.4-5, and Introduction.

③　Paul J. Bailey, *Reforming the People: Changing Attitudes towards Popular Education in Early Twentieth-century China*, pp.3, 69-70.

育来培养高效率的工人，忽视了城乡之间日益扩大的差距以及越来越严重的社会和劳工问题。第三位是李石曾，他不满资本主义制度，为解决劳工问题，发动并领导了留法勤工俭学运动与"分工"革命。

三个大众教育方案清楚显示了中国大众教育家对劳工问题和劳动组织抱有争议。贝利的"教育游说"理论并没有将他们对劳工和社会问题的不同态度语境化，而是将他们及其方案置于以国家为基础的改革主义现代化议程之下。该理论进一步假设，无论中国大众教育家对资本主义制度持反对、磋商或是巩固态度，他们在政治上和思想上都将保持中立。贝利的"教育游说"理论让他无法真正摸清20世纪初的改革政治与革命之间的历史联系，也让他难以察觉20世纪20年代出现的新大众教育政治。

在关于上海国立劳动大学（1927—1932）的思想史和制度史问题上，历史学家陈明铼和德里克发表了对教育和政治在国民革命后的特定背景下的深刻见解。与贝利将无政府主义教育简化为社会统一和改革政治相反，陈和德里克首先明确指出无政府主义的劳动教育方案将"教育与革命"问题作为重点，他们对无政府主义劳动教育的调查有助于审视以往教育研究中"被社会限制住的视野"。①

陈明铼和德里克将劳动教育置于两个重要的历史背景之下，其一是无政府主义者的社会主义革命意识形态，旨在废除劳学分离；其二是国民革命结束时国民党对共产主义运动的压制，以及

---

① Ming K. Chan and Arif Dirlik, *Schools into Fields and Factories: Anarchists, the Guomingdang, and the National Labor University in Shanghai, 1927–1932*, p.2.

中国无政府主义和国民党为控制和重新引导国民革命期间动员的群众而做出的努力。陈明铁和德里克提到，国民革命后的特殊时刻促使无政府主义者和政党（如国民党）结为特殊联盟。他们解释道，中国无政府主义者认为，1927 年他们与获胜的国民党合作有助于将国民革命期间积累的革命力量引向无政府主义的社会理想，而建立国立劳动大学是完成这一计划的关键。[1] 尽管国民党镇压共产党革命运动，但仍称自己为一支"革命力量"，意图将群众运动的势头转向国民党政府建设。[2] 国民党人随后认为无政府主义者的劳动教育提案是实现这一目标的机会。

在陈明铁和德里克的分析中，无政府主义者的社会革命理想与国民党建立政权的思想针锋相对，无政府主义教育者也无法在这种紧张的政治拉锯战中置身局外。陈明铁和德里克指出，1927年后无政府主义教育者在国民政府的政治和教育体系中均担任重要职务。劳动教育方案的建立一方面证明他们能够调用政治和教育资源来实现社会革命的目标；另一方面也重新巩固了他们对国民党政府的依附。陈明铁和德里克认为，无政府主义者向国民党政府建设让步使他们调用资源的效力减弱。[3] 最终，其社会革命理想与国民党建设政府的计划无法相适应。最后于 1932 年日本轰炸上海之际，国民党关闭了国立劳动大学，中国无政府主义组

---

[1] Ming K. Chan and Arif Dirlik, *Schools into Fields and Factories: Anarchists, the Guomingdang, and the National Labor University in Shanghai*, pp.2-6.

[2] Ming K. Chan and Arif Dirlik, *Schools into Fields and Factories: Anarchists, the Guomingdang, and the National Labor University in Shanghai*, p.5.

[3] Ming K. Chan and Arif Dirlik, *Schools into Fields and Factories: Anarchists, the Guomingdang, and the National Labor University in Shanghai*, pp.5-6.

织解体。对陈明铢和德里克而言，教育是一个政治空间，无政府主义者的社会革命政治在此问世，后来受到质疑，最终遭受国民党政府的政治压迫。而从国民党对无政府主义者的教育方案的根本压制可以看出，在国民革命之后，中国教育者对大众教育的规划很难在思想上和政治上保持中立。

劳动大学的历史呈现了国民革命后中国无政府主义组织的思想和政治发展。陈明铢和德里克的研究关注无政府主义组织的发展和解体，却较少关注劳动教育计划制订中"大众"理论的提出和实践。虽然他们准确地展现了国民党与中国无政府主义者之间在思想方面的紧张关系，但他们在检验劳动教育方案时并没有证实这一点。二人没有有效回答无政府主义者是如何以有别于共产党和国民党的方式阐述"大众"，以及无政府主义者和国民党在国民革命后的合作中如何为前者提出"大众"理论做出让步。

近些年来，历史学家开始关注教育进程以及关于教育的众多论述。这种文化研究方法把我们的注意力集中在更广泛的有关国民革命后大众教育实践的主要资源上。这些研究表明，除学校教育外，中国教育家还利用纸质期刊、图书馆和收音机来规划他们的方案，向我们呈现大众教育家是如何通过大众媒体和城市公共空间接触到城市大众及其日常生活的。例如，历史学家表明国民革命后，一群共产党教育者创立了一些大众期刊，关注城市工人和中下层阶级在生活中的挫败失意。① 另外，他们也展现了长江

① Wen-hsin Yeh, *Shanghai Splendor: Economic Sentiments and the Making of Modern China, 1843−1949*, Berkley and Los Angeles, California: University of California Press, 2007.

下游的地方教育家是如何在课堂之外尝试培养多种公民意识，如何鼓励当地学生在日常生活中将自我监管作为一种公民政治形式，以及这些教育家在国民革命之后是如何马上受到国民党的压迫。[1] 同时，历史学家还阐述了国民党政府如何赞助女性期刊、女性社团，并制定以国内管理和家政为重点的教育方案。[2]

随着这些关于大众教育和文化的新研究逐渐问世，越来越多的学者开始将注意力放在国民革命后"大众"的理论化之上。他们注重将"大众文化"和"大众教育"的斟酌作为一种政治实践形式。李孝悌指出，国民革命后，政治领域的知识分子开始"全面分析大众文化"以"赢得大众"，"让大众用正确的思想武装自己"，国民革命后"大众"、"大众文化"和"大众教育"的概念总被"政治化"。[3] 在研究近代中国"大众文化"的出现时，刘康同样指出在国民革命期间，城市无产阶级起义抵制帝国主义在华殖民扩张失败之后，共产党知识分子开始将"大众文化"和"大众教育"理论化以制定新的革命战略，将更广大的社会力量纳入其中，包括农民和小市民，而不仅仅涉及工人阶级。[4] 对李孝悌和刘康而言，大众教育政治是与统一战线破裂、政党及其知

[1] Robert Culp, *Articulating Citizenship: Civic Education and Student Politics in Southeastern China, 1912-1940*, Cambridge, MA: Harvard University Press, 2007.

[2] Helen Schneider, *Keeping the Nation's House : Domestic Management and the Making of Modern China,* Vancouver: UBC Press, 2011.

[3] Li Hsiao-t'I, "Making a Name and a Culture for the Masses in Modern China," *Positions*, 9/1(2001): 29-67.

[4] Liu Kang, "Popular Culture and the Culture of the Masses in Contemporary China," *Boundary 2*, 24/3, *Postmodernism and China* (1997): 99-122, 特别是第108—114 页。也见 Liu Kang, *Aesthetics and Marxism: Chinese Aesthetic Marxists and Their Western Contemporaries*, Durham: Duke University Press, 2000, Introduction。

识分子在国民革命后意图重新划分并指导"大众"紧密联系在一起的。从该意义上讲，两人的研究证明了陈明銶和德里克的观点，即无政府主义者的大众教育方案是在国民革命后的政治和思想动态中产生的。①

一战后资本主义在中国引发了持续的社会经济危机，柯瑞佳最近的理论创新和实证研究将国民革命后的政治和思想动态嵌入中国知识分子对这一时期日常生活的阐述之中。柯瑞佳注意到20世纪20年代，中国作家在对日常生活的描述中，开始将半殖民主义的出现当作一种生活经历。②柯瑞佳证实了德里克、陈明銶、刘康和李孝悌之前的观察并指出，20世纪20年代的群众运动和劳工运动推动了中国知识分子对文化和人的思考，这些知识分子开始指导并规划大众。然而，她并没有注意到国民革命后的思想政治分歧，而是将注意力放在政治领域中的大众评论家为解释日常生活中的矛盾和不公而做出的努力。③她展示了中国知识分子在对日常生活的阐述中如何突出相对化的经历，体现出一种殖民

---

① 对德里克和陈明銶来说，通过国立劳动大学的历史，他们可以审视国民革命后中国无政府主义者的思想和政治发展，在创建国立劳动大学期间，相比于提出"大众"理论，中国无政府主义者更多地论述中国无政府主义。

② Rebecca E.Karl, "Can a Post-1919 World History be Written?" *Sungkyun Journal of East Asian Studies,* 9/1(2009): 1−10; "Journalism, Social Value, and a Philosophy of the Everyday in 1920s China," *Positions,*16/3 (2008): 539−567. 她将半殖民主义理论化为一种生活经历，截然不同于近代中国不完全的政治社会形成理论与近代中国混合文化现代性理论。有关近代中国研究中半殖民主义争论的总结，见 Ruth Gawski, *Hygienic Modernity: Meanings of Health and Disease in Treaty-port China*, Berkeley: University of California Press, 2004, Introduction。

③ Rebecca E. Karl, "Journalism, Social Value, and a Philosophy of the Everyday in 1920s China," *Positions,*16/3 (2008): 539−567.

色彩；社会评论家如何概括城市民众的私人生活以推动"矫正私人生活的狭隘理论"或"革命实践"的彻底变革。[1] 柯瑞佳警示道，对日常生活进行概括以供比较并不是一战后中国的特有情况，世界各地在两次世界大战期间都与中国类似，资本主义持续引发的社会经济危机长期侵扰着全球。[2]

柯瑞佳对日常生活的关注为分析国民革命后中国大众教育政治开辟了一个振奋人心的空间。一战后资本主义给中国带来了持续的社会经济危机，柯瑞佳将半殖民主义理论化为一种生活经历，首先让我们能够研究中国大众教育家是如何在这种危机中提出"大众"的日常生活经历的理论，其次也让我们得以探讨在大众教育家理论化"大众"日常生活的过程中，他们是如何思考国民革命后的思想和政治动态的。

四 生活教育与大众教育

陶行知的生活教育是本书重点考察的三组大众教育活动之一。陶行知研究领域自中华人民共和国建立以来经历了曲折的变

---

[1] Rebecca E. Karl, "Journalism, Social Value, and a Philosophy of the Everyday in 1920s China," *Positions,* 16/3 (2008): 539−567.

[2] 她关注的"双重生活"理论，首先由日本哲学家和辻哲郎在一战后阐述；Rebecca E. Karl, "Can a post-1919 World History be Written?" *Sungkyun Journal of East Asian Studies*, 9/1(2009): 1−10。在历史学家哈里·哈鲁图尼尔对和辻哲郎双重生活理论的论述中，也指出从 19 世纪开始，非欧美世界人民"因经历某种形式的殖民而相对地被迫过这样一种生活"，或者称"双重生活"，见 Harry Harootunian, *Overcome by Modernity: History, Culture, and Community in Interwar Japan*, Princeton: Princeton University Press, 2000, p.26。

化。这些变化某种程度上也代表了 20 世纪 80 年代之后中国学术研究中关于大众教育历史认知的变化。20 世纪 50 年代到 70 年代，受到冷战政治影响，学界对于陶行知思想教育实践的评估往往脱离国民革命后中国的历史情境。① 一方面，研究者赞扬陶支持中国共产党的群众动员政治；另一方面，这些研究又对陶继承的杜威进步主义教育思想提出异议。② 随着冷战的结束，有关大众教育的研究开始复苏，之前被贴上"反动"标签的教育思想和实践成了研究的焦点，许多资金充足的档案项目已经建立，且 20 世纪三四十年代的大众教育家留存有大量文集，特别是 1984 年和 1989 年出版的两部陶行知的综合文集。③ 其中，第二部文集包括陶 1924 年在哥伦比亚大学国际师范学院的《1924 年世界教育年鉴》中所作的文章以及收藏在孟禄（Paul Monroe）档案中有关中

① 　有关陶行知研究的回顾数量颇多。中文方面见童富勇《对建国以来陶行知研究的回顾》，《教育评论》1991 年第 6 期；李庚靖《陶行知教育思想研究之现状》，《上海教育科研》2002 年第 4 期；吴擎华《陶行知与民间社会改造》，山东大学博士学位论文，2008，导论，第 1—13 页。英文方面见 Yusheng Yao, "The Making of a National Hero: Tao Xingzhi's Legacies in the People's Republic of China," *The Review of Pedagogy, Education, and Cultural Studies*, 24(2002):251-281; Barry Keenan, *The Dewey Experiment in China: Educational Reform and Political Power in the Early Republic*, Introduction, pp.1-5。尽管这些学者涉及了很多陶行知研究，但他们都忽略了冷战和后冷战政治的历史背景，而这与陶行知在美国和中国重新考虑教育思想紧密相关。吴擎华在 20 世纪 80 年代前对陶行知研究提出异议，认为它们纯粹是共产党思想的产物。李庚靖很少体现陶重新考虑的历史背景，突出越来越多的实证研究关注陶行知在当代中国的教学方法及其实用性。姚渝生强调国内政治环境尤其是政党政治的变化。童富勇简要分析了 20 世纪五六十年代的政治和教育，但他认为 20 世纪 80 年代以来的研究"纯粹是学术调查"；秦博理回顾了冷战政治环境下的陶行知研究。

② 　见童富勇《对建国以来陶行知研究的回顾》，《教育评论》1991 年第 6 期，第 69 页。

③ 　《陶行知全集》，湖南教育出版社，1984；四川教育出版社，1989。下引未注明版本信息者，均为湖南教育版。

国大众文化的社会报告。[1] 随着这些材料的出版，有关陶行知的研究涵盖了广泛的主题，丰富了民国时期的大众教育史。

除了有关大众教育的档案馆藏和实证研究增加之外，20 世纪 80 年代后出现了两种分析框架。第一种关注陶行知教育方案的现实意义和实践性，即其教育思想在当代中国推行的可能性。[2] 这在教育学和教育研究中非常普遍。这些研究指出，陶的"小先生"（即知即传）和"普及教育"方案帮助中国实现经济现代化和社会现代化，陶行知设计这些方案是为了"扫除文盲""治愈知穷"。[3] 最近这类研究的趋势认为陶行知教育体现了"教育现代化的中国特色"，应该成为发展中国家让人民做好经济发展准备的典范。教育史学者李庚靖在一篇评论文章中写道：

> 学术界普遍认为，陶行知教育思想在本质上是一种实践的教育学说，也是一种社会改革学说。它在当代具有重要的借鉴价值和实践意义，既是建设有中国特色的社会主义教育理论体系的重要营养来源，又能为当前我国的教育改革与发展提供有益的理论借鉴，还能对世界发展中国家的教育与社

---

[1] 本书第二章用到了陶行知发表于哥伦比亚大学国际师范学院《1924 年世界教育年鉴》中题为《中国》的英文文章以及收录在孟禄档案中陶行知有关中国高文盲率的论述。

[2] 在这里，"实践"指改革开放后中国政府发起和引导的经济现代化，其含义与 20 世纪三四十年代全球以及中国在遭受帝国主义侵略的背景下，毛泽东所阐述的"实践"哲学理论有所不同。有关毛泽东在世界历史背景下的哲学思想论述，见 Rebecca E. Karl, *Mao Zedong and China in the Twentieth-century World: A Concise History,* Chap. 5。

[3] 李庚靖：《陶行知教育思想研究之现状》，《上海教育科研》2002 年第 4 期，第 33 页。

会进步产生促进作用。[①]

这种对陶行知大众教育方案效用的关注受到另一批中国历史学家研究的挑战。这些研究者认为陶行知的教育不具有"工具性",而是代表了"社会改造的价值"。这便是 20 世纪 80 年代后有关陶行知研究的第二个框架,从陶行知是不是"自由主义者"的研究问题发展而来。[②] 相关的一部重要作品是吴擎华的《陶行知与民国社会改造》。在近期关于陶行知的研究中,吴认为,尽管陶在 20 世纪三四十年代为共产党的革命大众政治提供了帮助,但他总是"从自由主义知识分子的立场进行社会改造"。[③] 吴擎华认为,陶行知在整个教育实践中坚持"实验主义方法论"和"渐进式变革"的自由主义"价值",并进一步认为陶是特殊的自由主义者,其教育方案践行了自由主义价值,而当代自由主义者胡适与陶行知有所不同,以实验主义方法和科学主义的表达而闻名。[④] 吴认为陶是一名"文化躬耕者"和"自由主义社会改造者"。[⑤]

[①] 李庚靖:《陶行知教育思想研究之现状》,《上海教育科研》2002 年第 4 期,第 33 页。

[②] 关于这一派研究的详细说明,见吴擎华《陶行知与民国社会改造》,安徽教育出版社,2011,导论,第 1—13 页;也见涂雪峰《陶行知经济改造思想探析》,《南京晓庄学院学报》2005 年第 3 期;闫润鱼《自由主义与近代中国》,新星出版社,2007;朱汉国《民国时期中国社会转型的态势及其特征》,《史学月刊》2003 年第 11 期。

[③] 吴擎华:《陶行知与民国社会改造》,第 1 页。

[④] 有关阐明陶行知的教育思想与胡适对"科学"的阐述有何不同的实证研究,见 Zhiwen Zong, "Hu Shi and Tao Xingzhi," *Chinese Studies in History*, 42/2(2008): 3-21。文章由 Sylvia Chia 从中文翻译而来,原文收入 Yuning Li, *Hu Shi and Advocates for Democracy*, New York: Outer Sky Press, 1998。

[⑤] 吴擎华:《陶行知与民国社会改造》,第 168 页。

这里的重点不是回答陶行知是不是自由主义者。[①] 虽然这个问题有其存在的意义，但我认为这种提问方式仍然使陶行知的大众教育脱离了 20 世纪 30 年代的历史语境，进而使我们对陶行知和他的生活教育的考察理想化甚至被扭曲。这样的研究往往忽视了国民革命期间统一战线破裂后的思想和政治动态以及国民革命后在知识界和教育界普遍崛起的有关大众的历史意识。比如，在吴擎华的研究中，他将杜威"社会建设"概念中的"社会"定义为"社会转型"。一战后，约翰·杜威在美国首次提出"社会建设"的概念，后来陶行知于国民革命后在中国乡村重新提出这一概念。二人所提出的概念都强调了城乡发展不平衡以及两次世界大战期间在美国和中国由工业化所带来的社会和劳工问题。[②] 然而，吴对"社会转型"的定义忽略了历史背景，轻易地将 20 世纪 30 年代的中国定义为向工业化转变的社会。此外，吴认为陶行知在国民革命后放弃正规学校教育转向社会教育，是为了实现工业化和现代化社会的一种尝试。[③] 这显然忽略陶行知兴办晓庄教育的重要初衷是培养自主、自立和自觉的农民和农村社区。这恰恰是对城市工业化和民国革命政治动员的一种回应，而不是为了实现工业化、现代化的"一种尝试"。

[①] 有关 20 世纪 30 年代无党派知识分子政治思想的近期研究，见 Qian Zhu, The Politics of Everyday Life: Non-Party Leftists in Republican China, 1919–1937, Ph.D. dissertation, New York University, 2011。

[②] 有关在美国社会工业化背景下约翰·杜威阐述"社会建设"、进步时期改革政治及进步教育出现的解释，见 Robert B. Westbrook, *John Dewey and American Democracy*, Ithaca: Cornell University Press, 1991。

[③] 参见吴擎华《陶行知与民国社会改造》第 3 章。

五 "大众"和日常生活

国民革命成功地动员了工农大众，这是知识界和政治力量在 1927 年大革命失败后关注和讨论工农大众的重要历史背景。在此背景下，知识分子和政治力量通过不同的手段来描述、概括，最终希望改造这些社会群体。大众、农民、工人等社会群体作为一个"整体"存在，反复出现在报刊、政党文件以及社会调查报告中。当然，早在 1902 年初，晚清教育家罗振玉就引入了围绕日本明治时期工人生活的有关"社会"和社会问题的讨论，并且介绍了日本知识分子对工业化时期"社会问题"的讨论。日本知识分子希望通过广泛地实行"社会教育"，来缓解工人聚集的现代工业城市当中的系列社会问题。[1] 一战期间俄国十月革命胜利后，李大钊和邓中夏撰文介绍俄国革命中的"工人"和"工人政治"。不久，他们两人就开始在中国工厂调查中国工人的生活，并通过夜校和巡讲来动员组织工人。[2]

---

[1] Paul J. Bailey, *Reforming the People: Changing Attitudes towards Popular Education in Early Twentieth-century China*, p.3 and Chap. 2.

[2] 李守常：《社会主义下的经济组织》，《北大经济学会半月刊》第 3 号，1923 年。有关这一时期李大钊和邓中夏活动的简单论述，见 Paul J. Bailey, *Reforming the People: Changing Attitudes towards Popular Education in Early Twentieth-century China*, p.240 and Chap. 6；也见施耐德关于民俗学家顾颉刚和李大钊、邓中夏的对比。施耐德认为中国知识分子关注大众是他们寻找一种新身份的途径，像顾颉刚这样的保守知识分子调查民俗文化以服务人民，然而激进分子通过与人民互动来"满足实现政治抱负的渴望"。在 20 世纪 20 年代群众和劳工运动的背景下，施耐德并不注重中国知识分子对文化和政治的重新考虑。见 Laurence A. Schneider, *Ku Chieh-kang and China's New History:Nationalism and the Quest for Alternative Traditions*, Berkeley, Los Angeles and London: University of California Press, 1971.

　　与这些 20 世纪初期对工农大众群体的描述和讨论相比，1927 年国民革命后的中国知识分子对"大众"的讨论表现出非常强烈和更加细致入微的改造和引导的欲望。有研究者注意到此时期报纸上的社会评论家关注城市民众的私人生活，并给出详细的改良建议。① 新国民政府开始与精英知识分子合作，制定自上而下的社会福利和城市规划方案以管理首都南京的日常生活。江永振在研究中就注意到"社会科学调查"在 30 年代广泛兴起，研究团队大范围地搜集数据，定位社会群体，给出"评估"和"规划"意见，② 而这些社会调查对于中国社会的认知和结论并不一致——比如对于中国农村社会的认识。南京农学院经济学家卜凯的土地利用调查于 1929 年启动，覆盖了中国 22 省 168 个地区 16786 个田场和 38256 户农家。卜凯的团队认为中国农村土地利用率低下，缺乏技术创新和科学知识，这是农业生产低效率和乡村贫困的根本原因，并给民国政府提出了 108 条农业工业化的建议。卜凯的研究的一个重要结果是影响了我们对 30 年代"农民"的认识与"农业"的发展。在此之后，受国民政府和洛克菲勒基金会支持的社会工作者和教育家介绍了管理乡村日常生活的"科学"方法。同样在这一时期，陈翰笙得出结论，其所调查的华南农村的贫穷，源于近代中国半殖民地半封建社会生产关系，并不

---

① Rebecca E. Karl, "Journalism, Social Value, and a Philosophy of the Everyday in 1920s China," *Positions,* 16/3 (2008).

② Yun-chen Chiang, *Social Engineering and the Social Sciences in China, 1919–1949,* Cambridge University Press, 2000；Tong Lam, *A Passion for Facts: Social Surveys and the Construction of the Chinese Nation State, 1900–1949,* Berkeley: California University Press, 2011.

是传统中国小农生活方式延续的结果。这两种社会调查对于 30 年代 "农民" 和 "农村社会" 有着近乎相反的认知。[1] 可见，30 年代的农民、工人、社会等 "大众" 群体并不是一个不言自明的整体。

虽然最近的研究清楚表明中国知识分子塑造引导工农大众日常生活，但这些研究要么没有深入探究这种尝试，要么没有充分解释这种历史意识出现的时代境遇。在解释这三组大众教育者为何热衷于描述和塑造大众的日常生活时，我注意到国民革命中的政治动员对 30 年代大众文化政治兴起的重要性。秦博理在研究中提到，中国的大众教育者并不认为国民革命仅是一场以暴力和混乱为特征的地方政治事件，它让人们关注到了工人、农民、城市民众以及（由半殖民地资本主义导致的）社会和劳工问题对这些人的生活所造成的影响。国民革命期间，共产党成功组织了劳工运动和群众运动，也向政治领域的中国教育家展示了在半殖民地中国动员大众的可能性。中国教育家在这一时期见证并参与群众运动，开始重新考虑教育和政治。国民革命末期，国民党无情地镇压了劳工和群众运动，许多左翼作家和革命知识分子发起了 "工农兵通信运动"，旨在重新组建革命群众，继续革命。他们为有文化的工人、农民和士兵建立了图书馆，提供阅读指导，与读者通信，创办了以读者经历为主要内容的期刊。他们还采访工人，创作关于工人日常生活的文章，并将这些文章张贴在工厂的

---

[1] Yun-chen Chiang, *Social Engineering and the Social Sciences in China, 1919–1949*；巫亮：《卜凯与陈翰笙：20 世纪 20—30 年代农村调查之比较》，华东师范大学硕士学位论文，2010。

"墙报"上。①本书第一部分将要重点讨论这其中的一些左翼作家、教育家和革命知识分子的大众教育思想与实践。随着国民政府对城市无产阶级起义的镇压，这些以城市为中心的共产主义教育者注重培养对城市大众劳动经历的"认识"，而不是直接动员他们进行罢工或者武力暴动。②

教育家陶行知在国民革命期间开启了生活教育，他称之为接续"政治革命"的"教育革命"。③他不认为国民革命是偶然事件，共产党成功动员工农大众就证明了中国和世界各地都存在"劳动和阶级斗争"。④他改造了杜威的教育理论，关注农民和工人大众的生活经历，不再单纯强调实验方法和正规教育，注重建立以工人和农民为中心的社区，抵制和缓解以城市为中心的工业化和资本主义发展带来的劳工和社会问题。

国民革命结束时，国民党压制共产党的劳工运动和群众运动，在政党方针的指导下开始制订新的公民教育方针。⑤国民革命实现了在一个中央政府统治下的部分统一，但它并没有化解半殖民地中国的经济和劳工问题，相反，经济的萧条和日本帝国主义扩张加剧了这些问题。1927年后，右翼民族主义者控制了国民党政府

①　Charles Laughlin, *Chinese Reportage: The Aesthetics of Historical Experience*, Duke University Press, 2002, Chap. 3.

②　柳湜:《如何生活》,《读书生活》第1卷第9期，1935年，第27—29页。也见《柳湜文集》，三联书店，1987，第6页。

③　陶行知:《晓庄试验乡村师范学校创校概况》,《乡教丛讯》第1卷第17期，1927年；也见《陶行知全集》卷2，第17页。

④　陶行知: "China",《1924年世界教育年鉴》，哥伦比亚大学国际师范学院，1924；也见《陶行知全集》（四川教育版）卷6，第75页。

⑤　Robert Culp, *Articulating Citizenship: Civic Education and Student Politics in Southeastern China, 1912–1940.*

主要机关和教育部门，积极参与制定大众教育议程以避免经济危机和劳工危机，防止中国完全沦为日本殖民地。相比国民革命前，教育部门在大众教育方案上的有限开支，只能主要展示不同地区和民族的文化和生活；国民革命后，陈立夫领导的教育部投入了预算的 20% 用于发展大众教育方案，旨在发展公民道德，注重培养自律品格，为国民党及其政府服务。① 我在本书中详细论述的全国读书运动是陈立夫及其同事实行的大众教育方案中的一环。与教育家陶行知及地下共产党教育家相比，陈立夫和其同事注重培养团结的、高效的"大众"，服从于国民党和城市精英专业人士的领导。

20 世纪社会革命史是一部动员、组织和融合"大众"的历史。中国革命的特殊和普遍之处恰恰在于它有效地聚集了来自社会底层的各种力量，这一群体跨越了性别、阶级、地域、教育文化等界限。中国大众教育家对大众日常生活的理论化来源于 30 年代中国社会、劳工及主权问题的激化。在这样的时代背景下，工农大众既是有待认识的客体，也是中国革命知识分子和政治力量批评现实、改造动员的来源。

六　材料、方法和章节安排

本书考察国民大革命到全面抗战爆发的十年间，三派知识分

---

① 引 自 Helen Schneider, *Keeping the Nation's House: Domestic Management and the Making of Modern China*, p.145 and footnote 5 in Chap. 5。见 Colin Mackerras, "Education in Guomingdang Period, 1928–1949," in David Pong and Edmund S.K. Fung, eds., *Ideal and Reality: Social and Political Change in Modern China, 1860–1949*, Lanham, MD: University of Press of America, 1985, p.170。

子和政治力量有关工农等非精英大众教育的思考以及实践。尽管历史学家细致书写了民国的文化史和教育史，但是地下共产党教育工作者经营流通图书馆和读者指导部的大量相关原始资料并没有引起太多的关注。由中国文化建设协会知识分子详细记录的读书运动更是被完全忽视。鲜有人研究陶行知在 20 世纪 20 年代发表在哥伦比亚大学国际师范学院教育年鉴中有关中国劳工问题和工业化的英文文章，也从未将其放在国民革命的群众和劳工运动的背景下进行探讨。为了推动各自的大众教育项目和言论，这些教育家和革命知识分子分别设立了自己的出版社："读书生活出版社"、"生活教育出版社"，以及由中国文化建设协会资助的"现代书店"。

本书利用上面提到的这些档案和出版社出版的大众教育材料来探究教育工作者与大众间的互动及其有关日常生活的讨论。这些材料包括编辑和读者间的往来信件、城市工人日记和文学作品、在热门报刊上发表或收录于作品集中的社论以及回应文章、大众教科书、流通图书馆的年度报告、有关工人生活的报刊评论、农民学校开学演讲、村民会议纪要、当地学校和社区项目蓝图、城市职工会议纪要、全国阅读大赛规则和阅读清单、国家和地方政府广播演讲及会议纪要，以及当地国民党会议的演讲。

本书面临的关键问题和难点有如下四个。第一，三派知识分子为什么不约而同地在大革命后转向社会教育，明确地提出大众教育的重要性，系统地组织社会教育项目和群众读书运动。他们如何看待"五四"和大革命以来的劳工大众运动以及以经济和军事的手段推进社会变革。第二，辨别这些知识分子教育的对象以及他们如何与这些对象沟通，辨别各自社会改造的政治即意识形态如何在具体的大众教育项目中体现出来。比如左翼革命知识分子鼓励识字工人创作文学、写日记的本质是什么，革命知识分子如何教育城市小市民认识失恋、失业等生活中遇到的问题。第三，分析对比三派知识分子的文化政治，特别是其教育对象、重点和手段。第四，揭示几个大众读书项目之间的联系。具体地说，考察国民党右翼掌控的文化宣传和特务机关打压左翼文化和教育的逻辑是什么，国民党关闭陶行知晓庄试验教育项目的决策过程，陶行知与柳湜等共产党知识分子的来往（特别是柳湜离开上海前与陶行知有关大众教育的对话）。

在分析原始材料时，我关注这些教育工作者如何将日常生活相关写作与其教育议程制定相适应，尤其是这些教育者如何编排普通人关于自己生活的作品，如何评判群众的日常生活，以及他们所提出改造生活的建议。例如，在分析由识字的城市工人撰写的题为《生活纪录》的一系列自传体文章中，我注意到编辑评论和随附的讲座系列以及探讨写作目的和方法的教科书，这些教科书可供工人参考。其中包括"读书问答"专栏、"文学讲话"栏目和教科书《如何自学文学》。再举一例，在调查中国文化建设协会知识分子如何描绘中国人的业余时间读书活动时，我将中国文化建设协会著作中大量有关国家"智慧"的文章及选集《现代读书方法》中读书实践合理化的内容纳入思考范畴。我进一步梳理了这三组大众教育项目之间的联系。例如，民族主义教育者大众教育议程的排他性；中国文化建设派知识分子和教育家如何和为什么压制《读书生活》的大众教育运动和陶行知的乡村生活教育。我也考虑到共产主义大众教育家对陶行知生活教育的批评的局限性。此外，我展示了陶所编纂的新罗马字母系统实际上化用了共产主义教育家瞿秋白在此前设计的方案，并且试图挑战民国政府的大众教育计划。

本书第一部分考察大革命失败后潜伏在城市当中的中共地下党和左翼知识分子及其大众教育活动。重点考察以柳湜、夏征农、艾思奇为代表的城市地下党的文化教育组织工作。1927 年以后中国共产党重新思考革命策略，柳湜等认为大革命失败的主要原因在于中国共产党缺乏植根于工农日常生活的文化教育活动，文化被简化为政党政治口号，成为政治的尾巴。他们不认为大众有一种与生俱来的阶级意识，但是他们相同的生活经历使他们有可能形成一种相互认同的阶级意识，产生"同感""同情"乃至身份认同感。他们提出"思想文化运动"的重要性。他们开始注意有初等文化水平的城市底层劳工和工薪阶层，包括店员、学徒、帮工、小业主、妓女等。他们鼓励这些城市劳工学习与自己生活有关的哲学，讨论生活中遭遇到的各种经历（比如失业、恋爱等），并探讨这些问题的社会基础。他们鼓励劳工创造书写典型的城市劳工的日常生活。这样的文化和教育活动关注城市劳工生活经历和情感思想世界，并且赋予大众一套语言和分析工具，帮助他们认识生活，也试图培养一种基于日常生活体验的对资本生产关系和殖民压迫的理解。在这一过程中，这些政党知识分子成为革命动员的有机组成部分，为继续革命而塑造"阶级大众"。

本书第二部分考察以民主派教育家陶行知为首的大众教育

项目。现有的陶行知研究，特别是国内80年代的陶行知研究，没有充分重视到20年代中国政治局势对陶行知教育理念的影响，而且没有充分运用陶行知这一时期用英文发表的关于中国教育的时论。陶行知在1917年回国后目睹军阀混战，认为杜威式的民主教育缺乏稳定的政治环境而无法在中国实现，由此他重新思考教育与社会、政治之间的关系。陶行知认为国民革命等政治社会运动注意到农民是好事情，但是政治动员把农民当成工具，没有注意到农民底层生活经验，特别是城市工业化和帝国资本给农民、农村和农业带来的变化。他批评大革命中农会将农民当成政治的工具，指出其动员脱离地方生活经验。他认为真正的革命应该能够帮助发展农民自主、自立和自给的生活力。他提出一个彻底的"国民革命"还需要一个"教育革命"。他围绕晓庄开展生活教育，实践这个"教育革命"理念。他在农村和地方社区成员中开展的"生活教育"，关注城市工业化和全球经济危机下的农村和城市底层生活经历，反对城市和学院精英掌控文化、教育、科技资源。以社区生活经验和需求为导向，组织社区教育，并以此种教育为中心组织社区各阶层男女老少发展社区经济和政府形式，凝合社区各阶层，发展自给、自足和自治的"地方大众"。

本书第三部分考察国民党右翼知识分子和教育家的大众/国民教育活动，重点案例是潘公展、陈果夫、陈立夫和吴铁城等为提高"民族智慧"而组织的全国社会读书运动。大革命后，国民党右翼迫于共产党意识形态的竞争，要在短期内建设国防和民族经济，强调思想文化统一，提出"文化革命"和"民族革命"的口号和纲领，试图以文化和教育的手段最大化地组织和整合国民力量。国民党右翼潘公展等人在有中高等教育水平的城市和地方精英中开展读书运动，这些精英群体包括大学教师、地方国民党党员、军人、政府职员和报人。这一运动通过国民党和国民政府，由上至下推行，整个运动试图强化党和党精英对民众的领导，同时强调国民的自我增强意识，提倡国民按照各自"社会分工"读书学习，管理自己的时间，为民族经济做贡献。这一社会教育项目体现出国民党如何依靠政府官僚体系，利用民族危机的契机来规训和动员"民族大众"。

第
一
部
分

第一章
由革命到日常：工作重心变化
与知识分子聚集城市

一　工作重心的变化

国共分裂以后，中国共产党领导的革命进入新的阶段，基于日常的文化和思想宣传，教育逐步成为在白区推进革命的重要领域。1928 年夏在莫斯科召开的中共六大认为中国革命处在两个革命高潮之间的蓄势时期，在新的革命高潮到来之前中共领导的工作不再是发动武装暴动，而是发展深入日常和群众的革命宣传。虽然很多刚刚经历革命浪潮的中国共产党人希望甚至相信下一个政治经济革命浪潮即将到来，但深化宣传工作为革命蓄势，无可厚非地成为中共在大革命后深化革命的重点。六大召开期间中共就发出《中央通告第四号——关于宣传鼓动工作》（1928 年 10 月 1 日），指出此后的宣传工作要将"日常斗争实际问题中的鼓动"与"政治宣传"区别并有机地联系起

来。文件中指出过去的宣传将"日常的鼓动与政治宣传划分为
二，不发生相当的联系，政治宣传的形式至多止于发宣言散传
单，不知在日常实际斗争中引导群众去认识本党政策和提高其
政治意识，而只知凭空去做政治宣传，致使党的政治影响不能
深入群众，并不能取得群众"。①

《关于宣传鼓动工作》是中共历史上首次明确提出要将日常
状况下的宣传教育与政治情势中的鼓动宣传做出区别。中共早
期宣传纲领中提到的日常状况下的教育主要是工人教育，而其
本质是组织工会的工具。比如1921年中共第一个决议中明确
规定工人学校的主要任务是快速发展工会、调动工人情绪，除
特殊情况外，不能随意开设课程。②当时工人运动领导人邓中
夏直截了当地说，早期劳动学校是当时党员接近群众的主要手
段。③大革命期间，中国共产党已经开始注意到仅仅注重政治情
势而忽略日常和群众本地需要的工具性宣传是很成问题的。比
如1926年"三一八惨案"后中共以往千篇一律口号式的鼓动持
续受到了来自群众和工人内部的抵制，迫使中共在惨案发生一
个月后向党员宣发了题为《我们今后怎样工作》的小册子，紧
急调整宣传策略。手册批评此前的宣传"不注重当地的群众日
常生活的要求，而只有全国政治运动的总口号和全国的普遍的
政治煽动"；北京出版之刊物可用之于湖南、湖北、广东等其他

① 中共中央宣传部办公厅、中央档案馆编研部《中国共产党宣传工作文献选编
（1915—1937）》，学习出版社，1996，第838页。

② 《中国共产党第一次代表大会文件》（1921年7月），《中国共产党宣传工
献选编（1915—1937）》，第325页。

③ 《中国职工运动简史》，《邓中夏全集》（下），人民出版社，2014，第1358页。

地方，湖北所出之刊物"亦复相同"。[①] 六大《关于宣传鼓动工作》的决议提出革命宣传在政治情势和日常状况下的不同需求，这体现出大革命后，中共开始反思大革命以及中共早期的文化宣传，认识到基于日常的思想文化层面的宣传在中共未来深化革命中的重要性。

中共六大后不仅中国共产党宣传理念发生了变化，其宣传组织机制也发生了重要变化。这个变化也体现了中共开始重视基于日常的思想文化层面的宣传，并且计划利用党的组织机制整合和统筹文化、教育和知识领域。图 1-1 对比了 1929 年 6 月中共六届二中全会通过的《教育宣传问题决议案》中的宣传组织部门与此前 1923 年通过的《教育宣传委员会组织法》中的组织划分。[②] 整体上早期中共宣传部门主要是服务于党内精英"政治上和主义上的教育和提高"。[③] 图 1-1 中 1923 年的"教育宣传委员会"（革命早期的中宣部）的五大职能部门的责任主要是编辑、出版、组织学习和流通供党员阅读的几大核心出版物（包括《新青年》、《前锋》、《向导》、《中国共产党党报》、《青年工人》、《中国青年》和《团镌》）。而面向大众的宣传"小册子"仅仅是此时中宣部工作的很小一部分，而且有时很难得到

---

① 《我们今后怎样工作》，《中国共产党宣传工作文献选编（1915—1937）》，第719 页。

② 图 1-1 中显示的宣传组织部门见 1923 年 10—11 月颁布的《教育宣传委员会组织法》和 1929 年颁布的《教育宣传问题决议案》，均收入《中国共产党宣传工作文献选编（1915—1937）》，分别见第 555、896 页。

③ 《教育宣传委员会组织法》，《中国共产党宣传工作文献选编（1915—1937）》，第 555 页。

落实。① 与早期宣传相比，六大后中宣部组织机制发生了重大变化，调整强调影响和指导更广大范围的、更广泛群众的文化、知识和教育活动，中宣部"不只是对中央的宣传工作负责，而应当是对全国的宣传工作负责"，它由 1923 年五大部门扩大到图 1-1 所示的七大科委。② 这些职能部门的责任不再局限于促进发展党内精英的思想教育，而是影响和引导更广泛群众的公开的文化教育活动。比如原有的"印行部"主要负责印刷并发行党团刊物及讲义、出版品，而六大后取而代之的"统计科"和"出版科"则负责统计和管理"全国范围内之各种性质的宣传教育的材料发行"。③ 新的"编辑委员会"与旧的"编辑部"相比，不仅仅负责党团核心报刊的编辑，也要有计划地编辑"一切宣传教育"的丛书和小册子。④ 更加值得注意的是新建的"文委"，它负责"指导全国高级的社会科学的团体、杂志及编辑公开发行的各种刊物书籍"。⑤ 也就是说，六大后中宣部将党内外知识分子团体以及公开

---

① 比如 1924 年 5 月 14 日的《中央局报告》第二部分"宣传"中记录的有关工人、农民、士兵宣传的小册子，"因同志担任起草者均未送来，故至今未能印出"。见《中央局报告》，《中国共产党宣传工作文献选编（1915—1937）》，第 580 页。

② 《教育宣传委员会组织法》，《中国共产党宣传工作文献选编（1915—1937）》，第 895 页。

③ 《教育宣传委员会组织法》，《中国共产党宣传工作文献选编（1915—1937）》，第 896 页。

④ 《教育宣传委员会组织法》，《中国共产党宣传工作文献选编（1915—1937）》，第 896 页。

⑤ 《教育宣传委员会组织法》，《中国共产党宣传工作文献选编（1915—1937）》，第 896 页。另外，左翼作家联盟、左翼社会科学家联盟等八大文化教育联盟的成立，就是在文委的指导下完成的。见孔海珠《"文总"与左翼文化运动》，上海人民出版社，2016，第 20—36 页。

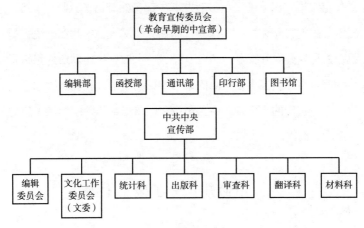

图 1-1　中共中央宣传部的组织演变

形式的知识、文化和教育活动都纳入其组织和影响范围内，中共希望这些知识分子和团体开展有利于其革命的文化宣传活动。

　　大革命浪潮起伏，中共六大对革命的反思凸显出基于日常的更广大范围的思想宣传已经进入中国共产党的视野，中共意识到了文化宣传在深化革命中的重要性。在六届二中全会后中共积极地通过"文委"、"文化支部"、左翼作家联盟和左翼社会科学家联盟等组织革命知识分子。[①] 30 年代初这些组织的建立有效地整

① 在 1930 年左翼作家联盟以及左翼社会科学家联盟成立前，中共主要通过"文化党组"（文委）、"文化支部"组织发展文化知识界左翼革命力量。关于这方面的陈述，见冯乃超、蒋锡金《革命文学论争·鲁迅·左翼作家联盟——我的一些回忆》，《新文学史料》1986 年第 3 期。在中共六大之前的 1928 年5 月，在上海文化团体中成立了文化党组，当时江苏省委宣传部部长李富春组建文化党组，主要是为了加强各文化单位和团体中党员的联系，后来被中共的宣传部吸收，直属中宣部。李富春领导的六大后江苏省委宣传部对于创造社、太阳社和鲁迅之间论争的干预最初就是通过这些中央和基层党组织展开的。见房维中、金冲及主编《李富春传》，中央文献出版社，2001，第 3章"坚持地下斗争"。

合和组织了知识分子——虽然左翼内部仍然有诸多分歧。[①] 然而随着国民党文化和军事"围剿"的扩张和深入，中共在国统区的组织力量变得十分有限，30 年代中期中共在国统区城市的组织几乎瘫痪。而此时聚集在上海的革命知识分子很大程度上挑起了新时期革命宣传的重担，为中共革命在城市当中的延续提供了新的生命力和血肉。

二　革命知识分子聚集上海

1927 年底在东京帝国大学哲学系学习社会学、美术学的冯乃超，还有半年完成大学学业。朱镜我、李铁生、彭康、李初梨是他在东京帝国大学的哲学社会科学方向的同窗，他们一同从东京返回上海。之后，王学文、许幸之、沈起予、艾思奇等一批从东京归来的多数具有社会科学背景的左翼知识分子，以及另外一批从大革命各地方前线退役下来的革命青年，纷纷来到上海。[②] 他们成了 30 年代上海马克思主义革命文化运动的骨干。虽然大革命失败了，但他们是"怀着走向战斗、走向光明的满腔热情回国的"。[③] 当时的冯乃超和他的同窗还没有加入中

---

① 这方面已经有很多回忆录、党史和左翼文化史的研究可供参考，新近的研究见程凯《革命的张力："大革命"前后新文学知识分子的历史处境与思想探求（1924—1930）》（北京大学出版社，2014）和孔海珠《"文总"与左翼文化运动》。

② 关于此时聚集上海的左翼知识分子的背景，见王晓渔《知识分子的"内战"：现代上海的文化场域（1927—1930）》，上海人民出版社，2007，第 5 章。

③ 冯乃超、蒋锡金：《革命文学论争·鲁迅·左翼作家联盟——我的一些回忆》，《新文学史料》1986 年第 3 期。

国共产党。^① 据冯乃超回忆他在挑起与鲁迅的争论时，并“没有和任何人商量”。^② 对于他和他在创造社的伙伴来说，创办理论刊物、掀起思想上的转变，是大革命失败后继续革命的方式。冯乃超坚定地认为大革命的失败不应仅归咎于政党政治，而是有文化思想上更深层的原因。他说："1926 年的北伐战争不断取得胜利，很使我们这些中国留学生受到鼓舞，也很影响了日本的左派学生。但是，1927 年蒋介石叛变了革命，我们认为，这暴露了中国共产党在幼年期的弱点，主要是缺乏理论指导。因此决定，很有

<hr/>

①　冯乃超等是在回国加入创造社后相继入党的。冯 1928 年 9 月入党，1929 年 10 月连同吴黎平、彭康、朱镜我等成为中共中央宣传部文化工作委员会第一届委员。冯乃超 1901 年出生于日本横滨的一个华侨商人家庭，小学到大学都是在日本受的教育。日俄战争时期进化论思想流行于东亚各国，受那时“富国强兵”潮流的影响，冯乃超决心学采矿、冶金或地质学，后考入名古屋第八高等学校学习理工科，又进入东京帝国大学，与彭康、李初梨同窗。兴趣所至，加之日本在关东大地震后在东亚的暴力扩张，冯乃超不再对工科感兴趣，开始阅读哲学、文学书籍，并受朱镜我的影响，开始阅读社会科学，特别是马克思列宁主义的书籍。当时日本的出版界也正是马列主义风靡之时。他参加了日本共青团前身“日本无产青年同盟”在东京帝大校内的读书小组以及“哲学研究会”的读书小组。在这个时期他和很多革命青年一样，在日本受到高等学校教授、后日本共产党领袖福本和夫著作的影响。福本的思想植根于列宁政党建设思想和东欧革命实践，强调阶级意识和思想文化在科学社会主义中的重要性。福本主义在 1927 年之前并没有在中国左翼知识分子和日本留学生中产生很大的影响，就连冯乃超回忆录中也认为 20 年代初他对于福本的追随是出于青年对于理论的爱好。但左翼知识分子对于大革命在思想和文化层面的反思，使福本的思想在中国知识分子中流行开来。见冯乃超、蒋锡金《革命文学论争·鲁迅·左翼作家联盟——我的一些回忆》，《新文学史料》1986 年第 3 期。关于福本、卢卡奇阶级意识以及列宁建党思想对此时左翼知识分子的影响，见赵璕《“革命文学”论争中的“异化”理论——“物化”概念的发现及其对论争分野的重构》，《中国现代文学研究丛刊》2005 年第 1 期。

②　冯乃超、蒋锡金：《革命文学论争·鲁迅·左翼作家联盟——我的一些回忆》，《新文学史料》1986 年第 3 期。

赶紧向中国的读者——知识阶级，介绍马列主义理论和展开宣传
工作的必要。"[1] 冯乃超等后期创造社成员希望其创办的刊物《文
化批判》成为中国"革命理论前线"，"它将解答我们'干什么'
的问题，指导我们从哪里干起"。[2] 他们对马克思主义理论和思
想宣传的重视正与中共六大确立的新的宣传理念相契合。1929 年
10 月，冯乃超连同彭康、朱镜我等成为在中共六届二中全会《决
议》指导下建立的中共中央宣传部文化工作委员会的第一届委
员。[3] 即使在中共组织在城市几近瘫痪的境遇下，他们也持续地
推进革命文化思想宣传。

　　冯乃超等大革命后聚集在上海的这批革命知识分子的共同
特点是强调思想、文化和教育在社会变革中的作用，在革命的
危急时刻，自觉地以思想和文化宣传的方式推进革命。革命
的失败激励这些知识分子和革命青年超越政党政治和革命实际
策略，从思想、理论层次上反思革命失败的原因，探索革命与
政治更深层的含义。美国革命史学家德里克考察中国马克思主
义史学历史源头，他的研究显示以蒋介石为代表的民族资产阶
级对劳工社会运动和共产党的血腥镇压激发了此时中国知识分
子对社会科学理论特别是马克思主义理论的兴趣。他指出，大

---

① 　冯乃超、蒋锡金:《革命文学论争·鲁迅·左翼作家联盟——我的一些回忆》，
　　《新文学史料》1986 年第 3 期。

② 　成仿吾:《祝词》，《文化批判》第 1 期，1928 年。

③ 　中共中央宣传部文化工作委员会委员名单转引自孔海珠《"文总"与左翼文
　　化运动》，第 22 页。根据孔海珠考证，该名单出自《上海革命文化大事记
　　（1919.5—1937.7）》(中共上海市委党史资料征集委员会、中共上海市委党史
　　研究室、中共上海市委宣传部党史资料征集委员会合编，上海书店出版社，
　　1995）。

革命失败的原因究竟是什么，如何理解蒋介石和民族资产阶级的联合，中国革命的对象是哪些，革命的力量是哪些，之前经由共产国际介绍到中国的共产主义运动常识和政党理论已经远远不能回答基于中国革命现实的问题。而"五四"以来以科学和人生观为核心的思想也无法解释这些问题。这些出于中国革命实践的问题迫使关心革命的知识分子回归社会科学思想和理论。[1] 系统的社会科学理论的翻译介绍，特别是马克思主义理论、历史唯物辩证法的系统翻译、介绍也恰恰出现在 1928 年大革命失败之后。[2] 此时中国知识分子对马克思列宁主义等社会科学理论的介绍和学习，对中国社会性质、历史分期、文学艺术社会功能的讨论与论争都有着深刻的政治内涵和现实内涵。[3] 无论他们最终是否同意彼此的观点，都体现出革命落潮时期的中国知识分子积极思考自身与革命、文化与政治之间关系的自觉。以往研究多沿用"左翼知识分子"和左翼文化运动来描述和定义这些知识分子以及他们 30 年代以城市为背景的文化政治活动。我用"革命知识分子"来描述这些知识分子，

[1] 阿里夫·德里克：《革命与历史：中国马克思主义历史学的起源，1919—1937》，翁贺凯译，江苏人民出版社，2005，第 1 章。

[2] 出版史上的研究见耿睿勤《马克思恩格斯著作在中国翻译出版的历史概述》、张允侯《列宁著作在中国的出版和传播》，收入宋原放主编《中国出版史料》第一册（上），山东教育出版社，2001。阿里夫·德里克《革命与历史：中国马克思主义历史学的起源，1919—1937》第 1 章中也有所提及。

[3] 关于社会性质的论争，见阿里夫·德里克《革命与历史：中国马克思主义历史学的起源，1919—1937》；关于此时文艺大众化问题的论争，见齐晓红《当文学遇到大众——1930 年代文艺大众化运动管窥》，《文学评论》2012 年第 1 期。

强调他们对革命在思想和文化层面上的诉求和他们文人与党员的双重认同。

正如文学革命史研究者程凯注意到的，大革命后革命知识分子对马克思主义理论和社会科学主义的自觉探索是一种理论上的"僭越"。[①]虽然此时从文化宣传政策的改变上已经可以看出中国共产党在思想文化上的诉求，然而此时中共忙于革命策略，在国民党的"围剿"下中共组织的生存也遭到巨大威胁。[②]甚至在 1935 年初包括中共上海中央局机关和"文委"主要领导在内的 36 人，由于会议地点暴露，同时被逮捕。此时国统区文化组织工作往往被迫处于自力更生或近乎停止的状态。30 年代参与中共"文委"组织工作的夏衍晚年在回忆录中这样描述那时白区的文化工作："当时，我们处于一个非常奇特的状态，一方面是爱国群众运动一浪高于一浪，另一方面是我们在白区得不到一星一点党中央和红军的消息，内外反动通讯社和报章宣传的是'剿共大捷'之类的谎言，连遵义会议这样的大事我们也一无所知。"[③]

① 程凯：《革命的张力："大革命"前后新文学知识分子的历史处境与思想探求（1924—1930）》，第 248 页。

② 关于此时期中共在国统区的组织状况，见中共中央组织部、中共中央党史研究室、中央档案馆编《中国共产党组织史资料》第 2 卷上册，中共党史出版社，2000，第 22 页。又见中共上海市委党史研究室《1921—1933：中国共产党中央在上海》（中共党史出版社，2006）。关于国民党右翼主导的文化法西斯主义如何同时以暴力和文化竞争的手段打压排挤国统区的左翼文化力量的最新研究，见 Maggie Clinton, *Revolutionary Nativism: Fascism and Culture in China, 1925-1937*。

③ 夏衍：《懒寻旧梦录》，三联书店，1985，第 289 页。

强烈的思想文化诉求和组织上被迫的自力更生，使这批革命知识分子的革命实践方式，与北伐大革命时期从事革命鼓动宣传的政治青年相比，有所不同。大革命时期的政治青年将政党军队的口号传播到北伐军所到之处；相比之下，革命知识分子不仅仅写标语、撒传单、在纪念日"飞行集会"和示威游行，他们更组织发展文学、艺术、科学团体和刊物，凭借印刷媒体、图书馆、大学等城市空间发展深入持久的革命文化宣传。[①]艾思奇、柳湜和夏征农的思想经历和文化实践在这些从各地聚集到上海的知识分子当中颇具代表性。

夏征农在 1927 年秋参加八一南昌起义动员组织工作后，被迫逃到上海，随即开始在复旦大学中文系学习，[②]次年担任复旦共青团支部书记。其间，他一边组织同学参加"飞行集会"，一边关注此时冯乃超、李初梨等后期"创造社"成员挑起的有关革命

[①]　夏衍回忆录中提到上海"闸北第三街道支部"在左联成立之前是联络文艺界党员的中心，当时"太阳社"成员钱杏邨（阿英）等都在这个支部，他们都是在大革命中中国共产党内搞过工人运动的，每星期都要到工厂区去工作两三个小时，但是当时他们正忙于组建"太阳社"等，往往要往返于播撒传单、搞"飞行集会"、动员工厂工人等政治宣传活动与组织太阳社期刊两者间。他们真正搞工运的时间不多，多忙于太阳社的组建及其杂志。同时期闸北区文化支部书记黄耀的回忆也印证了这一点。据他回忆，文化支部组织会议要花上一部分时间安排组织游行示威。冯乃超在回忆录中对李立三领导时期偏重政治宣传、让很多文化工作者花颇多精力并且冒着生命危险搞"实际工作"颇有微词。见夏衍《懒寻旧梦录》，第 86 页；黄耀《关于上海闸北区文化支部》，中国社会科学院文学研究所《左联回忆录》编辑组编《中国文学史资料全编·现代卷·左联回忆录》，知识产权出版社，2010，第 54 页；冯乃超、蒋锡金《革命文学论争·鲁迅·左翼作家联盟——我的一些回忆》，《新文学史料》1986 年第 3 期。

[②]　包子衍、许豪炯、袁绍发：《夏征农谈他的文艺生涯及其他》，《新文学史料》1990 年第 4 期。

文学的论争。虽然他个人受到鲁迅文学作品的影响，但他十分认可李初梨等后期创造社成员的看法，强调思想文化特别是阶级意识在推动社会主义革命中的重要性。[①] 夏不仅关心当时革命文学的论争，还在课堂中展开关于中国社会性质的讨论。当时复旦开设了"应用社会学"这一课程，并邀请陶希圣任教员，讨论中国社会性质的问题。根据夏回忆，他在课堂上曾和他的同学当场质疑陶希圣"怎能说中国社会没有阶级"。[②] 1929 年夏征农在参加宝山路的一个"飞行集会"时被捕入狱，1930 年出狱后，他决定全身心转向文化运动，加入左翼作家联盟，开始以编辑的身份参与包括《读书生活》《太白（半月刊）》《新认识》等提倡思想运动和大众文化运动刊物的编辑。在现有的文献中找不到夏在 30 年代持续进行"飞行集会"的记录，但夏应该还持续参加一些左联的会议，并且参与组织工农兵通信运动，但文学创作和文学教育是他 30 年代主要的实践革命形式。文学对于夏征农来说是一种社会组织形式，不是批评和赏析。他在写给城市青年和底层劳工的教材当中，强调文学能够帮助这些郁闷青年和失业劳工梳理生活经历、组织情感、发展出超越个人经历和感情的社会认识。此种关于文学的看法本质上是将文学视为一种感悟、塑造和教育手段。夏征农对文学和艺术的社会组织功能的看法与此时李初梨

[①] 1936 年夏征农撰文悼念鲁迅，谈到李初梨和鲁迅的论争。夏征农说当时他是在"站在'创造社'方面的"。《纪念鲁迅先生》（1936 年 11 月），《夏征农文集》（5），上海人民出版社、上海辞书出版社，2002，第 421 页。

[②] 《忆陈望道老师》（1979 年 8 月），《夏征农文集》（5），第 425—429 页。夏是通过陈望道的关系，获得在复旦学习的机会的。

等革命知识分子的看法相同。① 这种对于文学艺术社会教育功能的认识是大革命后很多革命青年转向文学和艺术的思想层次上的根本原因。

柳湜与夏征农的经历颇为相似。"马日事变"后，柳湜开始从事中国共产党地下工作，主要是组织营救被逮捕的中共党员。1928 年长沙党组织遭到破坏后，他被迫逃到上海，随即被捕入狱，在狱中组织文化支部，开始系统研读社会科学和马克思主义理论。② 1933 年春出狱后，柳湜转向文化运动，加入左翼社会科学家联盟。30 年代他持续撰写了大量社会科学通俗文章，坚定倡导文化与思想运动在推动变革中的重要性。他反思大革命失败原因，与同时期冯乃超等革命知识分子有相似的见解，认为中共革命一直缺乏一个更广泛和深入的"思想文化运动"。③ 但与冯乃超相比，作为中共党员目睹并参与大革命动员组织工作的他，更多的是从中共内部的角度反思大革命——他指出之前中共的劳工文化和教育活动仅仅停留于表面，文化和教育是功利地为政党和政治运动服务，"文化成了政治的尾巴"。④ 同时，作为一个马克思主义者，柳湜尤为关注文化在推动社会进步中的作用，特别是文化与生产方式的关系。他撰

---

① 关于李初梨等对文学社会组织功能的分析，见程凯《革命的张力："大革命"前后新文学知识分子的历史处境与思想探求（1924—1930）》，第 253—257 页。

② 关于柳湜生平，见柳树滋《柳湜同志的生平、著作和思想》，《柳湜文集》，三联书店，1987；李玉非《柳湜年表》，李玉非、宋荐戈、龚守静编《柳湜教育文集》，教育科学出版社，1991。

③ 柳湜：《什么是思想与文化运动》，《国难与文化》，黑白出版社，1936。又见《柳湜文集》，第 687—693 页。

④ 《从五四运动到今日》，《柳湜文集》，第 703—704 页。

写了一系列理论文章解释"什么是思想运动""什么是文化运动""实践论"。与一些同时期的西方马克思主义者对文化与政治之间关系模棱两可的态度不同，柳湜明确地指出文化和思想"引导新的社会秩序"。[1]他强调经济生产关系的斗争仅仅是人类社会进步的一种力量；强调思想和人们如何看待、认识自己的经历是促进社会进步和变化的重要力量。更重要的是，在柳湜看来，30 年代中国的资本和帝国主义不仅仅是一种经济生产关系和政治霸权，也是一种切肤的生活经历。他认为彻底的反帝反封建革命需要一个更广泛的"思想文化运动"，这个运动需要让劳苦大众在日常生活中经历什么是资本，什么是殖民资本的压迫。他认为在这样基础上发动的革命将具有真正的社会革命的意义，将有潜力发展成一个深入的、彻底的、改变生产关系的经济、社会和政治革命。柳湜这里提出的对日常生活的体验和认识与夏征农以文学来引导组织大众情感经历的思路

---

[1]　《从五四运动到今日》，《柳湜文集》，第 703—704 页。虽然柳湜对文化的关注植根于中国本土的政治环境，但他关注的文化与社会革命问题是30 年代各国马克思主义者都关注的问题。同时期的马克思主义者如卢卡奇、葛兰西、户坂润都注意文化和思想在社会革命中的作用，他们从不同角度思考阶级意识的形成与社会和文化生活经历的关系。他们都注意到马克思并没有十分清楚地回答文化与生产方式的关系；他们都不约而同地思考这些问题：文化如果是某一社会生产方式下的衍生物，那如何理解一些先锋革命思想和文化的产生，如何理解在这些思想和文化指引下的社会政治运动；文化与政治到底是什么关系，阶级意识和生产关系在社会变革中哪个起主要的作用。关于此时期马克思主义知识分子对文化与政治关系的对比研究，见 Harry Harootunian, *Overcome by Modernity: History, Culture, and Community in Interwar Japan*。该书书评见冯淼《商品化、日常生活与历史的裂痕——读哈鲁图尼尔的〈被近代超克〉》，《书城》2009 年 6 月。

是十分契合的。他们在《申报》读书指导部和《读书生活》的文化教育实践进一步得到了刚从日本归国的青年艾思奇的鼎力帮助。

与柳湜和夏征农等从大革命前线退下来的革命青年不同，艾思奇有着深厚扎实的哲学社会科学训练和中国传统哲学修养。[①]和冯乃超等的经历相似，艾思奇在日本学习冶金采矿，但最终放弃了实业救国的想法，转向哲学社会科学。[②]艾两次东渡日本，第二次1931年底回国后，本想赴德国学习西方哲学，因无法获得经费未能成行，而他父亲此时敦促他回云南帮助兴办实业，艾

①　艾思奇（李生萱）系出名门，曾为蔡锷的"义子"，他的父亲和长兄对他有十分大的影响。父亲李日垓1909年毕业于京师大学堂，师从严复，曾随同蔡锷参加护国战争，积极参与策划蔡锷讨袁起义。李日垓有感于辛亥革命到北伐十多年来中国仍然处于战乱之中，认为中国需要发展工业经济、开发自然资源，而云南矿产丰富，早有送艾思奇学习实业以兴国的想法。其长兄师从章太炎，研究经学、史学，同时在东南大学修西洋哲学，是学生运动负责人，也是中共云南省特别委员会委员，在北伐中参加组织宣传工作。大革命失败后，其长兄被国民党通缉。艾思奇受到牵连，被捕入狱，经受酷刑，经父亲多方奔走，被营救出狱。1927年春父亲决定送17岁的艾思奇去日本学习。艾思奇在日本学习日语，本来就有非常好的古典哲学和西方自然科学基础的艾思奇，全面接触到西方哲学和科学思想，对德国哲学十分感兴趣。1928年济南惨案发生后，中共东京支部发起留学生抗议，艾随着"留日各界反日大同盟"回国，返回昆明老家。艾思奇在长兄李生庄做编辑的《民众日报》上发表了很多新哲学的小文章，就"白马非马"等命题以短小的文章介绍马克思主义唯物辩证法和唯物史观。与此同时，他撰写大量文艺文章，翻译了济慈、海涅的诗歌，还有木田独步的《孤独者》。他甚至翻译了《国际歌》、《马赛曲》和《伏尔加船夫曲》的歌词给他的发小聂耳，还客串聂耳导演的新剧，表演曲目。见《艾思奇生平年谱（1910—1966）》，《艾思奇全书》第8卷，人民出版社，2006，第929—963页。

②　根据包广林对艾思奇妻子的采访，艾当时在给父亲的一封家书中称"在帝国主义侵略和封建势力的桎梏下，单讲建设工业能达到救国的目的吗？"见包广林《二十世纪中国蒙古族学者李四光、梁漱溟、萧乾、艾思奇》，民族出版社，2015，第286页。

考虑再三，决心放弃兴办实业。1932 年春，22 岁的艾思奇奔赴
上海，后加入中国共产党领导的"上海反帝大同盟"。与很多同
时期革命知识分子的经历相似，他在"上反"一面要写标语、撒
传单、搞"飞行集会"，一面忙于理论研究。① 1933 年初，艾思
奇加入了左翼社会科学家联盟，担任研究部长，从此全力投入理
论研究和马克思主义文化宣传工作。② 与柳湜和夏征农等从大革
命前线退下来的革命青年不同的是，艾并没有很多革命实践的经
验，但他坚定地认为，在 30 年代，一个与时俱进的哲学家的任
务是将新哲学方法在中国推广开来。回国后，他一面关注思想界
关于中国社会性质的论争，一面做的一个重要工作就是梳理民国
以来的哲学思潮。1934 年 1 月他发表了《二十二年来之中国哲学
思潮》的长文，认为 1927 年是民国思想领域的一个分水岭，大
革命以来"没落阶级的丑态暴露无遗"，各种旧有的科学观、人
生观、人道主义等哲学思潮和观念都在现实中暴露其不足，时代
的哲学家要做的就是用唯物主义辩证的"新哲学方法"去审视中
国的当下。③ 翻阅艾思奇在 30 年代在上海期间发表的文章可以看
出，他的工作主要是运用新哲学方法检验和讨论当时各种社会热
门现象和重大理论问题。他参与和展开了有关"第三种人""艺

---

① 许涤新回忆语，转引自董标《杜国庠：左翼文化运动的一位导师——以艾思奇
为中心的考察》，刘正伟主编《规训与书写：开放的教育史学——纪念中国教
育近代化研究 25 周年》，浙江大学出版社，2013，第 207 页。
② 《艾思奇生平年谱（1910—1966）》，《艾思奇全书》第 8 卷，第 934 页。
③ 艾思奇：《廿二年来之中国哲学思潮》，最初发表在《中华月报》第 2 卷第 1
期，1933 年；收入《艾思奇全书》第 1 卷，第 107—121 页，引文在第 119 页。

术性与政治性"的论争。① 他在城市青年和劳工中进行文化宣传，其专注讨论的主要问题包括：如何理解性与爱情的本质，他们是永久的吗；如何理解艺术的艺术性，如果艺术是有时代性社会的产物，为什么有些艺术品经久不衰；自然科学是独立于社会存在的吗，它的真理性如何体现。在艾思奇和他在《申报》流通图书馆读者指导部的同事看来，这些世界观的问题是在人生观和科学观破产后的 30 年代，每个中国青年必须面对的问题。

尽管个人经历不尽相同，这些大革命后聚集在上海的革命知识分子有着对思想和文化运动共同的诉求。九一八事变后国民党对内坚持反共，实行文化和政治、军事高压政策，在中共文化宣传组织力量十分有限的状况下，这些革命知识分子更多地通过公开的手段和平台开展革命文化宣传。本书第二章中详细考察的柳湜、艾思奇、夏征农等开展的面向城市识字劳工和失业青年的读书活动，是此时中共城市革命文化工作的代表。

---

① 艾思奇 30 年代初的论文包括《诗人自己的道路》（1933 年 1 月）、《现象，本质》（1933 年 5 月）、《现代自然科学的危机》（1933 年 6 月）、《文艺的永久性与政治性》（1933 年 9 月）等，均收入《艾思奇全书》第 1 卷。有关艺术、宣传和政治的关系是他此时期十分关注的一个问题。他认为艺术的永久性和政治性是不可分割的两面，艺术因为总是在具体的现实中得到读者的认同而体现其艺术性，而政治性则体现在艺术家的选择中——揭示社会前进力量的生活，还是掩饰其政治性。因而，艺术性和政治性并不是对立的，也因此艺术品高于宣传。但艺术也是广义上的宣传，不是艺术家宣传自身，而是体现某一阶层的生活。另外，艾对此问题的看法借鉴了同时期左翼理论家和左联领导人周扬、日本左翼作家川口浩对艺术的看法。川口浩是冯乃超等从东京归来的后期创造社革命知识分子共同关注的一个日本左翼作家。冯乃超曾向中国读者介绍过川口浩等他在东京十分关注的一批左翼知识分子，可见此时期革命知识分子有着相似的思想资源和理论诉求。见冯乃超等《文艺讲座》第 1 册，神州国光社，1930，第 315 页。

第二章
《读书生活》与面向识字劳工的教育

　　国共分裂后，中国革命面临着前所未有的挑战。如同本书第一章试图呈现的，国民党实行军事和文化"围剿"，劳工社会运动持续低潮，中国共产党组织领导力量持续遭到破坏，共产国际和中共内部意识形态纷争、路线摇摆不定。此时，坚持革命的中国共产党人和左翼知识分子都面临着重要问题与重大抉择：是否要在城市中继续发动革命？在政治革命的低潮时期，应该采取什么样的策略和手段继续革命？如何开展革命宣传？如何开展思想文化运动？从现有的中国革命历史书写来看，我们还没能理清国共分裂后，中国共产党领导的革命如何在城市中延续，其与乡村革命的关系；我们还不能历史地呈现经由大革命落潮、白色恐怖，城市劳工和社会革命如何在 20 世纪 40年代再度迅速崛起；还不能充分解释抗战、20 世纪 40 年代城市小知识分子和小市民的激进化。[①] 现有的文学史和城市社会文化史研究已经为我们提供了很多线索，但我们还需要在中国革命的脉络中探析和审视 20 世纪 30 年代左翼革命文化在城市中的崛起。[②] 本章拟深度跟踪艾思奇、柳湜和夏征农等大革命后活跃在国统区城市的革命知识分子。他们利用阅读、通信、笔谈等文化形式，在识字劳工和郁闷青年当中组织读书活动，发展基于这些劳工和青年日常经历的革命文化。本章试图探析平凡普通的日常生活经验和实践，如何在革命的危急时刻，成为中共和左翼革命知识分子深化推动革命的源头。本章认为 20 世纪 30 年代左翼和中共革命得以在国统区得到发展的重要原因在于，此时聚集在城市的革命知识分子关注有初等识字水平的劳工和郁闷青年的精神文化生活，并将其日常生活经历和个人情感转化为革命教育和文化资源。与此同时，以艾思奇、柳湜等为代表的 30 年代中共和

[①] 丛小平和刘昶相继提出师范教育和师范教育生在中国革命中的重要性；经历大革命洗礼的回乡师范学校毕业生，在农村积极宣传革命思想，成为中共革命由城市转入农村的重要桥梁。Xiaoping Cong, "Planning the Seeds for the Rural Revolution: Local Teachers' Schools and the Reemergence of Chinese Communism in the 1930s," *Twentieth-century China*, 32/2 (2007):135-165；刘昶《革命的普罗米修斯》，黄宗智主编《中国乡村研究》第 6 辑，福州教育出版社，2008，第 42—71 页。

[②] 程凯从文学史和思想文化史的角度，梳理分析大革命前后左翼知识分子内部关于文学与革命的讨论。参见程凯《革命的张力："大革命"前后新文学知识分子的历史处境与思想探求（1924—1930）》。杨卫民试图从城市社会文化史和革命史的角度探索中共出版人如何认识生活与革命。参见杨卫民《摩登上海的红色革命传播——以中共出版人的社会生活实践为例（1920—1937）》，上海大学博士学位论文，2013。苏智良和江文君认为近代上海印刷出版业和租界为社会主义思想的传播和中国共产党建党提供了重要的物质基础。参见苏智良、江文君《中共建党与近代上海社会》，《历史研究》2011 年第 3 期。

左翼知识分子将马克思主义哲学社会科学以及文艺批评理论与中国城市底层劳工日常生活结合在一起，创造性地将马克思主义与中国国情结合在一起。他们的文化实践，为中共提供了重要的理论资源，改变了早期中共在马克思主义理论，特别是在科学社会主义理论和宣传方面资源匮乏的局面。

一　读者指导部和《读书生活》

1933 年底 1934 年初，位于上海南京东路的《申报》流通图书馆读者指导部给读者发了一张调查问卷，询问读者的职业背景、读书动机和目的。胡勉农是一位旧式店铺的普通店员，他在给指导部的回信中称，他为了"增长谋生技能而读书"。指导部编辑随即回函并提出疑问："工作技能有了，是否即能得社会生存？"这样胡勉农与指导部编辑就读书动机和目的展开了通信。[①] 信中胡认为虽然读书可以帮助谋得就业技能，但因为"商业不景气"，即便有了这些技能，自己这样的"碌碌庸才"也很难确保生存。[②] 但胡勉农称他仍然热爱读书，尤其热爱文学。他在旧式店铺"终日的足不出门"，对于社会上一切感到"极其隔膜"。[③] 他觉得文学可以让他的生活更加丰富。他这样描述自己阅读文学的动机："文学可以启发人的思想，增添人的知识，一个人有了充分的思想、丰富的知识，在这个社

---

① 《读者问答集》第 1 集，上海申报图书馆，1934，第 6—7 页。
② 《读者问答集》第 1 集，第 6—7 页。
③ 《读者问答集》第 1 集，第 6—7 页。

会里求出路，比较容易些。所以我首先就研究文学，上述就是我的读书动机。"[1]

胡勉农是《申报》流通图书馆读者指导部和由其衍生出来的半月刊《读书生活》登记在案的上千位读者之一。[2] 指导部定期以这种问卷通信的形式，与读者开展交流，并以专栏、讲座、征文为辅助，展开有关读书问题的讨论。指导部每日接到的信"平均约有四五十封"，来信中"长者至万言"。[3] 根据读书指导部的调查，这些读者主要是像胡勉农一样生活在30年代中国城市底层、有初等识字水平的劳工，多数为有小学或者初中教育水平的青年，以店员、技术工人、职员为主。这些青年读者往往喜爱阅读和写作，喜欢谈论人生经历。《申报》读者指导部的编辑以通信、讲座和期刊专栏等方式，与这些城市底层识字青年交流。他们抓住这些读者喜爱阅读和写作的特点，鼓励他们记录、讨论和反思他们的生活经历。这种交流方式在当时颇受欢迎，由读者指导部衍生出的《读书生活》创刊号发行了8000多份。据当时《申报》图书馆馆长李公朴称，这个销量开创了当时"硬性杂志最初发行的新纪元"。[4]

《申报》图书馆读者指导部的编辑包括负责哲学方面读者来

---

① 《读者问答集》第1集，第6—7页。
② 关于《申报》流通图书馆读者指导部的由来、《读书生活》的创办和读者的背景统计，参见《〈申报〉流通图书馆第二年工作报告》，上海申报图书馆，1935。
③ 《我与〈读书生活〉》（1945），方仲伯编《李公朴文集》，云南人民出版社，1987，第888页。
④ 《我与〈读书生活〉》（1945），《李公朴文集》，第888页。

信的艾思奇、社会科学方面读者来信的柳湜、文学方面读者来信的夏征农。大革命落潮后，上海聚集了一批从大革命前线退下来的革命党人，以及由日本归国的革命知识分子。这其中就有从南昌大革命前线转移到上海的共产党员夏征农、从长沙前线经由江苏转移来到上海的共产党员柳湜，以及从东京留学归国的艾思奇。这三个人通过《申报》图书馆馆长李公朴、左翼作家联盟和左翼社会科学家联盟，聚集在《申报》流通图书馆读者指导部。① 为后人所熟知的《大众哲学》《哲学与生活》《街头讲话》《如何认识生活》《如何自学文学》等马克思主义通俗读物，最初是艾思奇、柳湜、夏征农与《申报》流通图书馆读者的通信。这些通信后来以笔谈和系列讲座的形式，连载于半月刊《读书生活》。这些读物在当时的城市劳工和青年读者中广为流行，被大量印发和转载。② 毛泽东也是当时的读者之一，他甚至在1936年指名要求购买这些书，并将其运到延安，作为提高干部政治文化水平的教材。③

　　这些由《读书生活》衍生出来的马克思主义通俗读物（特别是《大众哲学》和《街头讲话》）在延安和社会主义时期，成为

---

① 关于《读书生活》编辑部的组建，见刘大明、范用《一个战斗在白区的出版社》，范用编《战斗在白区——读书出版社（1934—1948）》，三联书店，2001，第3—11页。

② 关于当时《读书生活》杂志受众的讨论，见《我与〈读书生活〉》（1945），《李公朴文集》，第885—892页。郑易里的回忆详细讨论了《大众哲学》作为"哲学讲话"最初在《读书生活》上连载时的状况，见郑易里《艾思奇和他的〈大众哲学〉》，范用编《战斗在白区——读书出版社（1934—1948）》，第440—443页。

③ 《毛泽东书信选集》，人民出版社，1983，第80页。

中国共产党宣传和意识形态教育的经典教材。学者也认为这些读物是马克思主义"中国化"和"大众化"的典范。[①]然而，我们还不清楚在 30 年代这个特殊时刻，像《申报》流通图书馆读者指导部和《读书生活》这种基于城市底层的革命文化实践是如何出现的。它们又何以在城市劳工和青年读者中广为流行。30 年代是中共革命的特殊历史时刻，此时，中共政治革命处于低潮期，劳工和政治运动不再是城市中革命的前线。九一八事变后，国民党对内坚持反共，实行文化和政治军事高压政策。在这种情况下，革命知识分子更多地通过公开的手段和平台开展革命文化宣传。思想、文化和宣传，成为城市革命重心。[②]然而，此前大革命时期"留声机"式的、依托政党军事情势的鼓动宣传，在 30

---

① 澳大利亚学者尼克·奈特和加拿大学者傅佛果都认为艾思奇和他的《大众哲学》是马克思主义中国化的典范。见 Nick Knight, *Marxist Philosophy in China: From Qu Qiubai to Mao Zedong, 1923–1945*, Dordrecht: Springer, 2005; Joshua A. Fogel, *Ai Ssu-chi's Contribution to the Development of Chinese Marxism*, Cambridge, Mass.: Harvard University, 1987。

② 阿里夫·德里克的研究表明，1927 年国民党右翼对劳工社会运动和共产党的血腥镇压激发了中国知识分子对社会科学理论特别是马克思主义理论的兴趣。当时很多中国知识分子感到困惑，他们质问：大革命失败的原因究竟是什么，如何理解蒋介石和民族资产阶级的联合，中国革命的对象是哪些，革命的力量是哪些？之前经由共产国际介绍到中国的共产主义运动常识和政党理论已经远远不能回答基于中国革命现实的问题。而"五四"以来以科学和人生观为核心的思想也无法解释这些问题。这些出于中国革命实践的问题迫使关心革命的知识分子回归社会科学思想和理论。系统的社会科学理论的翻译介绍，特别是马克思主义理论、历史唯物辩证法的系统翻译和介绍也恰恰出现在 1928 年大革命失败之后。关于 30 年代社会性质的论争兴起的背景和论证的主要命题，见阿里夫·德里克《革命与历史：中国马克思主义历史学的起源，1919—1937》。

年代国统区城市中很难推行下去。① 此时的中共忙于改变革命策略，不能产生满足新的城市革命形势发展的文化和宣传机制。这就意味着，此时聚集在城市的革命党人和知识分子，必须自觉地寻求新的路径和形式推进革命。正是在 30 年代政治革命落潮的环境中，艾思奇、柳湜和夏征农等革命知识分子对思想和文化在促进社会变革上的作用进行了探索和实践。

从流通图书馆读者书信和《读书生活》内容来看，艾思奇等人面对的是具体的个人经历和琐碎的日常生活。他们注重底层个体如何"认识"生活。② 在他们看来，关注底层个体经历和生活，由此引导底层认识自己所在世界的秩序，这是 30 年代革命知识分子的当务之急。柳湜认为中共的革命文化宣传不应该仅仅是鼓动和煽动、标语加口号。他批评此前中共对劳工底层的革命文化

① 大革命时期就有对此种"留声机"式的、依托政党军事情势鼓动宣传的批评，参见程凯《革命的张力："大革命"前后新文学知识分子的历史处境与思想探求（1924—1930）》，第 237—244 页。近期关于北伐大革命时期军事宣传的研究中，王奇生从军事宣传史的角度，指出北伐时期出现了中国"大规模且有组织地"运用漫画为政治服务的现象，宣传成为"无形之战力"，有力地推动了军事和政治形势的发展，参见王奇生《北伐中的漫画与漫画中的北伐》，《南京大学学报》2004 年第 3 期。罗志田则从受众和地缘文化的角度指出，群众对于联俄联共、扶助农工的政治本身没有切实的认识，很难说这样的革命政治获得了广泛的群众支持和认可。在北伐的南北对峙中，南北地缘文化推动军事胜利，军事的胜利进而推动宣传的功效，"南北之分的地缘文化观念，而不是政治宣传，使北伐军一路顺风打到南京、上海"。参见罗志田《南北新旧与北伐成功的再诠释》，《开放时代》2000 年第 9 期。

② 在讨论如何翻译《读书生活》的英文刊名时，编者认为直译并不能很好地反映出刊物所具有的特色和努力的方向。他们认为 intelligence 更适合，因为"这一个英文的名字是在有着'认识''理解''智力''消息'"的意思，"它所表示的不是先天的主观的'智力'底存在，而是应用'消息'，对客观事实运用思想，以达于'理解'与'认识'，以求环境的改造"。见吴耀宗《Intelligence——本刊西名解说》，《读书生活》第 3 卷第 1 期,1935 年，第 1 页。

教育，仅流于表面，功用地为政党和政治运动服务，"文化成了政治的尾巴"。①

柳湜、艾思奇等在 30 年代撰写的大量"通俗"文章，不仅仅是文字通俗易懂，更重要的是其系统地分析和讨论琐碎、繁杂的日常生活和社会问题。他们认识到 30 年代中国的资本和帝国主义已经不仅仅是一种经济生产关系和政治霸权，资本已经深入中国人民的日常生活，成为一种切肤的生活经历。在他们看来，植根于日常生活的革命教育是发展彻底的反帝反封建革命的重要基石。柳湜明确提出，彻底的反帝反封建革命需要一个有广泛基础的"思想文化运动"，让劳苦大众从日常生活经历中认识什么是资本，什么是资本带来的附属关系。他认为在这样的基础上发动的革命，将具有真正的社会革命的意义，有可能发展出真正改变生产关系的经济和政治革命。②因而他们认为此时革命知识分子的重要任务是发展一种植根于大众日常生活的革命教育，是引导大众认识自己所在世界的秩序；在他们眼中，启蒙并不与革命对立，革命的文化教育恰恰是 30 年代推动革命的基石。

识字的青年劳工是这种革命教育的主要对象。根据《申报》流通图书馆统计，大部分读者年龄在 16—25 岁，多数为店员、职员、学生和工人。③30 年代店员和职员的分布范围广泛。根据

---

① 《从五四运动到今日》，《柳湜文集》，第 703—704 页。

② 《从五四运动到今日》，《柳湜文集》，第 703—704 页。

③ "店员"占读者的 35%，"职员"占 15%，"学生"占 20%，"工人"、"公务员"、"失业"、"商人"（这里主要指小商贩）、"教员"、"学徒"共计 25% 左右。见"读者职业分类"图表，《〈申报〉流通图书馆第二年工作报告》，上海申报图书馆，1935。

顾准在 30 年代末的统计，上海大概有二三十万职员，分布在旧
式店铺、市政机关（如交通、运输、政府）、洋行以及民族资本
商业诸多部门当中。[①] 从读者来信的内容判断，《申报》流通图书
馆读者多为城市下层、有初等识字水平的商店职员和工人，多数
是旧式店铺（特别是零售业商铺）店员、政府和公共事业部门下
层职员（如报社校对员、学校勤杂工），也有工厂熟练和半熟练
工人等。他们多数出身于相对富裕的农民家庭，有小学或中学文
化，随着农村破产，被迫搬迁至城市。他们大多喜欢读书看报，
印刷产业发达的 30 年代中国城镇培养和满足了他们的文化需求。

编辑柳湜、夏征农、艾思奇清楚地认识到这些劳动者喜爱读
书看报的特性。他们在《读书生活》"创刊号"中称这些读者为
中国"少数中的多数"。[②] 在他们看来，因为中国有 75% 的人不
识字，所以这些识字劳工是中国的"少数"。同时，因为他们是

---

① 见立达（顾准）《上海职员与职员运动》（一），《职业生活》1939 年第 1 期，
　第 6 页。日本学者岩间一弘近期的研究显示，30 年代国民政府在经济统计中，
　规定了"职员"的范畴，包括办事员、店员、技师等。职员的范围比较广泛，
　地位被置于商业、工业、矿业、交通运输业"主管者"（企业主或经营者）与
　"佣工"（工人）中间。国民政府对共产党发动的阶级斗争抱有很强的戒备心
　理，因此按照各"职业"而非"阶级"来开展大众动员工作。在这种情况下，
　首先公布关于上海企业职员调查结果的，是抗战时期的中共地下党员（如顾
　准）；其次实施相关调查的，则是公共租界工部局。民国时期，蒋介石政府对
　此一城市阶层关注相对不多。根据岩间一弘的统计，20 世纪 30 年代后期的上
　海，370 万（1935 年数据）人口中，职员至多 17 万人（不足 5%），此外尚有
　在小商店工作的店主、店员 13 万—14 万人，以及超出此数的半熟练、熟练工
　人。见岩间一弘《上海的大众时代》，葛涛译，熊月之主编《上海史国际论丛》
　第 1 辑，三联书店，2014，第 154 页；《上海大众的诞生与变貌：近代新兴中
　产阶级的消费、动员和活动》，葛涛、甘慧杰译，上海辞书出版社，2016，第
　75 页。

② 《发刊词》，《读书生活》1934 年 1 月，第 1 页。

"劳苦大众",并不是少数的"有钱人""有闲人",所以,他们又是中国的"多数"。[①] 他们正是要发展一种植根于这些识字劳工生活的新式教育。他们这样定义《读书生活》的使命:

> 我们(这些识字劳工)自己一向各就为生活挣扎,从未有过多余的时间要用来排遣。工余之暇,想读几页书,为的是想求一点与自己的实际生活有关系的知识,用它去打开自己的眼睛,启发自己的认识,引导自己如何生活……它的主要对象是店员学徒以及一切连学校那张铁门都不能走进的人……展现在我们当前的是万花缭乱的世界、艰辛酸辣的生活。我们时时在抗争中,但是我们如何才能维持生存,如何才是生活向上,不仅需要勇气、毅力,也需要认识。认识之一泉源是读书。《读书生活》就是在这一点意义上,它想尽一点小小的任务……[②]

二 记录生活,组织情感

柳湜、夏征农和艾思奇等人征集识字劳工撰写的自传体散文和日记,鼓励这些读者关注和记录自己的日常生活。他们将这些自传体散文和日记发表在《读书生活》的专栏"生活纪录"。他们还定期将这些专栏文章装订成书,取名《生活纪录》,并出版

① 《发刊词》,《读书生活》1934 年 1 月,第 1 页。
② 《发刊词》,《读书生活》1934 年 1 月,第 1 页。

发行。图 2-1 是 1936 年读书生活社编的一本《生活纪录》的封面，罗列了文章作者的职业，包括船夫、小贩、编译员、校对员、练习生、小姐、婢女等。

这些自传体散文和日记值得关注的地方，并不是其中展示的城市劳工生活的困苦，而是劳动者的私人生活。这一点不同于大革命时期的劳工纪实文学。研究 20 世纪初中国劳工运动的美国史学家史密斯（Stephan A. Smith）发现，大革命时期刊登的大量劳工纪实文学和工人自述，往往叙事极富戏剧性，道德色彩强烈。他认为这样的叙事方式在当时更能激起读者对外国工厂主的愤恨，以及对工人运动的同情。[①] 与此相比，《读书生活》上的"生活纪录"有所不同。我们找到了上百篇生活记录，这些记录向我们呈现了万花筒般的城市劳工私人生活片段，但很难找到一个宏大叙事。首先，这些记录试图展现的是多元化的城市劳动群体，不仅仅包括传统的产业工人，也包

图 2-1　1936 年《生活纪录》封面

---

① S.A.Smith, *Like Cattle and Horses: Nationalism and Labor in Shanghai, 1895–1927*, Chap.6.

括店员、学徒、报社校对员、小姐、工厂女工、船夫、街头小贩
等。其次，这些记录并不仅仅专注于工厂空间和生产条件，工作
是作为劳动者日常生活的一部分出现的。城市底层的焦虑、各种
情感、生活的困苦和艰辛，是由整体日常生活的叙事衬托出来的。
相比大革命时期的纪实文学和工人自述，《生活纪录》展示的是一
个个鲜活的个体，以及他们丰富的日常生活和情感世界。

比如，一些作者来自破产农村家庭，他们在文中描述自己从
乡村到城市的转变。萧强等人来自一个乡村中相对富裕的家庭，
家里经营的买卖破产后，他和他的几个兄弟被迫带着妻儿搬离数
世同堂的大家庭，开始独立的小家庭生活。萧因此也终止了学
业。为了谋生，萧尝试了几个职业，包括为城里富人的孩子辅导
功课、做店铺的伙计等。他发现自己打工的店铺，竟然曾经由他
父亲经营，这让他感到十分难堪。他要给富人家孩子辅导功课，
却没有足够时间陪伴自己的孩子，给自己孩子补习功课，这也让
他感到懊恼、困惑。[①]另外一篇的作者金曼辉是一个旧式店铺的
学徒。因为家道没落，为了谋生，他到镇上做学徒，因此也终止
了学业。做学徒的同时，他试图坚持阅读和写作。他在日记中
记录了他在几家店铺连续遭遇的各种或不幸或令人啼笑皆非的经
历。[②]还有一篇文章署名佟天，他（她）辍学后，来到城市，成
为学校的保洁工人。他对阅读和写作感兴趣，经常从学生厕所的
垃圾桶里捡些被丢弃的杂志来读。他时常看到学校里一些学生不

---

① 萧强等的个人记录在《读书生活》第 1 卷第 9 期，1935 年，第 27—29 页。

② 金曼辉：《押典内》《三家店的学徒》，读书生活（出版）社编《生活纪录》，
首次发表在《读书生活》第 1 卷第 2 期，1934 年，第 24 页。

认真读书，挥霍大好时光，对此他感到非常气愤。[1]

《读书生活》编辑部十分慎重地对待记录中展示的强烈个人情感和经历。在持续征集工人自传体散文的同时，夏征农用文学引导劳工读者用社会和发展的眼光认识和组织自己的情感和经历，主持了"文学讲座"等系列青年大众写作栏目。与李初梨等革命知识分子的看法相同，夏征农认为为了推动无产阶级革命在中国的发展，文艺应该担当起社会组织形式的功能，文学不应该是精英作家的批评和赏析，也不应该是个人休闲消遣的媒介。[2]他给城市青年和底层劳工编写了一本名为《如何自学文学》的通俗教材，在教材中强调文学能够帮助郁闷青年和失业劳工梳理生活经历、组织情感，并发展出超越个人经历和感情的社会认识。他本质上视文学为一种感悟、塑造和教育，十分强调劳工记录生活和创作文学的行为和过程，而非劳工文学作品本身。

例如，针对"生活纪录"中展示出的强烈劳工个人情感和经历，夏征农在指导工人写作讲座中强调情感既不是普遍的，也不是个人的，情感和情绪往往受到社会和经济影响。他提出"生活型"和"同情"两个概念，即不同的生产关系和由其决定的经济条件，将导致不同的生活方式和状态，即"生活型"；而"同情"往往产生于属于"同一生活型"的人们之间。他用了一个例子给劳工青年解释这两个概念。一个姓李的中央银行买办，结了几次

---

[1]　侔天：《在厕所里遇到许多名作家》，读书生活（出版）社编《生活纪录》。

[2]　关于李初梨等对文学社会组织功能的分析，见程凯《革命的张力："大革命"前后新文学知识分子的历史处境与思想探求（1924—1930）》，第253—257页。夏征农曾就文学的社会组织功能以及无产阶级文艺大众化实践与茅盾展开争论，详细情况请见本章后半部分的讨论。

婚。但是每一个老婆都没能给他生儿子。于是，李买办感到十分沮丧。同时，有一个张姓工厂工人也结婚了，但是他的妻子每年给他生一个儿子。于是，张姓工人也感到十分沮丧。夏征农将李与张的沮丧情绪相比较指出，虽然他们都很沮丧，但是因为他们有截然不同的"生活型"，他们沮丧的根源完全不同，所以，李买办不可能理解张工人的沮丧，反之，张工人也不可能理解李买办的沮丧，李买办与张工人之间不可能产生"同情"。①

夏征农的文学教育实践的一个重点是让劳工写劳动生活。他提醒这些劳工读者和作者，劳动是普遍而特殊的经历，工作日中遇到的经历并非特例或者偶然。他进而鼓励这些个体劳工跳出自己的世界，观察、记录、归类身边更多人的劳动生活经历。比如，他鼓励劳工读者创作"典型"，包括"典型"的老板形象、"典型"的失业经历。他建议劳工作家观察尽可能多的老板，建议作家们不仅从私人的角度考虑自己与老板的乡土地缘关系，而且要从生产关系的角度考察工人和老板的关系，思考为什么一些权力老板有，而工人却没有。②夏征农的建议十分有针对性，因为他的读者大多数是像胡勉农、金曼辉一样 20 岁左右的店员和学徒。③从他们的来信和读者背景调查中我们知道，他们当中很多人在旧式店铺工作，除学习技能、帮工外，还要负责店铺老板及其家人的家务、起居。店铺老板与学徒之间是一种封建式的师

① 佛朗、黎夫（夏征农）：《怎样自学文学》，读书生活出版社，1936（1937 年再版），第 9—10 页。
② 佛朗、黎夫（夏征农）：《怎样自学文学》，第 34 页。
③ 此方面的读者经历见《读者问答集》第 1 集。

徒关系。学徒的家长往往通过亲戚和熟人，将自己的孩子托付于店铺老板，学徒和老板不是单纯的雇佣关系。有时学徒会被老板当成家庭一员，有时也会受到老板的责骂、体罚。很多学徒和店员的记录中提到，自己的老板不喜欢他们私下读书、看报，甚至学徒会因为私藏报刊而被逐。[①]

夏征农还鼓励失业劳工和青年创作"典型"的失业经历故事。30 年代中国受大萧条的影响，经济不景气，农村农业凋敝，作为国民经济支柱产业的棉花生产遭到重创，城市金融业和商业也都受到打击。除此之外，南京国民政府展开多次军事"围剿"，地区军阀冲突不断。在这般经济和政治动荡的时局势下，很多城市人口经历失业。失业的经历在《生活纪录》中十分常见。夏征农建议劳工作家不仅要记录自己的失业经历，还要撰写"典型"的失业故事。夏征农启发劳工作家将失业看成一种普遍而特殊的生活经历，鼓励他们以文学的形式讲述和交流自己的经历，发掘其中的普遍经历，激发劳动者之间的"同情"和"怜悯"而非竞

---

① 这些现象也可以在顾准对 30 年代旧式店员、学徒雇佣关系的描述中得到印证。他发现旧式商店店员与老板间，除了雇佣关系，还往往存在"家属的关系"。他说："在那里有着一种奇特的惯例，未结婚的店员，或虽已结婚而家眷不在一起的店员，纵在营业时间以外，也不准跑出去。假使有人时常跑出去，那叫做'脚须散'，等于'不守规矩'。老板之所以限制店员出去，是因为店员如果一直留在店内，可以照料店事；同时如果店员们时常跑出去玩，说不定会养成他们挥霍的习惯，弄得舞弊倦逃，这种管例，在很多行业内施行得很严格，有些行业比较好些，但初级店员与学徒不准出去，则几乎是一律的。于是店员们的视野与思想，不得不因生活范围而狭小起来。"见立达（顾准）《上海职员与职员运动》（一），《职业生活》1939 年第 1 期，第 6 页；《上海职员与职员运动》（二），《职业生活》1939 年第 2 期，第 23 页。

争。① 夏征农鼓励读者从多样的雇佣和劳工经历中，创作"典型"形象和"典型"生活。这样的创作过程本质上是一种基于劳工日常生活的思想教育，其目的是发展劳工的社会认识和基于相同生活经历的阶级意识。②

1927 年后的国内外革命形势都使革命知识分子充分认识到思想和文化在推动社会革命当中起到的重要作用，他们开始深入地思考文学、知识、教育的社会功用。此时中国左翼作家联盟倡导知识分子走向农村、工厂、社会底层，开展工农兵通信运动，让文学走向大众。③ 左翼作家同时展开了关于无产阶级文艺大众

① 夏征农：《文学讲话》，《读书生活》第 1 卷第 1 期，1934 年，第 10 页。

② 夏征农很有可能通过李初梨和后期创造社受到了日本福本主义的影响。有关福本主义对中国知识分子的影响，见黎activ仁《福本主义对鲁迅的影响》，《鲁迅研究月刊》1999 年第 7 期。30 年代日、欧马克思主义知识分子都在思考和处理思想、文化、阶级意识与社会政治运动的关系。马克思和恩格斯在基于英、法资本主义发展和社会革命的研究中，很少正面涉及教育与文化问题。在匈牙利、俄国、意大利、日本等资本和工业生产相对落后以及处于过渡性的苏维埃政权中，教育和革命动员起到了十分重要的作用。这样的客观革命形势也孕育了一批扎根于后发资本主义土壤的马克思主义理论家和实践家。匈牙利马克思主义哲学家和文艺批评家卢卡奇在匈牙利苏维埃共和国担任主管教育和文化的人民委员。在一战时期社会革命和匈牙利共产主义革命的浪潮下，卢卡奇开始思考社会主义运动中的精神运动和其对革命的作用。这一时期他在撰写的《历史与阶级意识》中提出，工人是当下历史演进的客体和主体的合一，在这一主客体作用的过程中产生阶级意识，而出现革命的领导者。夏征农和《读书生活》所代表的左翼、中国共产党知识分子在城市工人当中的文化教育实践同样注重劳工文化和主观意识，从这个意义上来说，他们的实践也是十分有时代意义的。关于马克思主义与政治教育理论的发展的系统性梳理文章见 Walter L. Adamson, "Marx and Political Education," *The Review of Politics*, 39/3 (1977).

③ 《中国无产阶级革命文学的新任务——一九三一年十一月中国左翼作家联盟执行委员会的决议》，《文学导报》第 1 卷第 8 期，1931 年，收入北京大学中文系中国现代文学教研室等主编《文学运动史料选》第 2 册，上海教育出版社，1979，第 234—245 页。也见《无产阶级文学运动新的情势及我们的任务——一九三〇年八月四日左联执行委员会通过》，《文化斗争》第 1 卷第 1 期，1930 年，收入《文学运动史料选》第 2 册，第 200—207 页。

化的讨论。[1] 夏征农等围绕《读书生活》开展的面向城市劳工的文学教育实践也是在这样的时代背景下进行的。对于夏征农和围绕《读书生活》的革命知识分子来说，文学走向大众不仅仅是革命文学，也是在发展革命文化。他们组织青年劳工创作文学，抒写劳工日常生活和情感，创造发展不同于以往消费主义和精英主义的城市大众文化。他们文艺大众化实践的重点是劳工大众的创造和参与，是劳工大众与像夏征农一样的革命知识分子互动和共同创造以劳工个体为中心的文化。无论是劳工作家的文学作品还是革命知识分子的文学作品，都是这个正在发展的革命大众文化的一部分。正是基于这样的原因，夏征农主持的"文学讲话"和"青年创作"专栏并没有将文学作品本身放在首位。然而也恰恰是在这一点上，夏征农和另一位左翼作家茅盾产生了分歧。

《读书生活》创刊半年后，由夏征农主持的"青年创作"专栏向作家茅盾发出邀请。此时茅盾已经发表长篇小说《子夜》并受到城市青年读者的青睐。茅盾也是左翼作家联盟的成员而且推崇青年作家，夏征农邀请茅自然在情理之中。[2] 茅盾针对《读书生活》此前发表的17篇青年作家文学作品，给出了指导建议。这些建议全部指向作品的质量，丝毫没有考虑作者城市劳工的身份和经历。茅盾从"题材""人物描写""情节的展开""创作过程"等几个"技术"

---

[1]　关于此时文艺大众化问题的论争，见齐晓红《当文学遇到大众——1930 年代文艺大众化运动管窥》，《文学评论》2012 年第 1 期。

[2]　茅盾针对青年作家作品发表的评论和夏征农的回应都发表在"青年作家"专栏。见茅盾《给一个未会面的朋友——从〈读书生活〉一至六号所载青年文艺作品得的感想》，《读书生活》第 1 卷第 9 期，1935 年，第 34—36 页；夏征农《致〈青年创作〉的作家们的信》，《读书生活》第 2 卷第 1 期，1935 年，第 34—35 页。

层面评价这 17 篇作品，并得出结论：除了题材广泛这一点值得称赞外，这些作品都是失败的；"人物描写是失败的"，缺乏情节的展开，犯了"平铺直叙的毛病"。①茅盾认为作家必须有丰富的经历，专注创作过程，提高自己的"技巧"。他还耐心地向青年作家解释如何寻找情节"焦点"，"删减""扩展"等文学技巧。②

茅盾的指导意见暴露出一个重要的问题：在 30 年代的中国，当革命知识分子走向了大众、深入社会底层，当大众参与到文学生产创作中时，应该如何评价"青年创作"和"生活纪录"这样的劳工文学？如何看待以《读书生活》为中心的一系列文化实践？这些问题对于夏征农等主动参与工农兵通信运动和文艺大众化运动的革命知识分子来说，重要而紧迫。茅盾重视文学作品，坚守作品的"文学性"和"艺术性"，但茅盾并非不支持《读书生活》这样的文艺大众化实践。茅盾在不久前有关无产阶级文艺大众化的讨论中，提出了"政治革命"与"文化革命"谁先谁后的重要命题。③在茅盾看来，在 30 年代中国，文学仍然主要是知

---

① 茅盾：《给一个未会面的朋友——从〈读书生活〉一至六号所载青年文艺作品得的感想》，《读书生活》第 1 卷第 9 期，1935 年。

② 茅盾：《给一个未会面的朋友——从〈读书生活〉一至六号所载青年文艺作品得的感想》，《读书生活》第 1 卷第 9 期，1935 年。

③ 《文艺大众化的讨论及其它——回忆录（十五）》《"左联"前期——回忆录（十二）》，唐金海、孔海珠、周春东、李玉珍编《茅盾专集》第 1 卷上册，福建人民出版社，1983。茅盾在与瞿秋白有关大众文艺的争论中提出"技术是主，文字是末"，从这主张中可以看出他对文学技巧的重视。茅盾还从知识分子的角度谈无产阶级文学的创作，大众是创作的对象而不是主体参与者。对此周扬和瞿秋白都有不同的看法。见止敬（茅盾）《问题中的大众文艺》，《文学月报》第 1 卷第 2 期，1932 年；宋阳（瞿秋白）《大众文艺的问题》，《文学月报》创刊号，1932 年；起应（周扬）《关于文学大众化》，《北斗》第 2 卷第 3、4 期合刊，1932 年。以上三篇文章，均收入《文学运动史料选》第 2 册。

识分子的职业，文学创作仍然是职业作家的实践，是专业技能、技巧的体现。虽然中国已经开展了文艺大众化的运动，但是这样的运动的开展和深入不可避免地依赖"政治之力的帮助"。[1]茅盾认为只有在政治革命成功或政治环境宽松的无产阶级政权下，才会出现变革性文学和文化。中国左翼作家联盟倡导的工农兵通信运动源于苏联，在茅盾看来，工农兵通信运动在苏联取得成功的前提是苏维政治革命的成功。在苏维埃政权下，脑力劳动和体力劳动的差异逐渐消失，劳工大众自然而然地融入文化、教育、知识领域，劳工生活成为主流，这些都将有助于无产阶级文学和文化的发展。30年代中国政治环境恶劣，作家们"麇集于上海一隅"，这些客观状况在茅盾看来都限制了中国工农兵通信运动和无产阶级文艺大众化的开展。[2]在茅盾眼中，30年代《读书生活》等文艺大众化实践也仅仅能做到让革命知识分子走向大众，熟悉劳工生活，提高知识分子自己的思想，劳工创作的价值也仅在于此。文学在30年代的中国依然主要是一种知识分子的职业实践。劳工作家的作品也还不是无产阶级大众文学。没有政治革命的成功和宽松的政治环境，革命性文化和文学都不会出现。

相比之下，从夏征农等围绕《读书生活》的大众文艺实践上来看，他们并不认为政治革命是缔造革命性文化的前提。柳湜此前就明确指出，大革命失败的重要原因是中国革命缺少广泛的

[1] 《文艺大众化的讨论及其它——回忆录（十五）》，《茅盾专集》第1卷上册，第756页。

[2] 《文艺大众化的讨论及其它——回忆录（十五）》，《茅盾专集》第1卷上册，第756页。

思想文化运动。深入劳工大众生活，开展思想文化教育，这正是他们不约而同地走到一起组织《读书生活》的初衷。在他们眼中劳工大众抒写、记录、反思日常，恰恰是在发展一种革命性的大众文化。夏在回应茅时，反复强调这些青年作家的劳工大众的身份和日常经历。他指出《读书生活》的劳工大众与职业作家有着完全不同的生活经历，与脱离大众的多数精英作家相比，劳工大众并不需要丰富的生活。夏在回信中热情洋溢地鼓励"青年创作"的劳工作家，他说："你们多数是店员学徒、体力劳动者，你们的生活，就是最有普遍性、最有积极意义的、站在社会尖端的生活。只要你们不是有意把自己的生活孤立起来，你们认清自己的生活是包含在社会生活里面，使自己的活动成为社会活动的核心，那么，就可以说，你们是有丰富生活的，对生活是有深切体验的。"[①]在夏征农看来，茅盾指出的"人物描写"和"情节"故事展开等问题本质上说明这些劳工作家还缺乏对劳工生活的认识，并不完全是缺乏"技术"而导致的。

对于夏征农等《读书生活》革命知识分子来说，劳工创作文学的过程就是劳工在他们引导下持续认识生活和社会的过程。作品的"文艺性""通俗性"乃至文学"技术"问题，都有可能在这一过程中得到推进；知识分子和大众都有可能在这一过程当中得到提高。尽管劳工作家缺乏专业技巧，认识有待提高，但只要他们持续创作，赋予劳工日常以意义，他们就在缔造一种不同于30年代中国城市精英主义和消费主义的大众文化。当然，这

---

① 夏征农：《致〈青年创作〉的作家们的信》，《读书生活》第2卷第1期，1935年，第34—35页。

个新的大众文化是由城市劳工和革命知识分子共同缔造的。它的内容、形式乃至目的都与城市劳工的日常生活息息相关，也依赖30年代中国左翼革命知识分子以及无产阶级革命的进程，依赖上海条约口岸城市的资本印刷媒体。这个围绕《读书生活》的城市革命文化，恰恰生长在30年代中国政治革命的落潮期，并深深植根于条约口岸城市发达的资本文化、社会土壤中。《读书生活》革命知识分子并不认为政治革命和无产阶级政权是缔造革命性文化的必要前提。

三　认识生活

城市劳工不仅仅感兴趣抒写自己的日常和情感，也感兴趣周围和社会上发生的事情。很多读者来信是评论《读书生活》刊登的社会新闻和世界新闻，这些读者往往喜欢将这些事情与自己的经历联系起来。艾思奇和柳湜是中国社会科学家联盟的成员，他们通过社会科学和哲学讨论，引导这些劳工读者的世界观。他们因为在马克思主义社会科学和哲学大众化过程中做出的努力，而在中国共产党党史中占有一席之地。现有的对两人的研究专注于他们如何促进马克思主义中国化，促进毛泽东思想形成和发展。① 但这些研究没有充分解释哲学和社会科学的大众化为什么会出现在 20 世纪 30 年代的中国，我们如何在 30

---

①　Nick Knight, *Marxist Philosophy in China: From Qu Qiubai to Mao Zedong, 1923-1945*; Joshua A. Fogel, *Ai Ssu-chi's Contribution to the Development of Chinese Marxism*.

年代城市和中国共产党城市革命的背景下，理解柳湜和艾思奇的大众化努力。

柳湜和艾思奇的哲学和社会科学大众化的特点在于，他们着眼于城市底层眼中的世界和自身的生活经历。通过对日常生活的讨论和解析，他们试图在这些读者中培养一种唯物辩证的人生观和世界观。在他们看来，30年代困扰个人生活的"社会问题"是资本矛盾的表征。他们视"自由恋爱""失业"等社会问题为资本社会的日常，认为这种问题的频繁出现是资本社会矛盾持续存在的表征。他们指出，那些貌似互相没有联系，甚至十分琐碎的、让人烦恼的生活经历，实际上是相互关联的。不仅如此，他们认为资本主义结构性的矛盾能够充分解释它们的出现。而且，只有从资本主义结构性矛盾的角度来"认识"这些经历和问题，我们才能发现万花筒般的"社会"是有整体性的，"社会问题"是有其一致性的。在此种"认识"的基础上，中国的劳苦大众才能真正理解困扰他们生活的各种经历。

在这样的思路下，柳湜和艾思奇将"资本主义"由一个十分抽象的、结构性的社会经济矛盾转化为个体劳动者的生活经历。也就是说，资本的矛盾变成了鲜活、具体和细腻的经历和体验。更重要的是，在这样的分析框架下，个人的生活和他们的生活实践并不外在于资本社会系统，而是这个资本社会的有机组成部分。个人生活与资本社会相互作用，个人生活方式关系到资本社会矛盾的延续。在社会问题的讨论中，艾思奇和柳湜往往给予那些由于生活不顺而抱怨的读者两种选择。要么继续目前的生活方式，从而延续目前的矛盾重重的资本社会体系（随之延续了他们生活中的各种苦难）；要么认识自己生活矛盾的来源，认识资本社会的本质，寻找改变自己生活和资本社会的途径。重要的是，柳湜等认为这些变化不一定是有组织性的、彻头彻尾的经济和社会关系的转变，他们认为宏大的革命性变化必须植根于日常生活的需求和转变。这样，在柳湜和艾思奇关于社会问题的分析中，不起眼的日常生活就成了革命政治的本源。对革命的诉求植根于一个个鲜活、具体和细腻的生活实践。在他们的眼里，每个自觉珍视生活的人都是潜在的革命主体。

下面以柳湜对电影女星阮玲玉的死和艾思奇对资本主义社会中爱情观的分析为例，来具体展示他们是如何阐释读者的婚姻爱情经历，如何认为种种与恋爱相关的"社会问题"恰恰是一种资本时代特有的生活经历。[①] 1935 年 3 月 8 日国际妇女节，电影演员阮玲玉在上海自杀。在阮玲玉死后，她生前的经历及其葬礼都受到密集的媒体报道，阮玲玉的死也成了流行的话题。许多读者把阮的小市民出身与她恋爱受挫的经历建立联系。阮

---

① 关于阮玲玉自杀的研究有很多，比如岩间一弘从"消费大众"的出现这个角度探讨阮自杀事件。刘长林、马磊磊在其研究中揭示了阮自杀如何被演绎成"具有丰富社会意义的重大事件，成为社会舆论言说妇女解放、社会改造等宏大时代主题的契机与符号"。参见岩间一弘《上海大众的诞生与变貌：近代新兴中产阶级的消费、动员和活动》上编第 2 章；刘长林、马磊磊《论阮玲玉自杀的社会意义赋予》，《社会科学》2010 年第 5 期。与这些现有的研究相比，本节关注的是城市底层读者对阮事件的回应，以及柳湜和艾思奇这样的中国共产党人、左翼知识分子如何将读者对于个人情感生活的关注转化为革命教育的资源。

来自一个典型的小市民家庭。她五岁丧父，为了养家，阮的母亲在一个姓张的富人家当用人。多年以后，张某的儿子张达民提出要娶阮玲玉。但因为阮出身卑微，张家人不赞成。虽然阮和张相爱，但他们从未正式登记结婚。阮和张也很快就分开了。阮开始与富商唐季珊生活在一起，但后来遭到唐的虐待。同时，阮出名后，张达民敲诈阮钱财。阮直到自杀，仍为爱情苦苦挣扎。

一个名为叶小秋的女性读者就阮玲玉之死写了一封长信给柳湜。信中她要求柳和他在《读书生活》编辑部的同事对这一事件发表看法，并就爱情这个问题给她和与她同样为阮落泪伤神的女性朋友提供建议。在给柳湜的信中，叶强调阮事件有很强的"暗示性"。她的很多女性朋友理解阮感情生活的挫败感，但阮自杀的决定让她们感到十分震惊。她们想知道，如果像阮一样已经取得如此高的社会地位的女性都不能摆脱恋爱方面的困扰，那她们这些地位卑微的社会女性如何生存下去？难道也要自杀？叶在来信中写道："那些为阮玲玉落泪的自然都是女人，但这些眼泪只为阮而流吗？没有！这是很难区别的。因为她们看到这样的悲剧会发生在自己身上。于是她们痛哭。"①

在给叶的回信，柳分析了阮死亡的双重因素——"主观原因"和"客观原因"。②柳湜注意到当时的媒体报道不约而同地关注一个问题："谁杀了阮玲玉？"许多人认为30年代中国的"社

---

① 柳湜：《不能跟阮玲玉走——答叶小秋女士》，《读书生活》第1卷第11期，1935年，第20—23页；同时收入柳湜《如何生活》，第41—49页。

② 柳湜：《不能跟阮玲玉走——答叶小秋女士》，《如何生活》，第41—49页。

会"是凶手。柳湜承认"社会"促成了阮的死，但强调"主观原因"即阮缺乏对爱情关系的正确认识更为关键。在柳看来，阮的爱情和婚姻经历都体现了两性关系和妇女的商品化。阮因电影明星的身份而颇受关注，这样的身份更使她的私人生活成为商业媒体的焦点，阮和她的私生活被日益商品化。柳指出连阮的自杀和她的身后事都被写成各种真实、不真实的故事，通过报纸等印刷媒体出售。阮生前的种种悲剧也能体现这样的商品化倾向。柳注意到阮的初恋情人张达民勒索阮，还把他和阮私生活的信息卖给记者。阮的第二个情人唐季珊则是用他的钱财来交换性，不尊重阮的爱，唐不断地出轨寻找新欢，同时还打骂虐待阮。柳湜指出大众媒体受商业利益驱动，忽视社会正义，不加选择地相信消息源；只要新闻能起到轰动效果，促进销量，任何来源都不拒绝。柳因此认为商品化了的中国"社会"确实使阮难以找到真正纯洁的爱情，自由恋爱难以实现。这样商品化的社会一直困扰着阮。

然而，柳湜不同意把阮玲玉的死完全归咎于"社会"。在他看来，"主观原因"是阮自杀的根本原因，"社会"仅仅是阮死亡的"客观原因"。[1] 他认为，阮主观上没有"认识"到她的爱情生活受挫的社会根源，选择自杀了结一切，这意味着阮不仅成了商品化"社会"的受害者，也成了商品化社会的被动"支持者"。[2] 他指出，当被商业利益驱动的媒体不断侵犯阮的隐私，阮虽然十分痛恨这些媒体，但主观上十分在乎这些媒体的话语甚至被这些媒体所左右。柳湜注意到阮关心媒体所谓的"贞操和贞节"的话

[1]　柳湜:《不能跟阮玲玉走——答叶小秋女士》,《如何生活》, 第 41—49 页。
[2]　柳湜:《不能跟阮玲玉走——答叶小秋女士》,《如何生活》, 第 41—49 页。

题，害怕抛头露面，甚至失去了出庭当面指证唐虐待体罚她的勇气。在柳看来，阮的自杀仅仅是为了保护自己"私生活"，逃脱"社会"的最后挣扎。① 可悲的是，她的死又成了爆炸性新闻，阮和她的私生活再一次成为商业媒体的卖点。她的挣扎又一次失败了。

强调阮自杀的主观因素，柳湜的结论是阮玲玉不能成为其他女性的典范，他呼吁中国女性"不能跟阮玲玉走"。柳湜并没有动员读者报复资本"社会"。相反，柳湜提醒读者反思日常生活中遇到的问题，清楚认识生活，认识当下"社会问题"的本质。在他看来，大众必须认识到，他们的日常生活经历是资本时代特有的生活经历，他们生活的种种矛盾是资本化矛盾的体现。柳湜期待读者能够认真思考自己的生活，并在思考基础上做出如何生活的决定。在他给读者的一封回信中，他这样描述他编辑生活的逻辑，他指出，我们所谓的"生活指导"的含义是"指示一些生活的逻辑，即一方面指示读者从读书认识生活，一方面从生活中展开认识"。② 在柳湜和他同事看来，读者获得对生活的正确认识之后，他们会自觉地更改他们的生活和实践的方式。

与柳湜相比，艾思奇的哲学教育给读者带来的是一个解释日常生活的价值体系，或者说是一种世界观。从艾思奇和他同事收到的读者来信来看，爱情和感情生活的话题是读者比较感兴趣的话题。艾思奇与柳湜主持的专栏配合回复和发表一些这方面的讨

---

① 柳湜：《不能跟阮玲玉走——答叶小秋女士》，《如何生活》，第41—49页。

② 柳湜：《不能跟阮玲玉走——答叶小秋女士》，《如何生活》，第41—49页。

论。比如读者徐晓云在阅读《读书生活》上发表的几篇关于爱情的社会分析后，写信给艾思奇表示她对性的"本质"和"形态"问题十分感兴趣。徐在来信中提到，她和她的年轻女伴对这方面的话题十分感兴趣，但她们对于爱情的本质是什么，以及爱情的本质会不会随着时间的变化而变化这些问题无法达成共识。[①] 尽管徐的一些女伴认为恋爱是人类对性爱渴望的表现，不会随时间而改变，但徐本人怀疑这个观点。

艾思奇的回应十分有趣。总的来说，艾把恋爱的问题转化为历史唯物主义研究的对象。他对恋爱和性问题的分析专注于一种生产方式如何影响和塑造一种特殊形态的恋爱关系；随着生产方式的变化、社会的推进，艾思奇认为恋爱的性质和形式都会发生变化。艾认为"自由恋爱"是 20 世纪中国的新生事物。自由恋爱观对自由和平等的渴望，体现了资本主义生产和私有财产所有权制在 20 世纪中国的发展。20 世纪初，新的资本主义业主开始要求从家庭和传统宗族组织中独立出来，并抵抗封建权力的制约。在这些新兴资本主义业主眼中，封建家族阻止和制约资本主义生产和私有制的发展。在他看来，资本主义业主推崇的自由和平等价值观，与自由恋爱提倡者所提倡的自由平等都属于资本主义文化，是一种对抗封建家族等级制度的新文化。这种文化正是五四新文化运动所倡导的新文化。正如艾思奇总结的那样，对自由平等爱情的追求是 20 世纪中国的新生事物，体现了自由平等

---

① 艾思奇：《恋爱的本质是性行为吗？——答徐晓云君》，最初发表在《读书生活》第 3 卷第 3 期，1935 年，后收入《哲学与生活》，读书生活出版社，1948，第 133—139 页。

的资本势力在中国的发展。

　　如果自由恋爱是历史的进步，那徐晓云等读者应该如何理解由自由恋爱而产生的各种"社会问题"，特别是青年男女关于自由恋爱的各种遭遇呢？艾思奇认为，20世纪中国自由恋爱的问题源于"资本主义的经济关系"（即私有财产所有权）。他认为一个人在恋爱关系中常常想完全"拥有"对方。虽然这显示了两人对爱情的激情，但艾指出，在现实生活中，谁控制更多的经济资源，谁就更有权力占有爱情，"拥有"对方。艾思奇把这种对爱情的拥有和占有与资本家拥有和占有财产做类比。他进一步指出，所谓的"平等"，指的是财产拥有者之间的平等。他发现很多年轻人认为"自由恋爱"是指"思想行动之协调、人品学问之相当"。[1]艾思奇犀利地指出这意味着恋爱双方必须来自同一个社会阶层。他注意到自由恋爱很少发生在一个有钱人家的女儿和每日为了养活自己而劳作的苦力工人身上。他慨叹：工人大部分时间花在工作养活自己上，怎么能发展与有钱人家小姐相类似的"思想"、"人品"和学问？在艾思奇看来，虽然在资本主义时代里，个人自由和恋爱关系已经发展到了一个前所未有的程度，但是"自由恋爱"实际上已经成为"资本家和小资产阶级的特权"。[2]

　　艾思奇认为资本主义经济和社会关系的延续是自由恋爱各种

---

[1]　艾思奇:《恋爱的本质是性行为吗？——答徐晓云君》,《哲学与生活》, 第133—139页。

[2]　艾思奇:《恋爱的本质是性行为吗？——答徐晓云君》,《哲学与生活》, 第133—139页。

问题的病根。艾注意到很多青年男女为了自由恋爱这个信念做出牺牲，甚至为追求自由恋爱不惜放弃自己的生命。在他看来，这样的牺牲不仅仅证明自由恋爱的理念在中国的存在，也说明了中国当下的社会发展制约束缚了青年人对平等自由恋爱关系的追求。艾思奇解释道，当一个人挑战自由恋爱的"经济限制"，追求不同社会阶级之间的平等恋爱关系，一方必须做出牺牲以换取恋爱自由。他举了一个例子。经常有新闻描述一个富裕家庭的女儿为了嫁给心爱的穷小子，毅然放弃自己富足的家境离家出走甚至与父母断绝关系。他诙谐地评论道，这是一个相对好的结局，富家女和穷小子私奔。但是，更多情况下是富家女被逼无奈，选择为爱自杀。艾预测当共产主义或者一个公共制度建立起来的时候，也就是说私有财产不再存在的时候，恋爱关系的性质会发生改变。在那样的制度下，因为没有阶级和财产差异，真正的自由平等的恋爱关系会出现。恋爱会建立在相互尊重平等的基础上，从"经济限制"中解放出来。[1]

此时期艾思奇写给读者的回信和时事评论，文字顺畅，思路清晰，不仅仅可以感受到其马克思主义理论修养之深厚以及对语言的驾驭能力，更能深刻地体会到其对读者思维逻辑推进式地引导和教化。夏征农、艾思奇和柳湜的文学、哲学、社会科学教育将"资本主义"由一个十分抽象的结构性的社会经济矛盾转化为个体劳动者的生活经历。资本和阶级的矛盾变成鲜活、具体和细腻的经历和体验。他们的革命文化实践试图给予大众一种语言和

---

[1] 艾思奇：《恋爱的本质是性行为吗？——答徐晓云君》，《哲学与生活》，第133—139页。

思维方式，以此认识生活和世界。这样的革命文化与宣传源自日常，源自教育。

小 结

裴宜理在《安源：发掘中国革命之传统》一书中揭示了李立三等中国共产党工人运动领导人在动员安源劳工过程中，如何运用宗教、仪式、修辞、服饰、戏剧、艺术等文化资源融合和团结劳工。她将这样的革命动员策略概括为"文化置换"（cultural repositioning），强调工具性和策略性地运用文化资源以服务于革命政治，并认为这是中国共产党革命文化的重要源头。[①] 相比之下，艾思奇、柳湜、夏征农等发展的革命文化不是一种工具性的"文化置换"，不是短期的策略性宣传。他们关注城市底层的日常生活，关注劳工的心灵和头脑，特别是他们对日常生活的体验和认识。对于像艾思奇、柳湜、夏征农这样的革命知识分子来说，阶级不仅是一种经济和生产的关系，也是具体的生活经历和方式。更重要的是，这些共产主义教育者并不认为城市劳动者天生就具有阶级意识，相反，劳动者的共同经历仅仅使他们有可能形成相互的理解和同情。教育和文化因此成为政治动员和社会革命的必要条件。与同时代茅盾等左翼知识分子不同，夏征农等也并不认为政治革命和无产阶级政权是缔造革命性教育和文化的必要前提。他们基于劳工日常生活的革命教育生长于 30 年代中国政治革命的低潮期，并深深

---

① 裴宜理：《安源：发掘中国革命之传统》，香港大学出版社，2014。

植根于条约口岸城市发达的资本文化、社会土壤中，创造性地把马克思主义运用到文化和日常生活当中，使文化、教育和宣传不再是政党政治的传声筒，而真正成为一种内在于革命的文化政治。这种文化政治也表现出了其全能化（totalizing）的倾向，即政治深深地渗透到日常生活当中去。马克思主义世界观和资本矛盾往往成为城市大众生活中所有问题的根源。

毛泽东领导的农村革命一直以来是中外中国共产党革命研究的重点，而对同时期中国共产党力量在城市的发展，我们还知之甚少。本章对 30 年代艾思奇、柳湜等革命知识分子的马克思主义文化宣传的考察，表明了此时期文化政治在城市革命中的重要性。近些年，有很多社会文化史方面的研究揭示了三四十年代城市底层日常生活的多样化，证明了经典马克思主义意义上的"工人阶级"在近代中国并不是一个同质的群体；工人群体中有地缘、性别、语言等文化差异（difference）。① 然而，我们还尚未能够充分地回答在上海这种殖民民族资本聚集的城市，在千万城市劳工的日常生活中，这些地缘、性别等文化差异是否与资本和资本生产关系（阶级）发生关系，以及怎样发生关系。② 艾思奇、柳湜、夏征农等的文化教育实践表明，此时的革命知识分子并不

① 值得注意的研究包括韩起澜《苏北人在上海，1850—1980》；贺萧《天津工人，1900—1949》。值得一提的是两本书有相同的写作背景，两位作者都受到英国新左翼马克思主义史学家 E.P. 汤普森的影响。她们从性别、语言和地域的角度思考中国"工人阶级"的构成。

② 关于 20 世纪初中国共产党上海劳工文化的多样性与阶级的综述性讨论，见 Wai Kit Choi, "Revolutionary Shanghai: Rethinking Class and the Politics of Difference through Chinese Communism," *Science & Society*, 73/2 (2009): 242-260。

排斥城市劳工大众的多样性，相反，他们的实践从一开始就关注城市底层生活的多样性，并将其日常生活视为他们革命文化教育的资源。与此同时，他们把识字劳工和失业青年这样的城市群体视为革命动员的对象，不仅因为他们在经济生产中的地位，更是因为他们对读书写作的兴趣，以及他们在30年代中国城市的资本和殖民文化霸权中所处的被征服的地位。他们利用资本印刷媒体和城市空间创造出一个服务于这些底层的文化生产空间，让工人写作，成为文化生产者，并且发行他们的作品。他们整理发表底层的日常生活经历，却又不止于此。他们引导识字劳工和失业青年的读书写作；他们鼓励店员塑造"典型"的老板形象，鼓励失业青年抒写"典型"的失业经历，关注小市民女性对恋爱生活的讨论，引导讨论和认识自由恋爱的历史和社会的局限。他们与识字劳工和失业青年合作，试图创造一个以城市底层和日常生活为中心的城市文化。这样的文化政治实践在30年代革命知识分子中并不例外。中共六届二中全会以后陆续组织扶持多个领域的左翼知识分子联盟，整合左翼知识分子，这些知识分子在30年代文化实践的一个重点，就是将底层特别是体力劳动者的经验纳入文学、社会科学、美术、戏剧、电影、语言、教育、音乐等各个领域，创建一种新的城市革命文化。[1]

　　诚然，基于日常生活的思想文化宣传，正是在政治经济革命

---

[1]　上海人民出版社出版的"上海左翼文化研究丛书"系统地梳理和考察了30年代左翼文化人在文学、电影、美术、戏剧等领域的革命文化实践，见吴海勇《〈电影小组〉与左翼电影运动》，上海人民出版社，2014；乔丽华《"美联"与左翼美术运动》，上海人民出版社，2016；曹树钧《"剧联"与左翼戏剧运动》，上海人民出版社，2014。

落潮之时成为中国共产党延续革命的手段。然而也正是在这样的契机下，革命知识分子积极思考自身与革命、知识文化与政治之间的关系，深化革命。他们在思想和文化上的诉求与实践从根本上拓展了中国共产党革命的范围，丰富了革命的内涵。革命知识分子此时对于社会科学、文化文艺理论的深入研究，面向普罗大众的文化宣传活动，为中共提供了重要的理论资源，改变了早期中共马克思主义理论，特别是科学社会主义理论和宣传匮乏的局面。同时也为中共在国统区城市占领意识形态高地，为中共和社会主义革命在 40 年代重返城市起到不可忽视的作用。

1935 年春，国民党 CC 派政治精英陈立夫、潘公展、吴铁城、吴醒亚等围绕"中国文化建设协会"策划组织了一场全国范围内的读书运动（本书第三部分将会详细介绍这一运动）。鲜为人知的是，时任教育部长潘公展恰恰在组办和推广全国读书运动之时，查封了《读书生活》编辑部。[1] 根据李公朴回忆，编辑部和夏征农不停地受到国民党特务机关的骚扰，最终夏征农不得不离开《申报》图书馆和编辑部。夏征农很快成立了以推广大众语言和大众写作为主要目的的期刊《太白》。艾思奇和柳湜一直坚守到 1936 年 11 月，《读书生活》彻底停刊。截至那时，他们共成功刊发了 350 期期刊，这些期刊销售至中国主要城市和东南亚国家。[2]《读书生活》的编辑还给这个期刊取了一个英文名 *Intelligence*，由此强调该刊教育和激发劳工"认识"的宗旨。[3]

---

[1] 《我与〈读书生活〉》（1945 年），《李公朴文集》，第 888 页。

[2] 范用编《战斗在白区——读书出版社（1934—1948）》，第 26 页。

[3] 吴耀宗：《Intelligence——本刊西名解说》，《读书生活》第 3 卷第 1 期，1935年，第 3 页。

第二部分

第三章

生活教育：陶行知及其乡村 社会教育观

　　当读书生活杂志社的共产党人在城镇工人间发起教育运动时，教育家陶行知也开始推行其大众教育计划。陶同他们一样对教育实践感兴趣，认为这些教育活动将形塑普通人对其日常经验的认识，进而改变他们的生活。然而，尽管共产党人重视城市工人的劳动经验和共同感受，陶行知却更关心在工业和资本主义发展之下的工人和农民的生活实践。他认为在20世纪二三十年代，工业和资本主义扩张从根本上改变了中国乃至世界普通大众的生活，知识和教育是组织群众及其实践经验以应对这些变化的重要手段。问题在于，在工业和资本主义发展的背景下，知识产出如何使工农群众和当地社会受益。

　　在20世纪二三十年代，陶行知的教育理念及行动着重于两点：以城市为中心的工业和资本主义发展背景下的乡村社会改造，以及组织受压迫的大众反抗日本帝国主义侵略（侵略是资本主义扩张的一种形式）。接下来两章将通过考察这两点，来研究陶的大众教育运动。本章主要围绕陶行知的乡村教育运动展开讨论。我将展示他如何将知识产出聚焦于农民、乡村生活和农业生产，并试图通过教育建立一个自主的乡村社会，以应对以城市为中心的工业和资本主义发展给中国乡村带来的变化。

陶行知在哥伦比亚大学的导师是美国哲学家约翰·杜威，他提出知识和教育对于建立一个民主社会至关重要。杜威将 20 世纪初的美国作为民主社会的原型，而当时美国资本主义和工业化发展迅猛。① 他认为民主的资本主义制度不应仅仅积累财富，还应该发展"公众"的自治权，这是人类发展的一部分。实验教育的任务则是整合人类发展与资本主义生产。②

杜威认为民主变革源于实践，其实验主义建立在一个假设之上，即只有与生活中的具体问题相关的知识才为真正的知识。这一假设重新定义了现代启蒙思想传统中知识的概念。无论理性主义学派还是经验主义学派的认识论都认为人只是被动接受者，这一认知在杜威看来是错误的；相反，他相信人们能够在经验和实践中取得新的认识。③ 此外，杜威还推崇一种科学的实验方法，

---

① Robert B. Westbrook, *John Dewey and American Democracy,* Ithaca: Cornell University Press, 1991, Pt.2. 另见 Barry Keenan, *The Dewey Experiment in China: Educational Reform and Political Power in the Early Republic*, Introduction。

② 见 John Dewey, *Impressions of Soviet Russia and the Revolutionary World,* New York: New Republic. Inc., 1929, Introduction; John Dewey, *Lectures in China, 1919-1920*, Hawaii: University Press of Hawaii, 1973, Pt.2, A Philosophy of Education。 也见 Barry Keenan, *The Dewey Experiment in China: Educational Reform and Political Power in the Early Republic*, Introduction。

③ 见 Robert B. Westbrook, *John Dewey and American Democracy,* Introduction, 也见 Barry Keenan, *The Dewey Experiment in China: Educational Reform and Political Power in the Early Republic*, pp.37-42。

这种方法始于假设，由假设指导实验：若假设推出的预测未能在实践中得到验证，则提出新的假设并检验新预测。通过这种方法习得的知识将取代那些往往来自宣言主张和经典文本而非真正的实践的深奥的知识。因此，杜威相信科学实验将融入人们的生活，从而推动民主革命。

值得注意的是，杜威认为在 20 世纪初的美国，培养普通民众形成实验主义观念模式对于建立民主社会至关重要。在他看来，大众的实验主义实践将有助于形成改革方案，解决资本主义带来的问题。对他而言，养成实验主义思维不仅依赖于实验方法的教学，还需要新式的实验教育，即他所说的"学校即社会"。这意味着要将学校转变成一个"微型"社会；学校课程将处理社会中存在的问题，并鼓励学生在实验条件下制定出相应的解决方案。①

由此，杜威的实验主义思想及其"学校即社会"的教育理念并未直接聚焦于人们的实际生活和经验。他对社会关系或资本主义生产所造就的不同经验并不感兴趣，反而更注重实验主义观念的培养。他认为在工业和资本主义发展的背景下，推动民主变革的方法是实验教育，而非阶级斗争或社会关系重组。

在 20 世纪二三十年代，陶行知的教育思想和实践是对其导师杜威理论的一次革新。在他看来，杜威理论所提出的培养实验主义观念是不足以解决资本主义发展中的社会矛盾及满足农民和

---

① Barry Keenan, *The Dewey Experiment in China: Educational Reform and Political Power in the Early Republic*, Chap. 2; Robert B. Westbrook, *John Dewey and American Democracy*, Chap. 6.

工人的需要的。他批评杜威提出的"学校即社会"原则，因其一直将教育与实际经验分离开，陶认为教育应该直接触及农民和工人的实践经验，并提出"社会即学校"。值得注意的是，他提出了一套新型教育模式，即通过建立生产合作社来重新组织社会关系，以防止或降低以城市为主的机械化商品生产带来的负面影响。在资本主义扩张和工业化背景下，普通民众的实践和生活既是陶氏教育实践的主要来源，也是其教育实践的重点。陶行知不再沿着约翰·杜威的路子而强调实验主义思维，而是直接将教育和知识产出的焦点放在工人和农民的生活经验上。

20世纪一二十年代的国际国内形势都向陶行知展露了工人和农民所遭受的压迫，他对以城市为中心的工业化和由利益驱动的资本主义生产的不满日益增加。苏俄和第三国际在殖民地和半殖民地国家（包括中国）发起了反对资本主义和帝国主义的民族解放运动，正是在这样重要的背景之下，陶行知开始重新思考教育和民主问题。当时正在开展的布尔什维克革命及第三国际对资本主义和帝国主义的批判引起了知识分子对意识形态的关注，其中也包括陶行知（和他的导师约翰·杜威）。[①]1917年从美国回国后，陶行知一直密切关注苏俄政府，并且认识到苏俄的存在是对以欧美资本主义国家为代表的民主的有力批驳。1924年苏联放弃所有在华特权，这让他印象深刻。同时，在更早的1919年的

① 杜威于1928年访问苏联，写了大量有关苏联的文章。杜威强调要科学地理解民主的发展，但他对苏联的中央集权非常诧异，因为在他看来，这一集权调动了苏联工人。他对苏联合作社的研究聚焦于苏联所创造的"精神力量"上，对生产关系关注不多。John Dewey, *Impressions of Soviet Russia and the Revolutionary World*.

巴黎和会上，欧美各国也未按照美国总统伍德罗·威尔逊所宣称应尊重的"自决权"原则行事。陶行知认为，苏俄的作为真正符合欧美各国所宣扬的"国际正义与平等"理念。[①] 虽然对当时的布尔什维克革命的态度仍有矛盾，但苏俄的行为所表现出的对帝国主义和资本主义的批判，陶行知是十分赞同的。正如他在 1924 年所说，"中国人对新俄国怀有的好感，与其说是由于俄国的布尔什维主义，不如说是由于俄国不是在口头上，而是在行动上维护了国际正义与平等的立场。要预测这位新朋友对我国教育的影响还为时过早。然而，我们非常肯定的一件事情是，与新俄国接触，将使中国教育不那么利于帝国主义和资本主义在中国进一步得势"。[②]

中国的国民革命促使陶行知将其对民主和教育的反思与中国国内的社会经济状况联系起来。列宁在其写于 1916 年的专著《帝国主义是资本主义的最高阶段》中预言，未来像中国这样的半殖民地国家或完全沦为殖民地，或不得不通过革命寻求独立。[③]1920 年在巴库召开的东方民族大会上，第三国际呼吁在全世界的殖民地和半殖民地国家开展民族解放运动。[④] 而在中国，回应列宁

---

① "China"，《陶行知全集》（四川教育版）卷 6，第 70 页。
② "China"，《陶行知全集》（四川教育版）卷 6，第 70 页。
③ Rebecca E. Karl, "On Comparability and Continuity: China circa 1930s and 1990s," *Boundary 2*, 32/2 (2005):172.
④ 鉴于俄国布尔什维克革命的成功，列宁计划重新考虑民族解放运动。列宁的继任者托洛茨基和斯大林提出了不同的民族解放议程。正如斯大林在"一国社会主义"理论中提议的那样，他似乎已将第三国际的重点从世界革命转向保卫苏联国家。见 Harold Isaacs, *The Tragedy of the Chinese Revolution*, London: Secker and Warburg, 1938。

在《帝国主义论》中的预言是，国共两党联合，形成统一战线并发动北伐战争。然而，在对中国社会经济情势的分析上，中国共产党和国民党有所分歧，且对国家的未来设想也迥然相异。[①] 对国民党而言，20 世纪 20 年代的世界是一个强国吞并弱国的世界。中国的主要问题是贫穷和经济落后，而这两者都是工业化和资本主义发展不足所导致的。为了防止中国完全沦落为强国的殖民地，必须要建设一个强大的国家以推动工业化和资本主义的发展。[②] 值得注意的是，国民党期望将中国农村及农村经济并入以城市为中心的制造业，成为原料产地和产品市场；希望建立一个由官僚、资本家和地主三方共同领导的独立经济和政治实体。[③]国民党认为国民革命本质上是一场政治革命，目的是结束军阀混战的局面并实现国家统一。相比之下，对中国共产党而言，资本主义和帝国主义是主要问题而非解决方案。他们认为中国人民的苦难正是因为半殖民地资本主义从社会、经济和政治三方面对中国人民进行压迫。半殖民地资本主义改变了中国现存的地方社会关系，即地主、商人、买办和外国资本间的相互联系愈发紧密，而农民和其他阶级则受到更严重的剥削。[④] 中国共产党认为国民

[①] 关于在此期间共产党和国民党社会经济方面的简明分析，见 Rebecca E. Karl, *Mao Zedong and China in the Twentieth-Century World: A Concise History*, Chap.3, pp.23-26。

[②] 孙中山：《建国方略》（1919 年）。有关孙中山《建国方略》的分析，见 Peter Zarrow, *China in War and Revolution, 1895-1949*, pp.210-216。

[③] 见 Margherita Zanasi, *Saving the Nation: Economic Modernity in Republican China*, Chicago: University of Chicago Press, 2006, Introduction and Pt.1。

[④] 《中国社会各阶级的分析》（1925 年 12 月 1 日），《毛泽东选集》第 1 卷，人民出版社，1991，第 3—11 页。

革命是在第三国际和苏俄领导下反帝国主义和反资本主义的世界革命的一部分，是一场以阶级斗争为中心的社会政治革命。

与国共两党想法相似，陶行知当然也不认为国民革命是独立于全球大环境的一个地方性事件。国民革命期间的动员将第三国际对资本主义的批判和陶行知对有关中国工农在其时的社会环境的民主思考联系起来。他目睹了成千上万的罢工工人和农民攻击地主和士绅。正如同时期的中国许多其他知识分子一样，陶行知意识到国民革命首次将农民和工人带上历史的舞台。在他看来，中国共产党在动员民众工作上的成功正反映了伴随工业化和资本主义发展所产生的"劳动人民和阶级斗争问题"。[1] 他特别指出"劳动妇女和儿童"所处的生活和工作环境，认为二者是资本主义生产中"最脆弱、受剥削最严重的群体"。[2]

然而，陶行知的分析与国共两党皆有所不同，他对民主的分析是将其放置于工业化和资本主义发展的语境中，并对其发展所引起的对工人和农民的压迫持批判态度。在他看来，尽管中国共产党的动员会引起人们对工人、农民的实践和生活的关注，但是基于阶级斗争原则之上的大众动员并不能给他们的生活带来根本性变化。同时，他对工业化和资本主义发展所带来的对工人和农民的压迫表示强烈的不满，工业化和资本主义生产能够且应该朝着有利于工人和农民及当地社会的方向发展。陶希望新教育能够帮助工人和农民在工业生产中受益，并减少那些已经在欧美国家和中国出现的资本主义发展所带来的负面影响。

---

① 　"China"，《陶行知全集》（四川教育版）卷6，第75页。
② 　"China"，《陶行知全集》（四川教育版）卷6，第75页。

国民革命也让陶行知开始进一步反思杜威的教育和知识理念，因为在此期间有关知识课堂的争论让他意识到（科学）知识和教育往往与农民和工人的生活实践相分离；这两者非但不能成为民主的基础，反而变得制度化，产生社会分层。在目睹"左"的口号"打倒知识分子"会鼓励农民攻击当地士绅、分配其财产后，陶行知同其他许多中国知识分子一道开始将教育和知识与中国的社会形态联系起来。与此同时，他和他的研究小组还发现，在20世纪20年代的中国，4亿人中约有3亿人是文盲。高文盲率也使陶从理论层面对教育和知识进行思考。他在这一时期加入了有关教育和知识议题的辩论，指出中国的知识生产并非基于中国人的经验，而往往是"伪知识"或对中国儒家经典文本或西方理论的重复。此外，这种伪知识产出又成功地延续出"伪知识阶级"，并通过拒绝给予中国大多数民众知识生产的权利来对其进行压制。在古代中国，皇帝推动了伪知识生产，并将"士"这一伪知识阶级制度化，以此作为加强国家权力的一种方式。随着伪知识生产强化了国家权力，士阶层也随之获得了社会地位和经济大权。尽管科举制度已于1905年结束，封建王朝也于1911年轰然倒塌，但知识和教育仍然与工人和农民的生活实践相分离，这是由于"商品化"阻碍了信息的自由传播；教育和知识被商品化，而当地学者和专业人士往往拒绝让知识自由传播或让农民和工人获得知识。因此，现代中国资本主义的扩张并没有结束这种知识的分离状态。由此，与导师杜威的观点相反，陶行知指出教育是民主的先驱，资本主义扩张下的教育和知识可以（重新）造成社会分层，并隐藏工人和农民的经验和需要。

陶行知认为，中国的国民革命应伴随一场"教育革命"出现。他提出了一种新型教育，即他所说的"社会改造"。这一教育模式是对杜威的实验教育的革新，也与国民党和共产党所设想的教育变革有所不同，将直接关注当地人的实践经验和社会生活。他指出，虽然这场革命引起对农民和中国农村的关注，但并未给他们带来根本性的变化。农民占中国人口的85%，而在以城市为中心的工业化和资本主义发展进程中，农村社会和农业渐渐丧失了自主权。相比资本主义发展更为密集、资本家对生产控制更加严格的城市中的工人和工厂，农民和农村更能成为新教育的"新大陆"。陶行知在国民革命发展到高潮阶段时在晓庄发动了这场教育运动。

晓庄是位于中国东部的一个小村庄，处在南京市郊。正是在那里，陶行知意识到农民、农村社会和农业生产在以城市为中心的工业化过程中逐渐失去了自主权，同时，当地的农村教育进一步使农民和小孩与农村生活疏远。他开始修正杜威的教育理论，并发明了一系列概念，包括乡村"生活力"、乡村"中心学校"、为了改变生活的"知识工具论"、乡村教师的三大品质、"乡村幼稚园"、"大众的力量"、"让农民出头"和"乡村共学堂"。他还为这些概念制定了具体实施方案，其中包括建立中心学校、以乡村学校为中心的乡村公共事务组织以及重新组织当地的棉花生产。这些教育理念和方案表明，陶行知试图改造乡村社会生活，建设一个自给自足的乡村社会，以应对以城市为中心的工业化和资本主义发展所带来的挑战。

陶行知在晓庄的教育试验与同时期晏阳初所开展的乡村平

民教育运动不同。陶关注的是工业化和资本主义扩张下的本土经验，强调建设一个自力更生的农村社区，对技术创新持批判态度。正如我在下文所述，陶坚持要传承传统手工艺，保留晓庄的车间棉花生产，因为这样一来可以保证农民和农业生产的自主权，而不受机械化商品生产的左右。相较之下，晏阳初的乡村平民教育的核心是农业生产现代化，很大程度上依赖于国民政府的政权支持和私人基金会（主要是洛克菲勒基金会）的赞助。[1]

陶行知在晓庄发起的乡村棉花合作社，或者说棉花"工学团"，与十年前民族企业家张謇在此组织的棉花生产不同。张謇的纱厂也试图建立一种自给自足的模式，以取代由帝国主义主导的棉花产业在该地区的发展。[2] 然而，张的组织是由以他为首的民族企业家主导，在清政府的支持下，企图垄断全国棉花产业，并控制全国棉花市场。这项任务有赖于乡绅和商人间的阶级联

---

[1]　查尔斯·海弗德指出，在晏阳初的乡村平民教育中，提供有用的科学知识是关键。有关定县（晏阳初教育运动的推行地）采用和教授养猪方法的研究指出，晏阳初及其同事认为中国农村传统农业实践和条件处于劣势。见 Charles Hayford, *To the People: James Yen and Village in China*, New York: Columbia University Press, 1990; Sigrid Schmalzer, "Breeding a Better China: Pigs, Practices, and Place in a Chinese County, 1929–1937," *Geographical Review*, 92/1 (2002):1–22。根据江勇振的研究，晏阳初从燕京大学社会学系邀请的社会工作者和其在由洛克菲勒基金会资助的北京协和医院的同事不仅受训学习如何提供社会服务，还学习如何"计划"社会革命。由于日本侵华战争中断了国民政府和私人基金会的财政和政治支持，加入晏阳初定县平民教育计划的燕京大学社会学系成员未能完成其改造社会的任务。见 Yun-chen Chiang, *Social Engineering and the Social Sciences in China, 1919–1949*, Chap.2 and 3。

[2]　见 Kathy Le Mons Walker, *Chinese Modernity and the Peasant Path: Semicolonialism in the Northern Yangzi Delta*, California: Standford University Press, 1999, Pt.2。

盟，所以清政府往往会满足乡绅的要求，而非保护农民的利益。[①]
相比之下，正如我所说，陶行知的乡村棉花工学团由农户组成，
每个家庭都必须向工学团捐款。这种合作模式使工学团不仅是一
个经济单位，更是一个维护农民及其当地社会自给自足且自治的
社会文化组织。陶将知识生产的重点放于农民及其乡村社会的需
求上，以此来取代当地乡绅和"伪知识"在当地的社会象征权力；
而对当地农业生产的重新组织旨在保护农民和农业生产的自主权
不受机械化商品生产的影响。陶的乡村运动也不同于国民政府所
推行的合作社，他的棉花工学团是对国民政府现代化议程的挑
战，在工学团中农民被视为原材料的供应者和以城市为中心的工
业产品的消费者。[②]

　　下文我将具体考察陶行知对教育与民主的重新思考以及他在
晓庄的乡村教育运动。我探究的是在 20 世纪二三十年代的中国，
陶行知为什么会提出通过教育改造乡村，以及这一建议是如何提
出的。

一　陶行知与教育普及问题

　　1891 年，陶行知出生于黄山脚下的一个小县城——歙县。陶
家是做小生意的，贩卖酱油和新鲜蔬菜。陶在十四岁前接受的都

[①]　见 Kathy Le Mons Walker, *Chinese Modernity and the Peasant Path: Semicolonialism in the Northern Yangzi Delta*, Pt.2。

[②]　见 Margherita Zanasi, *Saving the Nation: Economic Modernity in Republican China*, 特别是 Introduction and Pt. 1。

是传统教育，在他父亲成为基督教徒后，他被送往英国传教士在当地开办的学堂。17岁时，陶考入当地一所非常有名的西医学堂。由于学校歧视像陶一样的非基督教学生，陶便离开了这所学校，其后转入金陵大学学文科。大学期间他出色的学业成绩引起了校长的注意，在学校的资助下，陶毕业后赴美留学，继续研究生学业。他于1914年在伊利诺伊大学获得城市规划硕士学位，随后就读于哥伦比亚大学，师从约翰·杜威。[1] 在杜威看来，能帮助人们掌握科学方法的教育是民主的基础；科学认识将消除工业化和资本主义发展带来的社会矛盾和问题。实验和科学教育才是民主的先驱，而非阶级斗争和无产阶级革命。

1917年回到中国后，陶行知便开始进行教育实践，着重于科学教育方面。他成为当时的权威科普期刊《新教育》的编辑，这份杂志积极倡导科学教育和民主。[2] 他还成立了"实际教育调查社"，其调查结果促成了1922年新学制的颁布。[3] 由于重视平民教育，陶与同时代的众多中国知识分子一道开展了扫盲运动（或称"平民教育"）。在20世纪20年代初，作为扫盲运动的一部分，陶行知还走访了中国大大小小的城市和村落，调查中国大众的教育状况。基于这些调查，他在1923年发表了一篇文章，推断中

---

[1] 见《陶行知年表》，《陶行知全集》卷1，第671—691页。

[2] 有关晓庄实践项目前陶行知教育实践的详细研究，见 Barry Keenan, *The Dewey Experiment in China: Educational Reform and Political Power in the Early Republic*, pp.81-99。

[3] Barry Keenan, *The Dewey Experiment in China: Educational Reform and Political Power in the Early Republic*, p.84.

国 4 亿人中约有 3 亿人 "不识字"。这一发现使陶大为吃惊。[1] 文盲率之高迫使他开始在理论层面反思教育。从此，他开始积极参与非制度化教育活动如工农教育，广泛发表有关教育和社会改造的论著。

正如我在上文所述，陶行知对教育的反思也与苏俄和第三国际在这一时期对资本主义和帝国主义的批判有关。陶很欣赏新苏俄的外交政策，并确信中国与苏俄接触 "将使中国教育不那么利于帝国主义和资本主义在中国进一步得势"。[2] 不仅如此，中国国民革命进一步将这一对教育和民主的反思及第三国际对资本主义和帝国主义的批判与中国工农的现状联系在一起。

二　见证国民革命时期工农运动的崛起

在第三国际的建议下，中国共产党和国民党实现第一次合作，建立统一战线，并发动了北伐战争。尽管双方对这场革命的任务有不同的理解，但共同目标是统一全国，抵抗受到殖民国家和地主支持的地方军阀。在国民党军队抵达前，共产党成功动员了城市中的工厂工人和农村的农民。[3] 这些工人和农民在北伐战争所展现的力量给中国知识分子们留下了深刻的印象。1927 年 2

---

[1]　陶行知：《平民教育运动与国运》，《教育汇刊》第 6 期，1923 年；又见《陶行知全集》卷 1，第 434 页。陶在这里指的是能够读懂汉字。20 世纪 30 年代，陶指的是创造新的大众文字。

[2]　《平民教育运动与国运》，《陶行知全集》卷 1，第 70 页。

[3]　见 Peter Zarrow, "Ideology and Power in the National Revolution," *China in Revolution*, New York: Routledge, 2005, Chap.11, pp.210-230。

月，见识到湖南农村农民的能力后，未来的中国共产党领导人毛泽东就在其著名的《湖南农民运动考察报告》中呼吁进行"农村革命"，并赞扬了农民的力量。①

在陶行知的眼中，社会动员引起了人们对工农经验和生活的关注，而基于阶级斗争原则的大众动员并没有给他们的生活带来根本性的变化。看到中共成功地在乡村成立农民组织后，陶于1924年在《申报》上发表了一篇有关"农民联合会"的文章。②新成立的农民联合会引起了人们对农民及其生活的关注，陶认为这是一个"可喜的"变化。③然而，正如他所提醒的那样，农民占中国人口的85%，农民是目的不是工具。④农民最需要的是"自立、自保、自存"。⑤然而，国民革命未能实现这一目标。所以他进一步提出"教育的农业和农业的教育"。⑥

陶行知认为工农自立绝对是20世纪20年代中国工业和资本主义发展的重中之重。他设想工业化将转向有利于工人和农民的发展方向。在总结中国20世纪20年代的劳动条件和工业发展状况后，陶在1924年发表于哥伦比亚大学国际师范学院的《1924年世界教育年鉴》中写道：

---

① 在 *Mao Zedong and China's Revolutions: A Brief History with Documents* 中有该报告的翻译（Boston, New York: Bedford St. Martin's, 2002, pp.41-75）。关于毛泽东报告的讨论，见 Rebecca E. Karl, *Mao Zedong and China in the Twentieth-Century World: A Concise History*, Chap.2。

② Yunqiu（陶行知）:《农民联合会》,《申报·平民周刊》1924年8月9日；也见《陶行知全集》卷1，第480页。

③ 《农民联合会》,《陶行知全集》卷1，第480页。

④ 《农民联合会》,《陶行知全集》卷1，第480页。

⑤ 《农民联合会》,《陶行知全集》卷1，第480页。

⑥ 《农民联合会》,《陶行知全集》卷1，第480页。

人们现时在中国所看到的工业状况既然如此，教育工作者便面临着诸如将人这个因素融入工业主义，树立正确对待劳资双方的态度，在尽量不损害人生活的条件下使工业能够满足民族和世界的需要等问题。教育与立法必须共同从工业主义获取充分的利益，把伴随西方采用工业主义而来的灾难减少到最低限度。①

三 "伪知识"阶级与对知识和教育私有权的批评

国民革命还促使陶行知进一步反思了杜威有关知识和教育的理论。在当时围绕知识阶级的争论使他发现（科学）知识和教育往往与农民和工人的实践分离，这二者非但不能成为民主的基础，相反可以被制度化，产生社会分层。

国民革命期间，随着农村和城市的工农受到动员，当地的士绅成为这场革命的目标。在中国中部地区的村落中，共产党动员队伍的口号"打倒智识阶级"在乡村掀起波澜。他们发现人们已准备好向士人所享有的社会特权发起进攻。② 城里的著名学者和

---

① "China"，《陶行知全集》（四川教育版）卷6，第75—76页。

② 见 Peter Zarrow, *China in War and Revolution, 1895-1949*, Chap.11。另见 Vera Schwarcz, *The Chinese Enlightenment: Intellectuals and the Legacy of the May Fourth Movement of 1919*, Berkeley：University of California Press, 1986, pp.184-191。

士绅的财产遭到没收。① 随着此类事件发生愈加频繁，报刊上围绕知识分子和教育问题的讨论也开始增多。1925 年以后，相关文章数量大大增加。② 反知识分子的口号与受到动员的工农迫使许多中国知识分子不得不开始正视教育与知识分子这一问题：教育给知识分子带来了什么好处，现代知识分子和儒家学者之间是否有很大不同，教育的意义以及知识分子在民国所扮演的角色是什么？这些是他们必须解决的问题。

在这场争论中，自由派知识分子如张奚若认为现代知识分子及其教育实践是缔造社会变革的必要条件，而且由于现代教育采用了科学方法，接受教育的人并不能被视为一个社会阶级。例如，1927 年 1 月，张奚若发表了一篇文章，表达对国民革命时期学者所遭受的袭击的看法。张在哥伦比亚大学学习政治学，接受了相关学术训练。1924 年从美国回国后，他在清华大学教授西方政治思想史，并担任政治系系主任。在题为《中国今日之所谓智识阶级》的文章中，张呼吁人们认真审视中国的知识分子。③ 他建议人们区分沉湎于特权、散漫的知识分子和另一群能够自我批评、有着批判性思维的（像他一样的）知识分子。他还指出当下的中国需要的是第二类知识分子，也正是这一类知识分子领导了俄国的十月革命和英国的工人运动。中国知识分子应承担起改造

---

①   Vera Schwarcz, *The Chinese Enlightenment: Intellectuals and the Legacy of the May Fourth Movement of 1919*, p.187.

②   Barry Keenan, *The Dewey Experiment in China: Educational Reform and Political Power in the Early Republic*, p.102.

③   张奚若：《中国今日之所谓智识阶级》，《现代评论》第二周年纪念增刊，1927 年，第 90—92 页。

中国的重任。由此，他相信现代教育和知识是公开调停者，而接受过现代教育的知识分子能够客观地分析人们面临的实际状况和经验。

然而，张奚若的论点立即遭到了来自马克思主义知识分子的批评，他们指出张提出的对知识分子的分类忽略了中国知识分子享受的社会和政治利益。在一个月之内，他们在《现代评论》上发表了一系列文章，来回应张发表在同一本期刊上的文章。一篇文章认为，中国知识分子并不是根据其能力做事，反而放任自我。① 在这位作者看来，无论是从容的儒家学者还是拥有批判性思维的现代知识分子都不足以成为改变中国的社会力量。那么争论的议题就变成，中国的知识分子应该被视为一个独立的阶级吗？这个阶级是否应该被废除？陶行知正是在这个时候加入了这场争论。

陶行知的回应主要集中在知识生产方面。与马克思主义知识分子一样，他同样指出了中国知识分子的局限性，但他对于知识分子的批判并不出于马克思主义的立场。马克思主义理论以阶级分析和生产关系为前提，并指向阶级斗争。但陶主要从经验和知识间的关系来进行分析，并且他一直在寻求 20 世纪 20 年代中国普遍性文盲的解决方案。他认为教育和知识脱离了普通人的实际生活；他将这种类型的知识称为"伪知识"，并将延续这一知识体系并从中受益的人们称为"伪知识阶级"。他指出，无论是过去还是现在，中国的知识分子一直通过将知识生产与普通人的生

---

①　字文：《"打倒智识阶级"》，《现代评论》第 5 卷第 116 期，1927 年，第 8 页。

活经验分离，自发地巩固其社会经济利益。在汉代，曾经生产过伪知识的儒家学者开始为国家权力所利用，然后发展为一个伪知识阶级，即"士"。虽然这种伪知识生产强化了国家权力，但儒家学者也相应获得了社会地位和经济权力。随着1905年科举制的废除和1911年清王朝的崩溃，知识和教育再次脱离普通人的生活实际。正如陶指出的那样，这是由于"商品化"阻止了信息的自由流通。教育和知识被商品化，专业人员往往拒绝知识的自由传播或向农民和工人传播知识。

舒衡哲（Vera Schwarcz）曾写过关于知识阶级这场争论的文章。她认为，中国知识分子对教育的批评以及呼吁融合未受过教育的人群是"自卫行为"。[①] 事实上，共产党的动员运动已危害到著名知识分子（如章太炎）的利益。在她看来，中国知识分子对教育的批评能够帮助像他们一样受过教育的人远离暴力。然而，尽管中国知识分子批评教育是一种会形成不同社会阶级的意识形态，但他们未能将这一对社会的担忧付诸实践。

不过，舒衡哲有关争论的看法并未能完全解读陶行知对伪知识阶级的评论。陶行知对知识生产的分析表明，他相信伪知识的生产才是导致中国大众无知的主要原因。他批驳了自己早期认为能够通过教育进行社会改革的观点，并指出中国的教育已经脱离了未受过教育的大众的社会经验，现存教育体系的提倡者们放任伪知识的传播，掩盖了工农的需求，使教育体系发展陷入危险境地。他认为许多五四知识分子（包括他自己）当时所提倡的平民

---

① Vera Schwarcz, *The Chinese Enlightenment: Intellectuals and the Legacy of the May Fourth Movement of 1919*, p.188 and Chap.4.

教育计划还不足以解决知识生产问题。陶行知对知识生产的批判构成了他对新教育理论的解读及之后在中国农村开展的新教育的一部分。

在《"伪知识"阶级》一文中，陶行知在开篇首先提出自己对一直以来的争论的看法。他注意到人们对知识分子持有不同态度，在文章中提到张奚若对"知识分子"在俄国革命中的主导地位的强调，以及国民革命中存在"打倒知识阶级"的激进口号。他还提出了一些问题："什么是知识阶级？知识阶级是怎样造成的？应当不应当把他打倒？……应当不应当将他拥护？"[①]他研究这些问题已有一年左右，而这篇文章正是他对这些问题的思考结果。[②]陶行知认为，中国教育长久地维护社会等级制度，其问题在于历史上教育或知识如何巩固不同的社会阶级。

陶行知首先提出能够形成社会分层的人类智慧并无显著差异。他将先天能力与后天能力区别开来，并称前者为"智慧"，后者为"知识"。陶认为"智慧是生成的，知识是学来的"。[③]与人的身高类似，人们的智力禀赋也差异不大，除了一小部分人（最聪明的和最愚笨的），大多数人生来具有同等的智慧。陶由此推断不应该根据智慧的不同来构建"对立的阶级"，也不应该形成任何社会知识阶级。[④]

相反，与智慧相比，知识是从社会中学得的。陶行知认为

①　陶行知：《"伪知识"阶级》，《中国教育改革》，上海东亚图书馆，1928；也见《陶行知全集》卷2，第85页。

②　《"伪知识"阶级》，《陶行知全集》卷2，第85页。

③　《"伪知识"阶级》，《陶行知全集》卷2，第85页。

④　《"伪知识"阶级》，《陶行知全集》卷2，第86页。

知识结合了先天智力和社会经验。此外，他又根据社会经验对真知识和伪知识进行了区分：包含社会经验的知识就是"真知识"；从书里得来的是"伪知识"，因为这种知识并非从社会经验中得来。[①] 如果所有书本知识都是伪知识，那么是否应抹杀现存的所有知识（包括书本知识）？据陶行知的说法，不继承现有知识的人是"大呆子"。[②] 但是，他又强调我们必须确保上述继承而来的知识与已有经验是相关的。他将已有的知识比作"枝"，已有经验比作"根"。他在文章中写道，正如自然中的树木一样，已有的知识可以作为枝条嫁接到我们自己的知识树上，成为知识的有机部分，因此我们要有自己的经验做根。[③]

如果社会经验对于知识生产是不可或缺的，那么根据人们社会经验的不同，是否会形成不同的社会阶级？不同的行业会产生不同的社会经验，通过将这些经验与智慧结合，人们能够生产出真正的知识。然而，在各个行业中，大多数人在经验和智慧方面没有根本区别。因此，陶认为，真知识只有"直行"的类别，没有"横截"的阶级。[④]

陶行知由此得出结论，一般按照知识划分出来的阶级的存在，比如知识分子阶层，既没有天然的也没有社会的基础。接着他对以下问题做出回应：如果没有存在的基础，中国的知识阶级又是由什么组成的？它又是如何维护自身延续的？陶认为中

---

① 《"伪知识"阶级》，《陶行知全集》卷2，第87页。
② 《"伪知识"阶级》，《陶行知全集》卷2，第87页。
③ 《"伪知识"阶级》，《陶行知全集》卷2，第87页。
④ 《"伪知识"阶级》，《陶行知全集》卷2，第86页。

国知识分子形成了一个由拥有"伪知识"的人组成的阶级。汉代以来大部分学者的作品是"伪知识"。他用一个比喻来解释中国历史上知识生产与知识阶级形成之间的关系：社会经验好比是准备金，知识分子的文字则好比是基于准备金发行的钞票。在汉代前，知识分子所写的文字是真知识，即可靠的钞票。然而，汉代之后，知识分子开始凭着先秦诸子的信用滥发钞票，生产不以社会经验为基础的伪知识。此外，继承先秦不同流派思想的学者为了相互竞争开始印刷不同的钞票。儒家银行行员甚至"暗杀"了佛家银行行员，以便合并其他学派的银行，之后还发行新钞取代旧钞，最终导致了大规模的通货膨胀。

陶行知承认宋明时期部分新儒学学者的确贡献了真知识。例如，他提到了宋代儒家学者朱熹对儒家经典的"四书"进行注释。然而，朱熹的成就和儒学被过誉了。知识分子对"八股文"的痴迷是明代对学问过度推崇的结果。虽然朱熹的学问产生了基于社会经验的真知识，但其他学者的文字只是对朱子思想的重复，产生了更多的伪知识。人们过于拥护朱子所发行的"钞票"，将其作为"准备金"，因而余下所有银行（知识分子）都不断滥发朱子的"钞票"。陶行知断言："至此，中国的知识真正濒于破产了。"①

若伪知识文字就像滥发的钞票一样会不断贬值，陶行知又发问："他如何能够存在呢？产生伪知识的人，应当连饭都弄不到吃，他们又如何能成阶级呢？"②知识阶级的存在源于帝王政治，

① 《"伪知识"阶级》，《陶行知全集》卷 2，第 89 页。
② 《"伪知识"阶级》，《陶行知全集》卷 2，第 90 页。

因为天才和真知识是对统治阶级的潜在威胁，所以中国的皇帝鼓励他们（再）生产伪知识。作为交换，生产伪知识的人能得到名利权位。

陶行知指出，科举制度的发明通过伪知识产生了不同的社会阶层。科举测试人们的伪知识水平，而"八股"则是其伪知识的最典型的代表。在该考试中表现优异的人则由皇帝钦赐头衔，这是被官方正式认定的地位。[1] 此外，陶指出这种知识产出不仅形成了知识阶级，还改变了整个社会。他在文中做了生动的描述：

> 全国士人三更灯火五更鸡去钻取的知识，乃是彻底不值钱的伪知识，为了换取名利和权位。"他们成则为达官贵人，败则为土豪、劣绅、讼棍、刀笔吏、教书先生"，继续出卖伪知识。[2]

他还提到了著名的宋诗"万般皆下品，惟有读书高"。在他看来，这首诗在中国流传之广就表明了人们普遍意识到知识能够改变个人的社会地位。[3]

知识分子在伪知识产出过程中扮演着什么角色？陶行知认为知识分子都自觉维护着知识阶级，他将其称为"守知奴"。这些守知奴往往要确保知识无法在社会中自由传播。这样，知识分子就能巩固自己的阶级，将那些获取知识受限的人排除在外。陶行

---

[1] 《"伪知识"阶级》，《陶行知全集》卷2，第91页。
[2] 《"伪知识"阶级》，《陶行知全集》卷2，第92页。
[3] 《"伪知识"阶级》，《陶行知全集》卷2，第91页。

知认为，过去中国知识分子的特点是生产伪知识。他没有像张奚若那样区分"散漫"和具有"批判性思维"的知识分子，或区分现代知识分子和儒家学者。相反，他宣称晚清以来的知识分子仍参与到伪知识产出中，尽管他们所生产的是另一种伪知识。受过西方教育的知识分子引进了西洋知识，却没有将其与中国人的社会经验相结合。随着现代大学制度的确立，这些知识分子不断复制伪知识并写出"洋八股"。与前人类似，这些现代知识分子掌握着知识权威，并阻止知识的自由传播。实际上，中国新确立的教育体系将知识转化为可供交易的商品而非官阶。

　　因而，陶行知认为，知识分子对知识的控制和对伪知识产出的维护使知识远离未受过教育者的生活和实际经验。中国大众要么只能加入伪知识阶级，要么只能服从中国知识分子的权威（这些人并不真正了解未受教育者的生活经验）。这两种选择都会导致中国普遍的文盲现象，以及未受教育者的权力被剥夺。正如他写道：

> 　　他把知识占为私有；他把知识当做传家宝；他把知识当做商品卖；他把知识变成神秘的符而自做教主。于是您要想得到知识，必须得做他的儿子（女儿还不行），做他的信徒，做他的学生，做他的主顾，做他的王！做儿子不能由您来做主。做王便要问您有没有这本领。①

---

① 《从守财奴想到守知奴》，《陶行知全集》卷2，第654页。

因此，陶行知并没有否认马克思主义知识分子的观点，但是他对自由主义知识分子张奚若的观点提出了批评。他认为教育和知识可以被制度化，但当它们被制度化和商品化后，它们并不能成为公开调停者，且往往脱离普通人的实际经验。

秦博理指出，国民革命后陶行知转向非正规教育，是由于国民革命期间政治和军事局面不稳定，杜威的实验教育也因革命失去实践的可能。他还提出陶行知对伪知识产出和教育实践的批判是约翰·杜威实验主义教育理论的延续。[①] 秦博理注意到国民革命这一重要历史背景，这一点是对的。然而，正如本节所述，本次革命的社会动员运动迫使陶行知重新考虑采纳杜威的实验教育。在下文，我将探讨他的晓庄乡村教育计划是如何对杜威的"学校即社会"理念进行批判的。

四　晓庄的"新教育"实践

1927 年初，在国民革命的高潮时期，陶行知在晓庄实行了首次乡村教育计划。希望学校能给村民带来变化，陶将村名"小庄"改为"晓庄"，并将村后的"老山"改名为"劳山"，以示"知行合一、教育破晓"。[②] 他强调了晓庄学校的建立与正在进行

[①] Barry Keenan, *The Dewey Experiment in China: Educational Reform and Political Power in the Early Republic*, Chap.3.

[②] 见 Yusheng Yao, National Salvation through Education: Tao Xingzhi's Educational Radicalism, Ph.D.dissertation, University of Minnesota, 1999, p.122。姚渝生运用报纸广告和江苏省教育局的档案资料，从社会史和制度史的角度讲述了晓庄师范学校创建的历史。见 Yusheng Yao, National Salvation through Education: Tao Xingzhi's Educational Radicalism, pp.122-127。

的国民革命的同时代性。在 1927 年向晓庄师生发表讲话时，他指出学校正式开学恰逢北伐军队与南京地方军阀打仗（宁定之战）。[①] 由于晓庄紧邻南京，陶意识到许多来自全国各地的学生须"冒着生命危险"前来晓庄，他说学校是在"枪林弹雨"中开学的。[②] 陶特意解释了在混乱时期建立晓庄学校的意义：

> 我们中国现在正是国民革命的势力高涨之秋。惟既有国民政治上的革命，同时还须有教育上的革命。政治与教育原是不能分离的，二者能同时并进，同时革新，国民革命才有基础和成功的希望。[③]

晓庄是位于中国东南部长江三角洲的一个小村庄。该村位于南京边界处，离工业中心上海也不远。根据历史学家沃尔克（Kathy Le Mons Walker）对长江三角洲农村经济的研究，明朝以后，长江三角洲的农民经历了棉花商业化和全国棉花市场的发展。农村棉花生产主要由当地乡绅组织，他们与中间人或商人关系密切。当地乡绅和商人间的紧密联系经常引发农民与乡绅间的冲突，这些冲突主要由朝廷进行调解，但朝廷往往会保护当地乡绅精英的利益。至 19 世纪末，中国的半殖民资本主义给长江三角洲的村落社会经济带来了巨大变化。乡绅与中间商的联系更加

---

① 地方军阀是指张宗昌和褚玉璞，其军队在北伐战争占领南京前控制着南京。

② 陶行知：《晓庄试验乡村师范学校创校概况》，《乡教丛讯》第 1 卷第 17 期，1927 年；也见《陶行知全集》卷 2，第 17 页。

③ 《晓庄试验乡村师范学校创校概况》，《陶行知全集》卷 2，第 17 页。

紧密，而后者越来越依赖以城市为中心的商品市场和制造业。该
地区的农村经济与以城市为中心的半殖民经济相连。沃尔克表
示，在该过程中，农民正经历着"亚无产阶级化"；他们变成了
"生活不安定的弱势劳动力，满足了现代地主、富农和多种形式
的城市资本对廉价劳动力的需求"。①

在晓庄，陶行知和同事看到当地乡绅移居城市，农民在工厂
和农活间来回忙活，乡村的农业生产愈发受到以城市为中心的商
品生产的影响。② 然而，在 1927 年的《湖南农民运动考察报告》
中，陶并没有像毛泽东那样呼吁"农民革命"，宣传阶级斗争。
相反，陶行知批评了教育脱离农业和乡村生活，并提出了通过教
育改造乡村社会的计划。

陶行知首先指出，晓庄现有的教育已经将乡村社会推向了
"悬崖"，而新教育才是中国乡村的"生路"。他在有关创立中国
乡村教育的演讲中说道：

> 中国向来所办的教育，完全走错了路：他教人离开乡
> 下向城里跑，他教人吃饭不种稻，穿衣不种棉，盖房子不
> 造林。他教人羡慕奢华，看不起务农……他教人忍受土匪、
> 土棍、土老虎的侵害而不能自卫，遇到了水旱虫害而不知
> 预防。他教农夫子弟变成书呆子。他教富的变穷，穷的变

① 见 Kathy Le Mons Walker, *Chinese Modernity and the Peasant Path: Semicolonialism
in the Northern Yangzi Delta*, p.182。

② 见陶行知对其晓庄经历的叙述。陶行知：《古庙敲钟录》，《申报》1932 年 5 月
21 日至 8 月 15 日；也见《陶行知全集》卷 2，第 476—576 页。相关内容在
第 560 页。

得格外穷；他教强的变弱，弱的变得格外弱……前面是万
丈悬崖……生路是什么？就是建设适合乡村实际生活的活
教育！①

接着，他提出新教育应关注如何实现农民和农业的自给自
足，应该向农民传授分析和改变当地自然和社会环境的能力，以
应对以城市为中心的工业和资本主义发展。正如他在后面所述：

　　他要运用环境里的活势力，去发展学生的活本领——
征服自然、改造社会的活本领。他其实要叫学生在征服自
然、改造社会上去运用环境的活势力，以培养他自己的活本
领……他教人人都能自立、自治、自卫。他要教乡村变为西
天乐园，村民都变为快乐的活神仙。②

陶行知进一步强调，新教育应该改造乡村社会。不涉及乡村
改造的乡村教育无法给农民和农业带来根本性的变化；相反，不
包括以农民和农业为重点的教育的社会改造没有意义，没有效
果。他突出了乡村教育与乡村社会改造间的关系，并在发表于
1929 年的文章《地方教育与乡村改造》中写道：

---

① 　陶行知：《中国乡村教育之根本改造——在上海青年会的演讲》，《中华教育界》
　　第 16 卷第 10 期，1927 年；也见《陶行知全集》卷 2，第 1—6 页，收入全集
　　时标题改为《再论中国乡村教育之根本改造——在上海青年会的演讲》。
② 　《再论中国乡村教育之根本改造——在上海青年会的演讲》，《陶行知全集》卷
　　2，第 1—6 页。

> 改造了个人便改造了社会，改造了社会便也改造了个
> 人。寻常人以为办学是一事，改造社会又是一事……他们不
> 知道学校办的得法便是改造社会……办学和改造社会是一件
> 事，不是两件事……办学而不包含社会改造的使命，便是没
> 有目的，没有意义，没有生气。[①]

此外，陶认为其晓庄教育是对杜威"社会即学校"教育理论
的批判。他对约翰·杜威的教育理论进行了革新，杜威的理论是
强调教学实验和学生的实验思维，而陶支持教育应该直接着力于
农民的经历和乡村社会再造。在对晓庄教育理论的系列访谈中，
陶提出尽管杜威认识到教育脱离了实际社会生活，但其理论仍然
将学校与社会分离开来，且对学生所学内容、教学方法和教师应
扮演的角色都做了限制。这一分离有可能延续伪知识产出，并遮
蔽农民和乡村社会的需求。他要求让农民及其经验成为教育的焦
点，扭转杜威"学校即社会"和"教育即生活"的观念，并提出
"生活即教育"和"社会即学校"。正如他在访谈中指出：

> 教育可以是书本的，与生活隔绝的，其力量极小……
> "生活即教育"，教育极其广阔自由，如同一个鸟放在林子里
> 面的；"教育即生活"，将教育和生活关在学校大门里，如同
> 一个鸟关在笼子里的……"生活即教育"，是承认一切非正
> 式的东西都在教育范围以内，这是极有力量的。譬如与农民

---

① 　陶行知：《地方教育与乡村改造》，《地方教育》第 1 期，1929 年；也见《陶行
知全集》卷 2，第 128—129 页。

做朋友，是极好的教育，平常都被摈弃在课程以外。^①

在"学校即社会"的主张下，学校里面的东西太少，不如反过来主张"社会即学校"……"学校即社会"，一切都减少，校外有经验的农夫，就没有人愿意去领教；校内有价值的活动，外人也不见得受益。^②

以下我将围绕陶行知的晓庄教育计划的具体内容展开讨论——成立中心学校、成立以乡村学校为中心的乡村公共事务组织、重组棉花生产。这些计划体现了陶行知通过教育改造乡村社会这一想法。陶尝试开发出由农民组成的乡村社会、村民自治的乡村社区和自给自足的农业生产，在这个社会中，农民能够认识到乡村的社会和自然环境，且有能力改造周围环境。

五　"中心学校"的建立

（一）编写教科书：分析当地乡村环境

在晓庄，陶行知重新思考了有关教育的几个基本问题："教什么？怎样教？教谁？谁教？"^③他将教育（上至教科书的编写、学校课程的设计和教学方法，下至乡村教师的培养）的重心放在了

---

① 陶行知：《生活即教育》，《乡村教师》第 1 期，1930 年，也见《陶行知全集》卷 2，第 199—200 页。

② 陶行知：《社会即学校》，《乡村教师》第 1 期，1930 年；也见《陶行知全集》卷 2，第 201 页。

③ 陶行知：《中国师范教育建设论》，《新教育评论》第 3 卷第 1 期，1926 年；也见《陶行知全集》卷 1，第 638—639 页。这些问题陶在该时期的文章中反复提及。

培养农民应对中国乡村自然和社会环境的能力上。

　　陶行知建议学校课程应基于对当地自然和社会环境的分析，以了解人们在特定的自然和社会环境中自立所需的能力，因此他提议当地学校的教科书应根据这一分析编制。陶认为人们为了生存必须要利用自然和社会中的助力与阻力，即他所称的"生活力"。[①] 助力包括维持人们生活的空气、阳光和水等自然资源，也包括帮助人们生存的语言和文学等社会资源，以让人们更好地适应社会生活。阻力包括自然灾害、疾病等"天灾"，也包括贪官、土棍、劣绅和盗贼等"人祸"，二者都阻碍了人们生活的福祉。[②]

　　陶行知表示所有的助力和阻力及能力所需无法一一罗列，但"生活力"应是一种分析能力，用以帮助人们分析、描述当地环境，分析结果将有助于编写教科书和设计当地学校课程。[③] 学校课程设置须因地制宜，课程反过来也成为当地学校的基础，陶将这些学校命名为"中心学校"（下文将解释命名原因）。他曾写到"生活力"在建立中心学校中的作用：

　　　　我们应用自然界和社会界的助力、阻力去培植幼年人的生活力，使他可以做个健全分子去征服自然，改造社会。因此，我们又要问自然界与社会界对于幼年人的生长有什么助力，有什么阻力？他们对于幼年人生长的贡献是什么？他们

---

① 《中国师范教育建设论》，《陶行知全集》卷1，第639—641页。
② 《中国师范教育建设论》，《陶行知全集》卷1，第640页。
③ 《中国师范教育建设论》，《陶行知全集》卷1，第641页。

有什么缺憾要人力补天工之不足？一个环境对于幼年人生长之助力、阻力、贡献、缺憾，要具体的分析开来，才能指导教育的实施。……编成教材，制为课程，佐以相当设备，配以相当程序……这样一来，中心学校就可以办成了。①

虽然陶建议教科书编写须因地制宜，但他告诫道，缺少社会经验的教材和课本学习将会制造伪知识。

（二）反对书本知识："知识应成为农民和乡村生活的工具"

陶行知认为，以生活力分析为基础编写教科书的目的是为师生提供当地社会的信息。然而，他又指出这些书本仅供参考，应与个人对乡村生活的认识和改变乡村生活的真正能力区分开来。②

他强调知识源于实践而非书本，正是在"做"的过程中，师生衍生了"教"与"学"的意义。陶把"做"视为教学的重点，强调如何解决问题。在这个过程中，老师会知道"教什么""怎样教"，学生会形成自己对课程的理解。教科书（和老师）不是权威的来源，而是帮助学生解决问题的工具。正如他写的那样，"在做上教的是先生；在做上学的是学生……不在做上用工夫，教不成教，学也不成学"。③ 他也举了一个例子：应该在"稻田"中学习如何种植水稻。只有当学生走到田中亲自体验种植水稻

---

① 《中国师范教育建设论》，《陶行知全集》卷 1，第 640 页。
② 《中国师范教育建设论》，《陶行知全集》卷 1，第 653 页。
③ 陶行知：《教学做合一》，《中国教育改造》，上海亚东图书馆，1928；也见《陶行知全集》卷 2，第 42 页。

时，关于如何种植水稻的课堂教学和书籍才会发挥作用。[①] 在晓庄，一些家长质疑学校让学生在地里劳作的想法，他们期望孩子学习书本知识，而不是在田里做农活。陶回答道："我们想教儿童根据地上的出产，教他们读，教他们写，教他们算，使他们所能种的都会读、会写、会算，所以要种园。"[②] 因此，在晓庄中心学校，教与学蕴于实践之中。

然而，陶行知强调，这种以实践为导向的学习不应该仅仅被作为教科书中课程的示例，更确切地说，学生也应自己发明工具来解决在生活中遇到的实际问题。教科书不应成为学习的目的，而应变成学生解决生活问题的手段。教育不是创造更多的"书呆子"和"盲目读书的人"。他批评学校教育以错误的方式利用"文字"和"书本"，将文字和书本视为权威和生活中唯一有用的工具。[③] 那些凝结过去智慧的文字和书本应被人们掌握并加以"有效地利用"。[④]

根据陶行知的说法，晓庄的学生应知晓学习的目的，为实现其目的发明、生产并利用工具。他强调学生应该利用教育资源（如教师、教科书、图书馆和学校教育），自行钻研，查找图书馆的资料以解决他们遇到的问题，[⑤] 并鼓励学生去学习使用和创造

---

① 《教学做合一》，《陶行知全集》卷 2，第 43 页。

② 陶行知：《中国乡村教育运动之一斑》，《教育季刊》第 3 卷第 3 期，1927 年；也见《陶行知全集》卷 2，第 30 页。

③ 陶行知：《生活工具主义之教育》，《中国教育改造》；也见《陶行知全集》卷 2，第 76 页；也见陶于 1929 年 10 月在湘湖师范学校的演讲，《陶行知全集》卷 2，第 166—167 页。

④ 《生活工具主义之教育》，《陶行知全集》卷 2，第 76—78 页。

⑤ 《中国乡村教育运动之一斑》，《陶行知全集》卷 2，第 34 页。

用于当地农业生产的工具。[①] 例如，学生不仅要学做木工和泥水工，还要学习怎样制作相应的劳动工具，将其改造升级、发明新工具。[②] 为了提醒师生利用起书本知识，陶将图书馆命名为"书呆子莫来馆"。在 1928 年的《生活工具主义之教育》一文中他写道：

> 教育是什么？教育是教人发明工具，制造工具，运用工具。生活教育教人发明生活工具，制造生活工具，运用生活工具。[③]

因此，陶行知将乡村学生的社会经验和与当地环境相关的知识产出相融合，即学校在根据当地环境的分析结果编制教科书的同时，赋予乡村学生以生产当地环境相关知识的权力。生存能力和改造乡村生活的能力不仅是学校教材编写和知识学习的重点，也是晓庄学校教师培训的重点。

（三）乡村师范学校和教师分析特定环境的能力

陶行知建议"师范学校"应该以普通乡村学校的需求为中心。在 20 世纪 20 年代，人们通常认为教师和师范学校在知识水平上高于普通学校，普通学校附属于师范学校。陶则认为教师或教师培训应成为普通学校的重点。他称普通学校不应被视为师范

---

① 《中国乡村教育运动之一斑》，《陶行知全集》卷 2，第 31 页。
② 《中国乡村教育运动之一斑》，《陶行知全集》卷 2，第 30 页。
③ 《生活工具主义之教育》，《陶行知全集》卷 2，第 77 页。

学校的"附属"，而是建立师范学校的基础。因此，他认为普通乡村学校是师范学校的"中心"，并在晓庄将一所普通学校命名为"中心学校"。

此外，由于中心学校应注重培养学生的生存能力和改造当地环境的能力，陶认为，师范学校也应训练其学生（未来教师）生存和改造当地环境的能力。然而，由于师范学校的毕业生需要在不同环境中建立新的乡村学校，学校应训练学生对于不同环境的分析能力，即陶所说的"因地制宜"——个人分析特定环境并据此改造环境的能力。陶在《中国师范教育建设论》中总结了当地环境、中心学校与师范学校的关系：

> 中心学校有了办法，再办师范学校。……他与中心学校的关系也是有机体的，也是要一贯的。中心学校是他的中心而不是他的附属品。……师范学校的各门功课……大部分都应当与中心学校联串起来。……因为师范生将来出去办学的环境与中心学校的环境必定不能一模一样；要想师范生对于新环境有所贡献，必得要同时给他们一种因地制宜的本领。师范毕业生得了中心学校的有效办法和因地制宜的本领，就能到别的环境里去办一个学校。……他要适应他的特殊环境，也要改造他的特殊环境。[1]

在这里，与过去的伪知识生产相比，陶行知揭示了一种知

---

[1] 《中国师范教育建设论》，《陶行知全集》卷1，第641页。

识生产的新模式，即以乡村环境为基础，目的是改造乡村：一个特定的乡村环境（即乡村生活）→中心学校＋师范学校→改造特定乡村环境。陶也用图示解释了这一过程（参见图3-1）。在新的知识生产模式中，教师和乡村学生都会获得有关当地环境的知识，并以此改造环境。在下一节中我会提到，陶认为在这种新的知识生产模式下，相较学生和农民，乡村教师不会享有任何特权。

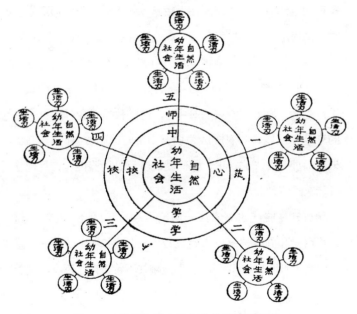

图3-1　陶行知的中国师范教育建设示意

说明（陶行知注）：自然社会里的幼年生活是中心学校之中心。中心学校是师范学校之中心。一、二、三、四、五，是师范毕业生办的学校。生活力代表师范毕业生所办学校培养之学生。

图片来源：《中国师范教育建设论》，《陶行知全集》卷1，第643页。

（四）培养新乡村教师

陶行知认为，在之前的教育体系（"学者"和"大师"）中，教师将自己与未受教育的人分隔开来，并认为自己要优于这些阶层。然而在陶的新乡村教育中，乡村教师应使自己适应当地的乡村环境，生产知识，为当地带来积极变化。为了成为这样的乡村教师，陶提出他们应与农民发展有机关系，甚至自己成为农民中的一员。

在陶行知看来，劳作能让人接触乡村生活。晓庄师范学校成立时，他提出乡村教师应具备"农夫的身手"。[1] 在学校宣传中，陶表示晓庄师范学校的申请者应具有"本地生活经验"。他还将"农活"列为学校入学考试的主要科目。[2] 乡村教师需要像农民一样工作生活，培养"农夫的身手"，这样教师就会了解农民生活中的难处和问题，与农民成为朋友，帮助他们解决问题。此外，如果教师拥有农夫的身手，他们就能够自己种植粮食，重视乡村生产和农民劳动。[3]

陶行知在晓庄过着农民一般的生活，在写给朋友的一封信中，称自己和同事"每日赤足或着草鞋"，在晓庄做农民"感受到了前所未有的自由和幸福"。[4] 但陶并不希望自己还有其他教师

---

[1]　《中国乡村教育运动之一斑》，《陶行知全集》卷 2，第 32—33 页。

[2]　《再论中国乡村教育之根本改造——在上海青年会的演讲》，也见《陶行知全集》卷 2，第 4 页。

[3]　《中国乡村教育运动之一斑》，《陶行知全集》卷 2，第 28—29 页。

[4]　Yusheng Yao, National Salvation through Education：Tao Xingzhi's Educational Radicalism, p.126.

和学生成为传统意义上的农民，而是期望新乡村教师成为规划和建设当地乡村的中间人。除了"农夫的身手"，乡村教师还应具有"科学思想"和"社会改造精神"，也就是应该"谦逊"、"好观察"且爱"尝试"。他们应致力于当地农业发展，对能提升农业工作效率的新发明都怀有浓厚的兴趣，专心向乡村村民传授科学知识，将科学思想引入农业活动和日常生活中，从而消除农民的传统宿命论。[1]

在陶行知看来，乡村中的真正成员不仅应尊重乡村生活，还要改善乡村生活，他们来自乡村，一切为了乡村。他坚信过农民生活比起书本知识能让人们更加了解乡村。从这个意义上讲，乡村教师并不比学生和农民优越。在晓庄师范学校的开学典礼上，陶向学生发表讲话，指出晓庄学校与普通学校的主要区别在于没有教师，只有指导员。他说：

> 本校只有指导员而无教师，我们相信没有专能教的老师，只有比较经验稍深或学识稍好的指导。所以农夫、村妇、渔人、樵夫都可以做我们的指导员，因为我们很有不及他们之处。我们认清了这两点，才能在广漠的乡村教育的路上前进。[2]

---

[1] 《中国乡村教育运动之一斑》，《陶行知全集》卷2，第28—29页。

[2] 陶行知：《在试验乡村示范学校开学典礼上的讲话》（1927年5月15日），收入杨效春《晓庄一岁》，上海儿童书局，1935；也见《陶行知全集》卷2，第10页。

六 组织乡村公共事务

（一）晓庄学校的三年发展计划

古代中国由地方士绅学者来组织乡村公共事务。随着科举制的废除、王朝时代的结束和国民革命期间的大众运动，地方乡绅在组织地方事务上失去了权力和威望。此外，因为以城市为中心的工业的发展和半殖民地资本主义的发展，农民从乡村迁移到了城市。[①] 在 20 世纪初期，旧乡村逐渐解体，与以城市为中心的工业发展和资本主义发展密切相关的新乡村正慢慢成形。

在晓庄，陶行知试图围绕中心学校建立一个自给自足的乡村。1928 年 3 月，即晓庄中心学校和师范学校成立一年后，陶行知起草了一个为期三年的学校发展计划，共包括七个标题："中心小学"、"中心幼稚园"、"学生"、"建筑"、"田地"、"教育设施"和"事业"。虽然在"中心小学"、"学生"和"教育设施"标题下的项目都与中心学校的发展有关，但其他四个标题下的项目都是乡村公共事务。例如，"建筑"项下列：预计于 1928—1929 年建成一所乡村澡堂、一所乡村幼儿园、一所用于展示农民手艺的博物馆、一所科学馆、一所乡村图书馆和一所乡村医院。"事业"项下列：计划修建从学校到当地寺庙的道路，同时建设村民聚集场所、民众运动场、民众戏台，甚至是消防队。该标题下还涉及开设村庄织布厂的项目，使用当地棉花生产袜子。在该项目中，

---

① Kathy Le Mons Walker, *Chinese Modernity and the Peasant Path: Semicolonialism in the Northern Yangzi Delta*, Pt.2.

建设工厂的同时还需修建道路，联通村庄与方圆五里内其他种植棉花、生产布料的村庄。[①]

以下将重点讨论陶行知有关建立乡村幼儿园和利用当地井水的实践。这两个例子表明，陶行知和晓庄学校的学生打算建立一个自强自治的乡村以应对乡村社会的瓦解。

（二）乡村幼儿园与为乡村妇女创造的新空间及其局限

历史学家指出，如清政府和国民政府一样的发展主体曾试图将妇女纳入其发展战略以促进农业和工业增长。他们认识到女工的重要性，认为女性没有为增长做出足够的贡献。[②]沃克在 20 世纪初期对长江三角洲南通的女性劳动者的研究表明，以父系家庭为基础的传统乡村经济正在衰败，其地位被新型乡村经济模式所取代，这种新模式与以城市为中心的市场经济密切相关，即妇女受雇成为农业劳动者和工厂工人。然而，这种新经济模式"复制"了父系家庭模式，女性仍然处于从属地位；尽管她们的劳动

---

① 在陶行知关于晓庄师范学校第一年情况的报告中，该计划以附文形式出现。参见陶行知《晓庄试验乡村师范的第一年》，《教育研究》1928 年第 4 期；也见《陶行知全集》卷 2，第 64—65 页。

② 见 Kathy Le Mons Walker, "Peasant Marginalization, and the Sexual Division of Labor in Early Twentieth-Century China: Women's Work in Nantong County," *Modern China*, 19/3 (1993):354-386; Rebecca E. Karl, "The Violence of the Everyday Life in the Early Twentieth-century China," in Joshua Goldstein and Yue Dong, eds., *Everyday Modernity in China*, Washington: University of Washington Press, 2006; Rebecca E. Karl, "Slavery, Citizenship and Gender in China's Late-Qing Global Context," in Peter Zarrow and Rebecca Karl, eds., *Rethinking the 1898 Reforms: Political and Cultural Change in Modern China*。

角色发生了变化，但在家庭中女性仍受男性控制，受婆婆监督。在那些女性劳动力是家庭生活收入的主要来源的地方，通常是由于男性掌控着商品的买卖和女性的收入，女性的劳动成果无从体现，趋于隐形。① 根据沃克的报告，在以城市为中心的经济模式中，乡村妇女正转为廉价劳动力，与此同时，她们在乡村家庭中也重新处于从属地位。

陶行知打算在晓庄为乡村妇女创造一个独立于家庭但仍处于乡村社会内的新的社会空间。他认为这些妇女是当地社会的成员，应该为当地社会自立自强做出贡献。他建立了乡村幼儿园和幼儿园师范学校，并鼓励乡村妇女成为幼儿园教师，将学校教育的重点放在她们所关心的问题上。尽管幼儿园项目为她们创造了新的空间和可能，但这些都建立在她们为人母的假设之上，或者均强调乡村妇女的母性。也就是说，在试图在家庭之外为乡村妇女创造这些空间和可能性的同时，陶仍强调妇女是乡村的生命创造者。因此，该幼儿园项目展现了陶行知试图帮助乡村妇女融入乡村发展之中，为乡村的自力更生做出贡献。

在晓庄，陶行知察觉到白日看护孩子加重了许多乡村妇女的负担，特别是在播种和收获季节，她们很难找到人帮自己照顾孩子。母亲们有时会把年龄较大的孩子从学校叫回来让他们照顾弟弟妹妹，有时母亲们则会来到学校请求教师在她们干农活时帮她

---

① Kathy Le Mons Walker, "Peasant Marginalization, and the Sexual Division of Labor in Early Twentieth-Century China: Women's Work in Nantong County," *Modern China*, 19/3 (1993):377.

们照看小孩。[①] 尽管陶看到了建立乡村幼儿园的必要性，但他也意识到，在 20 世纪 20 年代的中国，建立一个接收普通农民家庭子女的乡村幼儿园是前所未有的想法。陶行知在当时能意识到乡村幼儿园的稀缺性是正确的，数量极少的幼儿园或学前班都开设在城市里，均由私人开办，费用昂贵，只有富家子弟才能入学。孩子们由保姆陪同在学校待半天，只是在那里唱歌、跳舞、玩游戏。[②] 陶批评这些幼儿园是"贵族的、外国的、浪费的"，他表明晓庄的乡村幼儿园与城市幼儿园不同："倘若我们要办乡村幼稚园，非根本的把幼稚园变成平民的、中国的和省钱的不可。"[③] 1927 年 11 月，陶行知在晓庄建立了中国第一所乡村幼儿园，随后他准备在那里建立一所幼儿园师范学校，还打算在中国普及乡村幼儿园和幼儿园师范学校。[④]

　　在 1928 年提交给教育局的乡村幼儿园师范学校蓝图中，陶行知表明幼儿园项目将为乡村妇女在乡村提供新的社会空间，让她们承担起新的社会角色。[⑤] 他强调，这些妇女在乡村中没有适当的社会空间和社会角色，她们时常发现自己在乡村中教育无合适位置。结婚之后，她们经常待在家里，在田间劳动，或者去往

① 《中国乡村教育运动之一斑》，《陶行知全集》卷 2，第 32 页。
② Joseph Tobin, Yeh Hsueh, and Mayumi Karasawa, *Preschool in Three Cultures: China, Japan, and the United States*, New Haven: Yale University Press ,1989, p.114. 该书新版没有对该描述加以修改。参见 *Preschool in Three Cultures Revisited: China, Japan, and the United States*, Chicago: Chicago University Press, 2009。
③ 《中国乡村教育运动之一斑》，《陶行知全集》卷 2，第 32 页。
④ 《陶行知年表》，《陶行知全集》卷 2，第 928 页。
⑤ 陶行知:《推广乡村幼稚园案》,《全国教育报告》,上海商务印书馆, 1928; 也见《陶行知全集》卷 2，第 103 页。

城市。幼儿园及其附属师范学校将会把乡村妇女聚集到一起，教授她们有关乡村生活的知识。陶坚持认为妇女应对幼儿园项目负责，鼓励所有乡村妇女为项目出力，希望幼儿园教师以及项目涉及的其他工作能为她们创造新的职业，在中国为她们创造一个教育平台。[①] 在陶的论述中，他没有将普通乡村妇女与受过教育的精英村妇区分开来。这不是对女性劳动者的阶级分析，相反，陶关心的是幼儿园项目是否可以让农村妇女在乡村中成为积极的、建设性的一分子，无论她们是否接受过教育。

培养乡村妇女成为积极的、建设性的乡村成员是陶行知培养幼儿园教师的重点。他希望幼儿园师范学校能够让她们变得积极、自力更生，能够自行组织乡村妇女一起改造生活。然而，他强调学校须确保她们能成为高效的母亲，能够兼顾子女和家庭。在蓝图的第二部分，陶描述了乡村幼儿园教师的特点：他们应该培养"看护的身手"，成为"儿童的伴侣"，拥有"科学的头脑"，并成为"乡村妇女运动之导师"。[②] 陶强调，乡村幼儿园教育是发展"乡村妇女运动"的一种可行方式，将会给乡村妇女的生活和当地乡村带来改变。他说："乡村幼稚园是乡村妇女运动之惟一的中心，要想彻底去干乡村妇女运动，非从乡村幼稚园入手便不能成功。"[③] 因此，在陶试图在家庭以外为乡村妇女创造空间和可能性的同时，他仍强调女性是乡村生命的创造者。该乡村幼儿园项

---

① 《中国乡村教育运动之一斑》，《陶行知全集》卷 2，第 35—36 页。
② 陶行知：《试验乡村教育学校幼稚师范院简章》，《全国教育报告》；也见《陶行知全集》卷 2，第 106 页。
③ 《推广乡村幼稚园案》，《陶行知全集》卷 2，第 103 页。

目表明陶尝试将乡村妇女及其劳动成果纳入乡村发展之中，让她们为乡村的自力更生做出贡献。

（三）"和平学院吃水事件"和农民对乡村日常生活改造的参与

另一个可以检验陶行知的通过教育重建乡村社会的例子是1929年夏季的"和平学院吃水事件"，这一事件表明陶的新教育对农民参与日常生活讨论和改造大为支持。

和平门小学是陶行知和晓庄师范学校的学生建立的中心学校之一。由于村庄在夏天常受干旱困扰，学校决定挖一口井，村民和学校都从中取水。1929 年，村庄遭遇严重干旱，尽管每天井中只有一定量的水，全村村民仍去这口井取水。为了确保能够打到水，一些村民早早起床，在井旁等待井水上涌，有些人取水量超出其当日用水量，就将剩下的储存起来以备不时之需。越来越多的村民打不到水，于是他们之间爆发了冲突，有时甚至拳脚相向。更糟糕的是，因为村民不断打水，井很快干涸了，结果数十名村民围着井，等待井水涌出。最终，挖井的和平门小学自身也无法获得足够的水了。

吃水问题成为小学和村民讨论的焦点。陶和晓庄的同事组织了一次村民大会来解决这个问题。陶将会议定于晚上五点，确保每个家庭至少有一名代表参加，如果大人不能前来，可以让家中10 岁以上的儿童替他们参加。[1] 大会按时开始，共有 67 名村民参

---

[1] 陶行知：《和平门的村民大会》，《乡教丛讯》第 2 卷第 19 期，1929 年；也见《陶行知全集》卷 2，第 170 页。

加。和平门小学的一名青年乡村学生被村民任命为大会主席，负责组织会议，陶和几个学生在村民中组成了咨询委员会，协助主席主持会议。[①] 会议通过了一系列水井管理的方案：

（1）……自下午七时至上午五时，不许取水，违者罚洋一元充修井之用；

（2）每次取水，先到先取，后到后取，违者罚小洋陆角，充修井之用；

（3）公推刘君世厚为监察员，负执行处分之责；

（4）公推雷老先生为开井委员长，筹款加开一井。茶馆、豆腐店应多出款。富户劝其多出。于最短时间内由村民团结的力量将井开成。[②]

陶行知在他的著作中多次提到这一事件（特别是此次村庄大会）的细节。从他对这一事件的描述中可以发现，陶要求农民参与解决他们所关心的问题（如吃水问题）。

第一，陶指出不应该只通过让乡村中心学校挖井来帮助农民在夏季干旱中存活下来，还应让农民自己参与解决井水问题。当村民之间发生冲突时，甚至当作为挖井人的学校也无法获得足够的井水时，一些学生建议学校控制井的使用并限制取水量，还有学生建议学校禁止村民从井中取水。[③] 陶认为这两条建议都"违

---

① 《和平门的村民大会》，《陶行知全集》卷2，第170页。
② 《和平门的村民大会》，《陶行知全集》卷2，第170页。
③ 《和平门的村民大会》，《陶行知全集》卷2，第169—170页。

背"了乡村生活教育的原则——开井是为了帮助村民解决他们遇到的问题，而乡村教育是为了培养农民解决问题的能力（诸如吃水问题）。[1]他认为"我们的惟一办法是开一个村民大会，由大家来共同解决这个问题，共同来做一个解决吃水问题教学做"。[2]

第二，陶强调，如果中心学校以民众切身关心的问题为中心，便可以吸引村民参与。[3]他说，"不要以为老太婆、小孩不可训练，只要有法子，只要能从他们迫切的问题着手"就行。[4]陶指出，吃水问题是整个村庄最为关心的问题，甚至十几岁的孩子和老太太也参加了会议。那些通常忽视乡村教育的老太太在大会上也做了发言，他对其中的某些人能够"最扼要"地表达其忧虑印象深刻。[5]

第三，陶建议，在有关农民生活问题的教育中，乡村教师不应该替农民解决问题，而应该引导农民自己治理。他相信，在乡村教师的适当指导下，村民能在关乎自身的事情上自治。陶指出在会议期间，村民都试图表达自己的担忧并提出相应的解决方案。他特别描述了这样一个场景：大会开始时，所有人都同时说话，大会一团乱，大家都听不清楚。为使会议有序进行，委员会建议上个人发言结束后下个人才能讲话。后来陶观察到，一位女

---

[1]　《和平门的村民大会》，《陶行知全集》卷 2，第 170 页。

[2]　《和平门的村民大会》，《陶行知全集》第 2 卷，第 170 页。

[3]　陶行知：《大众的力量伟大》，《普及教育》，儿童书局，1934；也见《陶行知全集》卷 2，第 716 页。

[4]　《生活即教育》，《陶行知全集》卷 2，第 187 页。

[5]　《生活即教育》，《陶行知全集》卷 2，第 187 页。同样的段落还出现在《大众的力量伟大》，《陶行知全集》卷 2，第 716 页。

村民很渴望表达自己的想法，总想要站起来打断别人，当她站起来时，坐在她旁边的村民马上轻轻推她，提醒她会场规则，之后这位女村民很快就坐了下来。① 陶认为该场景表明村民能够在关乎自身的问题上相互教导、相互管理。

同时，陶行知还主张村民有能力进行自治，且认识到咨询委员会在这一过程中发挥了重要作用。他指出在会议开始时，民众推选的少年主席没能掌控会场秩序，之后在咨询委员会的帮助下大会有序进行。正如陶所说，"培养乡村村民必须有指导。和平门的吃水问题，倘无相当指导，可以〔能？〕再过四五十年还没有解决"。② 但他认为，真正的乡村教育应该让村民自行找到解决方案，乡村教师只应扮演"顾问"角色，而不是成为决策者。③ 因此，他坚持认为解决方案不应由乡村教师提出，而是"陪着民众一起干"。④

总而言之，在陶行知看来，乡村教育或知识生产不仅应关注农民的日常生活，还要将农民自身纳入知识生产中，为乡村教育创造力量，赋予其意义。他将讨论这一事件的文章起名为《大众的力量伟大》，并得出结论："公众的力量，比学校或任何少数人的团体的力量要大得多。假使单由学校发号施令，则社会了解的人少，而且感情将由此分离。"⑤

陶行知的幼儿园项目和他对此事的讨论表明，他把知识生产

① 《大众的力量伟大》，《陶行知全集》卷 2，第 716 页。
② 《大众的力量伟大》，《陶行知全集》卷 2，第 717 页。
③ 《大众的力量伟大》，《陶行知全集》卷 2，第 716 页。
④ 《大众的力量伟大》，《陶行知全集》卷 2，第 717 页。
⑤ 《大众的力量伟大》，《陶行知全集》卷 2，第 717 页。

的关注点放在普通村民的经验上，试图让农民变成乡村中有自我
意识的一分子。有关幼儿园项目的论述体现出，只有当乡村妇女
为乡村自立出力时才能为她们创造新的空间和机会。与建立中心
学校类似，陶试图通过重整乡村公共事务促进乡村向自力更生的
方向发展。

七　重新组织乡村生产，展望新机器文化

（一）"让农民成为农业生产的先锋"

陶行知认为要想给乡村和农民生活带来根本性变化，应重新
整顿农业生产，让农民和乡村生活从中获益。在晓庄，陶注意到
以城市为中心的商品生产逐渐破坏了乡村社会，在这个过程中，
农民失去了对劳动价值的控制，进而乡村社会也受到压迫。陶提
出一种通过乡村教育来组织农业生产的新方式。

他在一篇题为《如何教农民出头》的文章中讨论了新商品生
产对晓庄农民和乡村社会的负面影响。陶行知指出，虽然农民整
年辛勤劳动，但从他们收割棉花之时便"失去了对棉花的控制"，
在随后的商品交换中越来越受压迫。[1]中间人和棉花厂都向卖棉
花的农民收取费用。更糟糕的是，市场上棉制品（如衣服）的售
价远高于农民出售棉花的价格。因此他得出结论，农民受到来自
中间商、棉花厂和商品市场三方的剥削。

陶行知说，农业生产应该由农民"带头"，让他们掌控重整

---

[1]　陶行知：《如何教农民出头》，《乡教丛讯》第 1 卷第 16 期，1927 年；也见《陶行知全集》卷 2，第 19 页。

过程。①他建议，江苏省500万户家庭中每人应捐洋一元，用于建立农民棉花精炼厂、棉织物厂和棉制品出售商店的共同基金。农民种植的棉花将进入工厂中，在那里农民是工厂股东。这样一来，农民将控制农业生产，甚至是棉产品价格。②

但是，陶行知也意识到新型农业生产重整不仅是经济问题，也是农民的组织问题。他指出这次重组的真正问题是"如何可以从农民的荷包里掏出一元钱来做股东？"③在他看来，这正是乡村教育和教师的任务。乡村教育应帮助农民更好地了解自己的生活，更好地解决问题。乡村教育和教师是农民资本聚集的媒介。④

（二）"工学团"与陶行知对一个自立自足的团结的乡村的文学叙述

陶行知在20世纪30年代初提出了一种新的生活教育模式，即"工学团"。他希望，"工学团"的发展同时意味着建设新乡村学校、新乡村社会、新乡村农业生产方式。他认为这是乡村教育的理想模式，将农业生产、乡村日常生活和知识学习结合起来。在他看来，工学团将帮助中国乡村发展成自立自足的团结的乡村。正如陶所说：

> 乡村工学团是一个小工厂，一个小学校，一个小社会。

---

① 《如何教农民出头》，《陶行知全集》卷2，第19页。
② 《如何教农民出头》，《陶行知全集》卷2，第19页。
③ 《如何教农民出头》，《陶行知全集》卷2，第20页。
④ 《如何教农民出头》，《陶行知全集》卷2，第19页。

在这里面包含着生产的意义，长进的意义，平等互助自卫卫人的意义。它是将工厂、学校、社会，打成一片，产生了一个改造乡村的富有生活力的新细胞。①

陶行知根据自己在晓庄的经历写了一部中篇小说。文中他第一次系统地揭示了自己关于"工学团"的观念。国民政府在晓庄学校成立三年后，即1930年4月将学校查封，称晓庄学院和当地军阀结盟，庇护共产党党员学生，并将陶列为通缉犯。②陶在躲避国民政府搜捕期间写了这部中篇小说，以小说形式呈现可能是为了避免政府的审查。

这部中篇小说题为《古庙敲钟录》，于1932年5月21日至8月15日在《申报》上刊登。故事发生的村庄以匿名方式出现，暗示同样的教育方案和故事可以放到中国的任何一个村庄中。甚至叙事者也没有姓名，只在工作之后才得名"钟儿"，意为敲钟人。钟儿是一名当地村民，从小无父无母，十六岁在一座老旧的村庄佛寺中负责敲钟。后来他成了村中心学校的学生，成为村民与乡村学校的中间人。故事中，朱老师是陶乡村教育思想的践

---

① 陶行知：《乡村工学团试验初步计划说明书》，马侣贤、戴自俺编《山海工学团》，上海儿童书局，1934；也见《陶行知全集》卷2，第593页。

② 与当时中国其他的乡村地区一样，晓庄受抢劫影响，一名村民的孩子在1928年夏天遭绑架，随后遇害。刘季平是陶行知晓庄师范学校的学生之一，于1929年8月组织了"村民自卫团"，该自卫团由大约100名学生和村民组成。刘季平后来加入中国共产党。陶也得到了当地军阀冯玉祥的帮助，其军队驻扎在附近，帮助训练自卫团。后自卫团击败土匪，成为当地警察部队，搜查并关闭了当地的鸦片窝点和赌场。国民党称晓庄学校与冯玉祥勾结，由此关闭了学校。见陶行知《护校宣言》，《京报》1930年5月17日；也见《陶行知全集》卷2，第219—222页。

行者。像现实生活中的陶一样，虚构人物朱接受过儒家思想教育，也在城市中的现代师范学校上过学，然而他对两种教育体系都持批评态度。在村里，朱开始探索新的教育。

故事中，朱老师的经历也就是陶在晓庄的经历：乡村农业生产被商品生产所抑制，陶想让农业生产掌控在农民手中。不仅如此，朱说"工学团"应该成为一种普遍的社会组织模式，家庭、工厂、军队和其他社会组织都应变成"工学团"。他进一步指出，在"工学团"广泛建立之前，中国乡村和乡村农业是培养它的理想空间。例如，钟儿指出，工学团很难在工厂、商店和其他社会机构中发展，尤其是在中国城市中尤为艰难。普通工厂工人每天工作12个多小时，他们常常筋疲力尽，没有时间学习并"取得进步"。而且工人很难进行"互助"，因为他们通常无法挣足够多的钱来养活自己。此外，监督工人也会让他们难以把时间花在非工作事项上，城市中平民教育的最大障碍便是店主和雇主。他质疑道："他们既反对平民教育，难道偏要欢迎工学团吗？"①

朱老师同意钟儿的批评，他强调现在的中国乡村和乡村农业是一个"新世界"，可以在工学团广泛传播之前作为培育它的摇篮。②他指出，儒家教育体系瓦解后，中国乡村尚未建立起新的教育体系。而且，由于家庭作坊的存在，农民和乡村经济还没有完全融入商品生产中。

在故事中，朱老师还表示"工学团"可以创造一种新经济，让农民看到从传统农业生产到工业生产的过渡。朱在与唐博士的

①　《古庙敲钟录》，《陶行知全集》卷2，第560页。
②　《古庙敲钟录》，《陶行知全集》卷2，第561页。

辩论中提出了这一观点。唐是一位经济学家，正在参观古代寺庙和棉花工学团，他讽刺传统工坊在"机器生产"时代"思想落后"。唐说，"现在是一个机器的世界。机器做出来的东西是价廉物美，决不是手工艺所能和它竞争"。他认为，朱老师和乡村学校应该帮助农民向国外学习，了解"最先进的机器"。[①]

朱老师在答复中首先指出了中国现代机械工业发展的不平衡。他认为，如果现代机器生产完全取代传统作坊和农业生产，农民和农业将受到掌握机械生产和新技术的人的压迫。为解释其观点，朱以中国新发展起来的印刷业为例，指出行业要想兴起，工人需要学习造林、制纸、冶钢甚至做印刷机。如果不学这些，工人则要向拥有该技术和技能的人低头。相比之下，朱指出古庙棉花工学团能够生产棉花、衣服等各类商品。

虽然朱认为高效生产能创造更多财富，但他认为不应因生产效率较低而关闭传统作坊。在过去，农民无法控制以城市为中心的机械化商品生产，但当下在传统作坊的基础上重组生产，可确保农民掌握着农业生产。他建议棉花种植区的人们进行合作，巩固生产关系，打造连接种棉、纺纱、织布、做衣的"联合战线"。朱认为联合战线将绕过中间商，降低运输成本，让棉花种植区的人们控制棉花的生产和销售，以免农民和农业生产在经济危机期间受棉产品贬值的影响。朱说道：

> 我们不是单独提倡手工纺纱以与机器纺纱奋斗。如果我

---

① 《古庙敲钟录》，《陶行知全集》卷2，第570页。

们是那样干法，自然要失败无疑。我们所主张的乃是棉业整个生产过程之联合战线。从棉花、纺纱、织布一直到做衣服，统统是抓在棉花区域的人民的手里……产棉区域整个生产过程之联合战线是有胜利之可能。种棉花不卖，省掉棉花运费，免除棉商剥削；纺纱又不卖，省掉棉纱运费，免除布厂剥削；织布自己穿，省掉棉布运费，免除布商剥削；并通盘计算产棉区域外的消费量，酌定产布余额以应需要而免过剩。[①]

最后，朱老师在回答唐博士时强调，这种联合战线并不是反对现代机械化生产和高生产力，相反，它反对的是机器生产所产生的奴役文化。唐博士认为，"弗得主义"将提高乡村棉花生产力。对他来说，弗得主义意味着采用生产线和劳动分工（他总结为"一个人一个动作"）。[②]然而，朱老师反驳了唐的看法，指出它与生活教育和工学团的原则相矛盾。朱认为弗得主义扭转了人与生产之间的关系，将人变成机器生产的牺牲品。正如他所说，"前人制造机器，全副的目光都放在生产上，生产得愈多、愈快、愈好，便可算是一架尽善尽美的机器。他把用机器的工人完全忽略了"。[③]

朱指出，工学团引进了最先进的棉花种植方法。与此同时，它在纺纱、编织和制衣过程中使用传统工艺，并寻找提高生产率的方法。重要的是，朱老师提出了"新机器主义"，要创造一个

---

① 《古庙敲钟录》，《陶行知全集》卷2，第573页。
② 《古庙敲钟录》，《陶行知全集》卷2，第574页。
③ 《古庙敲钟录》，《陶行知全集》卷2，第575页。

"合理的人间"。① 科学家们应该把注意力转移到"工人"身上，并且"要造人用的机器，不造奴人的机器"，"要造养人的机器，不造灭人的机器"。机器的最终目标应该是"使得用它们做工的人可以乐在其中"。朱带着对未来世界的诗意展望结束了与唐博士的对话：

> 未来的世界里只有这人生中心的新机器可以存在。一切奴人、害人、灭人的机器都要敲得粉碎，放在火炉里重新造出那些人生中心的新机器来……它不想把人间造成天堂；它不会把人间造成地狱；它的使命是把一个不合理的人间，造成一个合理的人间罢了。这便是我们要实现的新机器主义。②

通过提出一个能重组乡村农业生产的工学团，陶打算建立一个自立自足的团结的乡村来应对以城市为中心的机器生产。对他来说，从传统农业生产向现代机械生产的转变不仅是一个技术问题，还是一个社会组织问题，而解决该问题需要新教育。

小　结

本章探讨了陶行知如何在全球和地方工业化及资本主义扩张的背景下对导师约翰·杜威的思想进行革新。在此情形下，陶感受到农民和工人所遭受的压迫，批评了以城市为中心的工业化和

---

① 《古庙敲钟录》，《陶行知全集》卷2，第575页。
② 《古庙敲钟录》，《陶行知全集》卷2，第575页。

利益驱动的资本主义生产。与中国共产党或国民党的分析思路不同，他是在工业和资本主义发展的背景下分析民主思想，并对其发展持批判性态度，因为这将使工人和农民受到压迫。他在晓庄发起了"教育革命"，主要致力于建设一个自给自足的乡村，将农民和乡村资源留在乡村中，远离以城市为中心的工业化。

陶行知的乡村教育计划于 1930 年在国民党政府的干涉下被迫停止，但其教育实践和思想对晓庄的学生影响深远。马克思主义教育家刘季平是陶行知在晓庄的农民学生之一。刘成为陶行知教育理念的追随者，其后在中国各地建立学校，组织社会运动。1928 年，方与严和晓庄的另外两名学生在浙江乡村开设了一所以晓庄学校为蓝本的师范学校，直到日本侵华才被迫关闭。[1] 1929 年，陶的三名学生在江苏乡村开设了新安小学。[2] 陶在晓庄经历了农民破产和农业凋敝，20 世纪 20 年代末 30 年代初的世界经济危机更是使其雪上加霜。国民政府关闭晓庄学校后，陶逃往日本，再次目睹了经济危机对工人和农民的影响。在世界经济危机和帝国主义扩张的背景下，陶开始重新思考其生活教育理念。

---

① 方与严：《乡村教育》，大华书局，1934。
② 新安小学旅行团：《我们的旅行记》，儿童书局，1935。

第四章
从生活教育到大众教育

新式教育不仅是陶行知为了解决中国农村问题所提出的方案，也是他对 20 世纪 30 年代日本帝国主义侵略战争的回应。1931 年，日本入侵中国东北，并在此后十年内不断将势力深入中国华北地区。日本军队同时南下，于 1932 年对上海进行了毁灭性轰炸。此次轰炸促使中国国民政府与日方在 1933 年设立了塘沽停战线，由此，国民政府实际上已非正式地承认了日军对中国东北的控制权及其在华北地区的影响力。即便如此，日军南下的侵略进程并没有停止。至 1937 年 12 月初，他们已接近中华民国首都南京。国民政府决定放弃南京并撤军西南。而在其撤离后的六周内，至少有 30 万名手无寸铁的平民遭日军残忍杀害。①

国民党政府查封了晓庄学校后，陶行知逃往日本。在那里，他目睹了资本主义经济危机对工人和农民的影响，并发现这与他在中国所见类似。他还了解到在美国和德国等工业化国家有大量

① 　关于 1931—1936 年日军入侵中国行军路线，见 Peter Zarrow, *China in War and Revolution, 1895–1949*, p.268。

工人下岗。1931 年，他撰写了一篇长文分析这场全球性经济危机，并将其与同时期的国际战争联系起来。[1] 陶认为，经济萧条和战争都是以城市为基础的无政府资本主义生产所导致的劳动和社会问题的延续；这些问题在 20 世纪 30 年代日益成为全球性问题，需要找到一个世界范围内的解决方案。针对这个问题，陶提出大众教育，即聚焦于建立一个由工人、农民和饱受经济萧条和战争之苦的大众所组成的反战联盟。他强调要重新构建新的交流方式，促进大众间的沟通。他主张通过建立反战联盟和促进包容性的交流而非推翻资本主义生产关系来避免资本主义经济危机及其引发的战争。

在发表于 1931 年的这篇文章中，陶行知首先关注到 20 世纪全世界的"无政府的经济制度"（anarchic economic system）。[2] 发生于工业化国家中的工厂生产过剩引发了这场危机，随后通过"全球金融体系"蔓延到世界各处并演变为不同形式。正如他所指出的，在其他国家，这场危机表现为通货紧缩和物价下跌，而在中国则表现为通货膨胀和物价上涨。[3] 除此之外，陶还指出发生在工业化国家和不发达国家的危机的共同点是工人和农民最受

---

[1] 　陶行知：《中华民族之出路与中国教育之出路》，《中华教育界》第 19 卷第 3 期，1937 年；也见《陶行知全集》卷 2，第 246—287 页。该文写于陶行知从日本归国后。又见 Yusheng Yao, National Salvation through Education: Tao Xingzhi's Educational Radicalism, Chap.3. 关于中国经济危机，见 Tomoko Shiroyama, *China during the Great Depression: Market, State, and the World Economy, 1929–1937*, Cambridge, Mass: Harvard University Press, 2008。

[2] 　《中华民族之出路与中国教育之出路》，《陶行知全集》卷 2，第 284 页。

[3] 　见 Tomoko Shiroyama, *China during the Great Depression: Market, State, and the World Economy, 1929–1937*。

其害。他了解到德国工厂中有大量工人下岗，也为美国这个世界上最富有的国家竟存在大规模失业现象感到震惊。正如他所说，"但是美国以世界最富之国，而竟有如许无工可做之人，亦足以促他们反省此种状态之不合理吧！"[1]

随后，陶行知指出 20 世纪 30 年代世界存在自然资源和市场分布不均现象，并认为在经济危机期间，这种分布不均常常导致"民族竞争"（nationalist competition），这在 20 世纪 30 年代发生的国际战争中同样可以看到。陶行知比较了 20 世纪初美国、加拿大、澳大利亚、巴西、日本、德国和法国的"已耕地""未开垦地""人口增长率""生产率"的数值，指出这些国家间存在资源分配不均现象，尤其注意指出了日本的情况。他不仅提到日本存在的土地集约化和人口增长问题，还比较了日本和加拿大两国因国情不同而形成的极大反差，即加拿大的领土是日本的 23 倍，人口却不到日本的 1/7。[2]

但是，陶行知对日本政府当时在推行的中央集权国家主义政治感到不满。在他看来，日本政客正在发动一场只有利于日本和无政府生产的战争，而此类战争只会延续或加剧资源分配不均的状况。而且，他认为工人和农民就是这些民族主义战争的牺牲品。在 20 世纪 30 年代的日本，大量的工人和农民在荒谬的国际战争和经济危机中被牺牲。[3]

陶行知更进一步地表明，尽管日本的人口过剩问题亟待解

---

① 《中华民族之出路与中国教育之出路》，《陶行知全集》卷 2，第 285 页。
② 《中华民族之出路与中国教育之出路》，《陶行知全集》卷 2，第 274—281 页。
③ 《中华民族之出路与中国教育之出路》，《陶行知全集》卷 2，第 281 页。

决，但这个问题似乎只在资本主义生产体系中才显得重要。在他看来，经济增长同人口增长关系失衡只是造成 20 世纪全球人口问题的其中一个因素。正是由于资本主义生产和国际竞争的存在，人口过剩才成为一个问题。他认为此种人口政治学不仅使资本主义生产得以延续，而且还将工人和农民大众"民族化"，将一国之民众与世界上其他国家的民众隔离开来，而让其成为国际竞争与战争中牺牲品。正如他所说：

> 全世界的农人应一致实行少生主义，因为孩子生得多，足以叫你们破产。如果大家都生得太多，必定要因争吃而打仗，那么你们的孩子便成了炮子的活靶子。全世界的工人们也应该一致实行少生主义，因人多起竞争，资本家便乘机降低工资，并可以叫各民族的工人不和。你们看，美国工人反对日工，日本工人反对华工，俄国工人去年反对德工，暗中都是因为这人口太多在那儿作怪。[①]

我同意有历史学家认为陶行知是马尔萨斯主义者的观点，但需要注意的是，陶对人口问题的分析与他在此期间对国际战争和资本主义生产的论断密切相关。[②]

由此陶认为日本帝国主义在东亚的扩张是与无政府的资本主

---

① 《中华民族之出路与中国教育之出路》，《陶行知全集》卷 2，第 283 页。

② 如 Yusheng Yao, National Salvation through Education: Tao Xingzhi's Educational Radicalism, pp.158-162. 事实上，陶针对他是马尔萨斯主义者这一指责写了一篇文章回应。用陶的说话，这是对其文章的"片面"解读。

义生产和集权国家主义政治息息相关。农民和工人是为经济危机和国际战争而牺牲的主要群体。他提出大众教育能够将所有遭受无政府的资本主义生产和国际竞争压迫与欺骗的农民和工人大众联合起来。正如他在发表于 1936 年的《大众教育与民族解放运动》一文中所说的那样：

> 为什么要大众教育？中国是遇着空前的国难。这严重的国难，小众已经解决不了，大众必得起来担负救国的责任而中国才可以救。我们的"友邦"要取得辽宁的铁、山西的煤、吉林的森林、华北的棉田、福建的根据地，以及全国的富源，并不是安分守己的做一个富家翁享享福就算了事。他是要叫我们四万万五千万人做亡国奴——做他的奴隶……只须大众觉悟起来，不愿做亡国奴，与其拿生命来做敌人的肉炮弹，不如拿生命来争取整个民族的自由平等，我们的国难就必然的解决了。但是中国的大众受了小众的压迫剥削，从来没有时间、金钱、机会去把自己和民族的问题彻底的相通。加上了几千年的麻醉作用，他们遇到灾难，会武断的说是命该如此。我们要一种正确的教育来引导大众去冲破命定的迷信，揭开麻醉的面具，找出灾难的线索，感觉本身力量的伟大，以粉碎敌人之侵略阴谋，把一个垂危的祖国变成一个自由平等的乐土。[①]

---

① 陶行知：《大众教育与民族解放运动》，《大众教育》第 3 卷第 6 期，1936 年；也见《陶行知全集》卷 3，第 61 页。

在此期间，陶行知不仅促进了自主乡村团体的发展，还推动所有饱受压迫的大众发展"互助"社会。尽管此前他也一直在推动农村生产合作，但在这一时期所提出的互助社会其实暗含了解决无政府的资本主义生产和民族国家自然资源分配不均问题的改良主义方案，这种互助社会是要限制在工人和农民间通过话语和文化活动进行交流。除了将工厂、学校和社会结合起来的"乡村工学团"外，他还提出了文化形态的再创造，包括口头演讲、书面语言、文学、音乐和儒家经典。他坚持认为文化应该是社会化和社会组织的一种手段，由少数人掌握并创造，可以团结受到压迫的大众。下文将集中讨论陶行知对这些文化形态的再创造。

一　大众的日常生活与"大众教育"的提出

陶行知认为，民族解放与中国大众的日常生活密不可分。1935年，陶行知因提出不仅工人是救国事业的参与者，民族解放运动更是一场工人为努力争取自我解放而斗争的观点而受到关注。1935年12月21日，陶行知参加了上海各界救国联合会筹备会议，发表了简短的演讲，鼓励女工参加救国统一战线。该演讲引起了当地记者的关注，并在第二天便撰写了相关报道。一家报社对陶的演讲解读如下："陶先生又劝导各女工友踊跃加入妇女救国会，从事救国工作；国有救了，然后个人生活才有优裕的希望。"[①] 因此，该报作者认为个人应该为民族解放做出牺牲，民族

---

① 陶行知：《民族解放与大众解放》，《生活教育》第3卷第8期，1936年；也见《陶行知全集》卷3，第82页。

解放先于个人解放。

　　然而陶行知指出报社曲解了他的讲话。他表示此种曲解将工人解放与民族解放割裂开来，是存在问题的。但是在涉及工人生活及工人与民族解放事业的关系的讨论中，此种割裂成了"普遍"现象。① 由于这些言论的盛行，他认为有必要写文章回应这一曲解。在题为《民族解放与大众解放》的文章中他指出，"这些人以为民族解放运动是可以单独干的；他们以为不必解放大众就可以得到民族解放；他们还以为民族解放之后，大众就自然会得到解放，这都是一些似是而非的理论"。②

　　为驳斥这一曲解，陶行知首先提出救国事业只有依靠大众的力量才能成功，并且指出工人（无论男女）才是"主力军"。③ 他认为长时间的劳动构成了工人的日常生活，贫困使他们饱受摧残，应该使救国运动成为他们的头等大事。他说："工作时间太长，连民族危机也没有功夫认识清楚，如何可以干的起劲？工钱太少，妻子儿女挨饿受冻，自顾不暇，又如何可以起劲的干？因此，大众必须解放自己以求民族之解放。"④ 他强调，民族解放所需的新式文化和教育必须与工人的劳动和日常生活联系起来。

　　陶行知鼓励工人（无论男女）自主建立并加入救国会，以便认识到民族解放对其生活的意义。他进一步告诫工人，他们必须意识到自己所遭受到的社会经济压迫促使了日本帝国主义的入

---

①　《民族解放与大众解放》，《陶行知全集》卷 3，第 82—83 页。
②　《民族解放与大众解放》，《陶行知全集》卷 3，第 82 页。
③　《民族解放与大众解放》，《陶行知全集》卷 3，第 83 页。
④　《民族解放与大众解放》，《陶行知全集》卷 3，第 83 页。

侵，而日本帝国主义将会进一步把工人从"非人的生活"推入完全"没有日子过了"的境地。他注意到在抚顺的日本矿场和上海工厂中劳动的工人的生活条件，称他们就是过着"非人的生活"。在文章结尾中，他重申并总结道，"民族解放与大众解放是一个不可分开的大革命"。[1]

虽然陶行知称殖民主义的压迫使中国大众"没有日子过了"，但他同样认为工厂工人等群体无法自然而然地正确认识到他们的日常生活与国难间的联系。即使人们对二者的联系有所感知，他也意识到这种感知并不一定会发展为强大的集体意识，有效地推动其解放。在陶行知自己编写并于 1936 年出版的《中国大众教育问题》文集中，他系统记载了自己有关大众教育的主张。书中的 12 篇文章写于 1934 年至 1936 年间，并先后在刊物上发表。[2] 事实上，前面的大段引文是文集的开篇，节选自第一章。本章余下有关大众教育和大众文化的论述将围绕这一主题展开。下面是《中国大众教育问题》的目录：

中国的大众教育问题

一　中国大众教育概论

二　大众的国灾教育方案

三　大众的国灾教育之特质

四　新大学——大众的大学

五　怎样做大众的教师

---

① 《民族解放与大众解放》，《陶行知全集》卷 3，第 83 页。

② 陶行知：《中国大众教育问题》，新北京出版社，1950。

六　怎样才可以做一个前进的青年大众

七　文化解放

八　大众歌曲与大众唱歌团

九　大众的文字

十　怎样写大众文

十一　大众画报

十二　大众的流通图书馆

对陶行知来说，大众教育应被设想成一种"文化解放"；在国家危难之时，它应推动"大众文化"的出现。在文集中，陶思考了一系列在 20 世纪 30 年代中国国难时有关文化的基本问题，其中包括"什么是文化"、"对谁解放"、"认识上的解放"、"工具上的解放"、"方法的解放"、"组织上的解放"、"时间上的解放"、"新文化创造的解放"和"怎样取得文化解放"。①

陶行知认为大众是并且应该是"文化的创造者"。②他称口头语言和书面文字都起源于"劳动"，然而在此之前，文化创造归功于"圣人"，在现代社会中，工人对文化创造所做的大量贡献被少数群体所夺走，后者声称自己是唯一的创造者。③因此，陶提出大众作为文化的真正创造者，应将文化从少数知识分子的手中收回，20 世纪 30 年代中国的文化解放正将文化形式（如语

---

① 陶行知:《文化解放》,《生活日报·星期增刊》第 1 卷第 2 期, 1936 年; 也见《陶行知全集》卷 3, 第 75—80 页; 后来成为陶行知《中国大众教育问题》中的一章。

② 《文化解放》,《陶行知全集》卷 3, 第 76 页。

③ 《文化解放》,《陶行知全集》卷 3, 第 76 页。

言、知识和歌曲）交还给大众，大众将利用这些途径创造属于自己的文化。正如陶所说：

> 大众是文化的创造者。最初连语言文字都是从劳动中产生出来的。从哼呀哼呀的呼声里发现了语言，这是不可否认的事实。在树皮上面游猎的路线是文字起源之一。石斧、石刀、种地、造房子不是什么圣人发明的，乃是许多劳苦大众一点一点的积起来的贡献。近代工人对于发明上千千万万的贡献都给科学家偷了去写在自己的帐上。文化是大众所创造的。文化是被小众所独占。现在应该将文化从小众的手里解放出来。创造文化的大众应该享受创造的结果。文化是无疑的要对大众解放，使整个文化成为大众的文化。现在的文化解放运动可以说是大众文化运动。①

其后，陶行知对只有国家实现政治和经济独立之后才有可能产生大众文化这一观念表示不认同。相反，他认为文化可以成为思想和意识形态斗争中的"武器"，"这武器必定要解放出来，给大众抓住，然后民族大众的解放才有很快的发展"。②

陶行知在文集的后半部分提出了大众教育并倡导大众文化。文集中的主题包括"大众的大学""大众歌曲与大众唱歌团""大众文字""怎样写大众文""大众画报""大众的流通图书馆"，这些都是文集最后几章的标题。之所以提出这些主题，陶是希望能

---

① 《文化解放》，《陶行知全集》卷3，第76页。
② 《文化解放》，《陶行知全集》卷3，第76页。

通过一种方式重新构造文化传播途径（语言、文字、文章、歌曲和儒家经典），让大众得以表达自我、相互交流。以下三小节详细探究了陶行知有关大众文字和文章创作、大众歌曲创作和大众唱歌团组织以及对儒家经典的修正的论述。他在文集和同期其他文章中都大量探讨了这些论题。

二 创造"大众文字"和"大众文学"

（一）大众的日常生活与"言文一致"

"言文一致"是中国近代史中语言问题的核心。中国知识分子关于该问题的争论已超出了有效沟通中需要解决的专业问题的范畴。他们还强调了不同语言改革方案所反映的不同文化政治理念。文学家柄谷行人指出，"语音中心主义"（适应口头语言的书面文字）是现代民族国家形成历史中的普遍主题。① 最近一项关于五四文学革命的研究与柄谷行人的观点一致，它称中国"只不过是抛弃了更具声望的传统的文言，而选择了白话文作为民族国家语言并将其标准化"，"这一过程与早期现代欧洲历史上从拉丁语到意大利语的转变相似，世界上也有其他类似的案例"。② 晚清时期中日甲午战争清朝失败后，"言文一致"问题首次从日本传

---

① 参见柄谷行人《民族主义与语言写作》，《学人》第 9 辑，江苏文艺出版社，1996；Karatani Kojin, *Origins of Modern Japanese Literature*, Durham: Duke University Press, 1993。

② 参见 Elisabeth Kaske, *The Politics of Language in Chinese Education, 1895–1919*, Leiden, Boston: Brill, 2008, p.14 and preface。感谢我的同事 Lorraine Wong 让我注意到白莎的著作。

入中国。[①] 然而，其在中国的复杂之处在于有许多白话语言系统可供着手，其中最明显的就是各个地区的方言和口音。[②] 近期一项关于晚清和五四时期的研究表明，知识分子有关言文一致的争论和语言改革方案主要的关注点并不在于交流的有效性——而在于地方精英的文化和政治权力等问题。[③] 20 世纪 40 年代国共内战期间，语言争论的关注点也不在于专业层面的问题。文学和思想史学者汪晖表示，有关方言之间、城乡之间和各种地区间的差异的争论都将语言强调为一种"民族形式"。[④] 尽管学者对言文一致背后的政治含义持有不同观点，但他们都认为在 20 世纪上半叶，有关言文一致的论辩和讨论不仅关乎有效沟通中亟待解决的技术问题，还关系到各种语言改革方案所体现的不同文化政治理念。陶行知有关大众语言创造的讨论也是如此。

语言文字是 20 世纪 30 年代陶行知大众教育计划的一个主题。对他而言，语言文字既是社会交往的重要手段，也是（再）塑造社会等级和社会关系的一种形式。他在语言文字方面的观点是对

---

① 参见 Elisabeth Kaske, *The Politics of Language in Chinese Education, 1895–1919*, Chap.1 and 2。日本现代史中"言文一致"请参见 Karatani Kojin, *Origins of Modern Japanese Literature*, Chap.2。

② 汪晖在他的文章《地方形式、方言土语与抗日战争时期"民族形式"的论争》中提到了该问题，收入《现代中国思想的兴起》下卷第 2 部，三联书店，2004，第 1493—1530 页。

③ 参见 Elisabeth Kaske, *The Politics of Language in Chinese Education, 1895–1919*。白莎在探究几位晚清文字改革者和五四知识分子提出的文字改革方案时运用了双语学的分析范畴，反映出不同晚清文字改革者和五四知识分子的不同政治观念。

④ 汪晖：《地方形式、方言土语与抗日战争时期"民族形式"的论争》，《现代中国思想的兴起》下卷第 2 部，第 1493—1530 页。

晚清和五四时期有关"言文一致"讨论的承续和批判。他谴责国
语罗马字（Gwoyeu Romatzyh）的"北方话独裁"。国语罗马字
缩写为 G.R.（在原初文本中出现），意为"国语罗马化"，是一
个用拉丁字母书写普通话的系统，最初由一群语言学家在 20 世
纪 20 年代发明和推行使用。1928 年，国民政府为推行文字统一，
将国语罗马字作为官方系统。[①]陶行知明确指出国语罗马字把北
方的"音调"和"读音"作为"国音"，并反驳说尽管国语罗马
字以"国"字自称，它实际上是一种"北方话独裁"。此外，国
语罗马字对声调符号的强调加大了南方人学习的难度。[②]

　　当时批评国语罗马字北方中心主义的并非只有陶行知一人。
尤其是在 20 世纪 20 年代早期，国语罗马字在理论探讨和实施阶
段都受到了知识分子和学校教师的冷遇。[③]然而，陶的观点较为
独特，他认为新文字的创造和推行为知识分子和未受教育的大众
提供了一个相互较量的舞台，争夺对文化传播方式的控制权。他
担心，推行国语罗马字的新文字方案不仅不会使未受教育的大众
受益，反而会有利于那些有闲有钱的少数知识分子用特权创造另
外一种"贵族文字"。陶对此持反对意见，"在有闲有钱的人看
来，学了一口北平话再用罗马字读读写写，是不费什么事"，但
是对日复一日以劳动为生的南方人来说，"同时学北平话又学罗

---

① 有关国语罗马字的详细历史参见 Elisabeth Kaske, *The Politics of Language in Chinese Education, 1895–1919*, Chap.2。

② 陶行知：《我们对于推行新文字的意见》，《生活教育》第 3 卷第 5 期，1936 年；也见《陶行知全集》卷 3，第 46 页。

③ Elisabeth Kaske, *The Politics of Language in Chinese Education, 1895–1919*, Chap.2.

马字，那几乎是和学外国话一样的难"。① 类似的，陶还反对 20
世纪 30 年代提出的其他文字方案——"注音字母"、"简字"和
"手头字"。② 他指出，由于三者都不是传统"方块字"的"衍生
物"或"替代品"，对于没有受过教育的人来说，学习和使用它
们依然困难且成本高昂。③ 相反，他认为中国大众需要的新文字
是一种新的拼音文字系统，没有口音的困扰，也不受方言的支
配。④

　　为创造新的大众文字，陶提出了一个方案，将其命名为"新
拼音文字"。简单来说，它是一个将各区方言和文字的不同发音
加以搜集并编译到不同"拉丁化新文字"系统的过程（我将在后
文解释其含义），还将建立并记录这些不同"拉丁化新文字"系
统之间的翻译程序和图表。这个开发新文字系统的方案被称为
"新拼音文字"（后文中称为 NPC）。

　　陶的新拼音文字计划采用了一种与国语罗马字不同的罗马
化方案，被称为"拉丁化新文字"（Latinxua Sin Wenz）。拉丁化
新文字起源于在苏俄的中国工人团体，最初由著名共产主义文学
和语言理论家瞿秋白在 20 世纪 20 年代末与苏联汉学家一起系统
编纂而成。该罗马化方案于 1931 年首先在港口城市符拉迪沃斯
托克（海参崴）的国际新汉字大会中得到认可，而后在苏联海外
工人团体中得到广泛推广和使用。1934 年下半年，瞿秋白在其他

---

① 《我们对于推行新文字的意见》，《陶行知全集》卷 3，第 46 页。
② "手头字"是胡愈之提出的文字计划，随后获得了艾思奇的支持。
③ 《我们对于推行新文字的意见》，《陶行知全集》卷 3，第 46 页。
④ 《我们对于推行新文字的意见》，《陶行知全集》卷 3，第 46 页。

左翼知识分子的支持下开始在中国推行该方案。二十年后，它已成为目前使用的汉语拼音的基础。1933—1934 年，拉丁化新文字实验项目在中国各个城市和地区开展。①

陶行知认可拉丁化新文字并不是由于其阶级性质（阶级指生产关系与源于生产关系的社会关系及经验），而是出于完全不同的理由。他认为拉丁化新文字是一种没有音调的拉丁注音文字，它假设人们可以从上下文中理解正确的音调。因此，一旦各地方言或白话在这一新的罗马化系统中被加以记录并编制，未受过相关教育的人就能方便学习和使用。陶还察觉到上海拉丁新文字实验的不同之处，他认为该方案省时省钱，也很容易得到推广。在他看来，这项实验证明未受过教育的人每天花一小时就能够在半个月内用拉丁化新文字阅读、写作和交谈，与其他社会教育运动相比，该方案的费用非常低廉，平均每人仅花费 3 分钱。②

陶行知认为，拉丁化新文字的编纂和创造也将使未受过教育的大众接受并参与到新文字的发展中，他对著名汉语言专家黎锦熙的答复很明显地体现了这一点。黎锦熙是国语罗马字的热心倡导者，他认为若将各地方言拉丁化，陶的新拼音文字方案将推动方言的使用，因此必然会阻碍汉字统一，然而汉字统一是早期和20 世纪 30 年代国难时期各种文字改革方案的共同目标。③ 陶行知

---

① Elisabeth Kaske, *The Politics of Language in Chinese Education, 1895–1919*, p.473；倪海曙编《拉丁化新文字运动的始末和编年纪事》，知识出版社，1978，第 102 页。

② 《我们对于推行新文字的意见》，《陶行知全集》卷 3，第 47 页。

③ 参见陶行知对黎锦熙的回应，《生活教育》第 3 卷第 4 期，1936 年；也见《陶行知全集》卷 3，第 39—43 页。

并不接受这一指责。

他首先注意到各区方言之间既存在不同，也有相似之处，在大多数情况下，相似之处多于不同之处。接着他称，文字改革者的任务是记录不同之处并研究其规律，以便不同地区的人们在交流中使用。此外，在文字书写方面，虽然繁体字被认为是通用的书面语，但只有"少数"知识分子掌握这种文字，"而多数人是没有文字的"。[①] 他称除了通过谈话之外，大多数不同地方的人无法相互交流，也无法与少数知识分子进行有效沟通。

相比之下，陶行知认为新拼音文字计划将在全国乃至全世界建立一个连接中国和世界各地的网络。在对黎锦熙的回应中他提到，因为拉丁化新文字简单且便宜，它将让更多的人通过对话和文字进行交流。此外，陶行知希望各地区都有人知道几种当地的拉丁化文字甚至几种他国文字，并且能够将其互译。因此，他认为新拼音文字计划能够让一个地区、不同地区、整个国家和世界间的交流实现可能。更进一步，由于当地事件可以用当地拉丁化文字记录下来，然后翻译成其他地方的拉丁化文字甚至他国文字，这甚至可以让中国地区未受过教育的大众能够与世界上的其他地方的人进行交流。相反，世界局势也可以被转化为用当地文字播报的新闻，向当地人民提供信息。[②] 陶行知承认译者在这一过程中扮演重要角色，说这些"知识分子"不必是掌握出色语言技能的留学人士，相反，随着新拼音文字计划的扩大和发展，他

[①] 《我们对于推行新文字的意见》，《陶行知全集》卷 3，第 47 页。
[②] 《我们对于推行新文字的意见》，《陶行知全集》卷 3，第 47—48 页。

希望知识分子"在自己的队伍里产生"。[①]

　　与此同时，语言专家黎锦熙称，在文字改革中认可多种地方方言的有效性可能会给国家统一带来阻碍，像国语罗马字这样的文字才是"公共场合"中进行有效沟通所必需的。陶行知通过揭露黎的政治观念驳斥了他的主张。首先，他明确指出，事实上在黎所谓的中国"公共场合"中，讲方言是必须的。[②]同样他注意到，无论是在农村公共场所还是城市工人中都没人使用国语罗马字。[③]由此推断，如果有人认为在公共场合中需要国语罗马字，这种"公共"只适用于那些有闲有钱、愿意学它的少数知识分子。因此，陶批评黎"把小众的公共场合的需要当作大众的公共场合的需要，把公众的控制权给了他们自己"。因此，尽管像黎锦熙等语言学者和改革家提倡一种公共场合的"官方"文字，但陶行知认为这是少数知识分子"偏爱的幻想"和"自以为是"的产物。[④]

　　同时，陶行知强烈反对黎关于未受教育者在文字统一中所扮演的角色的判断。黎认为文字统一，特别是在实施上，需要"政治力量"（即国家权力），普通人被动接受即可。[⑤]但陶认为，不仅新文字的形成需要大众参与，新文字还是"中华民族大众争取解放之重要工具"。[⑥]陶称新文字的发展需要中国大众的努力。

---

① 《我们对于推行新文字的意见》，《陶行知全集》卷3，第48页。
② 《我们对于推行新文字的意见》，《陶行知全集》卷3，第48页。
③ 《我们对于推行新文字的意见》，《陶行知全集》卷3，第48页。
④ 《我们对于推行新文字的意见》，《陶行知全集》卷3，第48页。
⑤ 《我们对于推行新文字的意见》，《陶行知全集》卷3，第41页。
⑥ 《我们对于推行新文字的意见》，《陶行知全集》卷3，第41页。

因此对陶行知而言，文字作为一种基本的文化形态应该为未受教育的大众及其日常生活所创造和发展，而不应成为有闲有钱人的特权并受其控制。新的民族国家文字的创造和言文一致应该是一个大众参与并最终创造属于自己的文字和文化的过程。正如他对有关文字形成和中国大众不同日常生活的阐述：

> 我们所需要的统一不是抽象的统一，不是幻想的统一，不是制造的统一，而是从实际生活酝酿出来的统一。我们所要的是各区不同生活的血脉流通，而不是勉强各区过同一的生活，说同一的话语，写同一的文字。同一文字的范围是跟着同一生活需要而扩大，决不可以心急。①

（二）从文字到语言与文章的融合："大众的耳朵"

语言和文章之间的脱节并不是 20 世纪 30 年代的新问题。在对五四新文化时期"文学革命"的详细记录中，白莎提出了一个问题：早期对文字统一的追求是如何发展成对语言和文学革命的追求的？② 她表示，尽管共产党制定了各种文字方案和相关制度，知识分子也同意在小学低年级教授"白话"，但他们并不将白话用于中学和高等教育中。在他们看来，像明清白话小说这种用白

---

① 《我们对于推行新文字的意见》，《陶行知全集》卷 3，第 48 页。
② 参见 Elisabeth Kaske, *The Politics of Language in Chinese Education, 1895–1919*, Chap.6。

话写成的文章并不是"正统文章"，即合法的文章形式。[①] 五四新文化时期的著名学者胡适支持白话改革，他在 1917 年 5 月撰写了一篇文章，提出要发展"文学史观"。[②] 在文章中胡适认为，一时代有一时代之文学，这个时期的文章应将白话文视为正统。从 1918 年 1 月开始，当时知识界的中心刊物《新青年》就开始全部使用白话，这标志着中国现代历史中的知识性的白话写作与白话文学创作就此开始。[③]

陶行知有关大众语与大众文的探讨是对五四新文化时期遗留的"白话"与"白话文学"脱节问题的又一次批判性思考。简单地说，他认为语言和文章的统一可以在知识分子和大众的合作中找到答案，这也是大众文的创作之道。在陶的阐述中，合作的关键机制是利用"大众的耳朵"而不是"知识分子的眼睛"。

在 1934 年题为《大众语文运动之路》的文章中，陶行知阐述了自己对语言与文章之间脱节的思考。[④] 陶行知反思了先前的语言形式，批评五四知识分子将语言改革与文章实践割裂开来。他认为这种分离导致白话和白话文学都难以理解。他说道，有一次他试图教乡民阅读一部几天后就要公映的电影说明介绍，却发现他们根本不懂介绍里写的是什么。虽然介绍是用白话而非文言

---

① 参见白莎对胡适和另一位作者范祥善的讨论，*The Politics of Language in Chinese Education, 1895–1919*，pp.443–448。

② 胡适:《历史的文学观念论》，《新青年》第 3 卷第 3 期，1917 年，第 223—235 页。

③ 参见 Elisabeth Kaske, *The Politics of Language in Chinese Education, 1895–1919*, p.449。

④ 该文章首次发表在《生活教育》中（第 1 卷第 11 期，1934 年）；也见《陶行知全集》卷 2，第 683—686 页。

写成，却夹杂着"外国文法"和"少爷小姐，新士大夫意识"，对于农民来说难以理解。[①] 于是他得出结论，像五四白话改革者所做的那样用白话词一对一地替换文言，并不能创造出普通人能够理解的新文章或新语言。[②] 他进一步提出"大众语与大众文必须合一"。[③]

那么对陶行知来说，之后的问题就是如何能够写出言文一致的大众文。陶行知建议作家用耳朵而不是眼睛来审视其作品。他认为，对于中国大多数知识分子来说，"耳朵"比"眼睛"更靠得住，因而建议作家通过向大众大声朗读的方式来获得对自己作品的评判。[④] 在一篇题为《怎样写大众文》的文章中，他写道："我们的眼睛看惯了古文、白话文，容易引我们走错路，比较起来，还是耳朵靠得住。我们的耳朵是和大众接近些。所以写大众文的一个好方法是请我们的耳朵出来指导我们。凡是耳朵听得懂、高兴听的才把它写下来。"[⑤]

在另一篇后续文章《再谈怎样写大众文》中，陶行知进一步建议作者向未受过教育的大众大声朗读他们的作品。[⑥] 正如他所说："我们的耳朵虽是顶方便的先生，但不是顶靠得住的先生。因为我们听得懂的文章，大众有时听不懂，所以顶靠得住的先生

① 《大众语文运动之路》，《陶行知全集》卷 2，第 683 页。

② 《大众语文运动之路》，《陶行知全集》卷 2，第 683 页。

③ 《大众语文运动之路》，《陶行知全集》卷 2，第 683 页。

④ 陶行知：《怎样写大众文》，《生活教育》第 2 卷第 18 期，1935 年；也见《陶行知全集》卷 2，第 887—888 页。

⑤ 《怎样写大众文》，《陶行知全集》卷 2，第 887 页。

⑥ 陶行知：《再谈怎样写大众文》，《生活教育》第 2 卷第 8 期，1935 年；也见《陶行知全集》卷 2，第 889—890 页。

是大众的耳朵。工人、农人、车夫、老妈子、小孩子的耳朵都靠
得住。你做好一篇文章，读给他们听听，如果他们听不懂，你要
努力的修改，改到他们听懂了，才能写成大众文。小众听得懂而
大众听不懂的文章，决不能冒充大众文。好的大众文还要大众高
兴听。如果小众高兴听而大众不高兴听，决不能算为好的大众
文。"①

因此在陶行知看来，语言与文章写作的统一是以大众对作品
的反应为尺度来衡量的，能够得到非知识分子大众理解和欣赏的
作品才达到了真正的艺术境界。用他的话说：

> 大众语与大众文必须合一：在程度上合一，在需要上合
> 一，在意识上合一。大众语文适合大众的程度，需要和意识
> 时，在大众本身所起的反应是高兴。所以大众语文是大众高
> 兴说、高兴听、高兴写、高兴看的语言文字。这高兴的境界
> 便是艺术的境界。②

然而，像工人、农民、车夫和老妈子等没受过教育的大众是
否需要艺术和文章？他们是否愿意表达自己的感受？陶行知认为
目前这些人的文化生活确实很贫乏，但这是由于他们没有获得有
效的文化方式来表达自己。他高呼"大众过着符号贫瘠的生活"。
他认为未受教育的大众的无知和落后行为证明了他们缺乏语言和
文章等"符号"来表达他们的感受和生活。正如陶所述：

---

① 《再谈怎样写大众文》，《陶行知全集》卷2，第889页。
② 《大众语文运动之路》，《陶行知全集》卷2，第683页。

　　　　他们需要符号是铁打的事实。老太婆用绳结记帐，农夫
　　刻树皮抒情，野孩子写王八蛋骂人，民众学校学生用注音字
　　母代替他所不会写的字。这种需要更可以用故事来说明。从
　　前有一位妇人寄了一封信给她的丈夫，丈夫打开一看，纸上
　　画的是：

　　　　○　○○　○○　○○○○○○○○○○

　　　　丈夫看不懂。一位聪明人把他妻子所画的圈中秘密指点
　　他说："欲寄相思无从寄，画几个圈儿替。单圈儿是我。双
　　圈儿是你。圆圈儿是团圆，破圈儿是别离。还有说不尽的心
　　思，把一路的圈儿圈到底。"[1]

在此，陶试图反驳未受教育的人对文化生活不感兴趣的观点。他
随后得出结论："大众没有取得够用的思想符号，情感的符号，行
动的符号，总而言之，没有取得充分的生活的符号。"[2]

　　所以说，陶行知关于大众文的看法是五四新文化时期"语言
与文章统一"问题中极具批判性的观点，也是"言文一致"主要
论点的推进。他强调文章创作中"耳朵"和"大众耳朵"的指导
作用，将大众的日常语言和对艺术作品的欣赏作为文学创作的方
向。知识分子不再是文章和语言创造的主体，五四新文化时期精
英知识分子创作的白话文应该被大众的耳朵所抛弃。陶行知的大
众文主张不仅强调了未受教育者对艺术作品的欣赏能力，也承认

---

[1]　《大众语文运动之路》，《陶行知全集》卷2，第683—684页。
[2]　《大众语文运动之路》，《陶行知全集》卷2，第684页。

了他们对艺术作品存在需求。

在他的文章《大众语文运动之路》中，陶提出了"大众语文的两条道路"：

> （1）智识分子参加大众生活，在大众语演进的基础上努力写作语文合一的大众文；
>
> （2）将生活符号普及于大众，使大众自己创造出语文合一的大众文。①

陶行知认为在创造大众语与大众文的过程中，知识分子不仅应该认识到未受教育的大众对艺术作品的需求及其欣赏能力，也应该让大众创作属于他们自己的艺术作品。下一节将介绍陶行知的大众识字运动，该运动让未受过教育的大众认识文字，参与到识字普及中并最终创造属于自己的大众文。

（三）大众识字运动及其教师："小先生"运动和《老少通千字课》

尽管陶行知预计这两条道路最终能让大众创作出属于他们自己的文学，但未受过教育的大众如何识字？虽然他强调大众参与大众语与大众文创作，但大众识字运动的教学过程是否会加剧知识分子与未受教育大众之间的分歧？大众识字教育如何整合而不是使教师与学生之间的关系更加疏远？陶行知提出了大众识字运

---

① 《大众语文运动之路》，《陶行知全集》卷 2，第 684 页。

动的系统方案，上至语言教学的三个步骤，下至教师的培训和教科书的编写。他将该方案称为"普及教育"。在他看来，该方案将让未受过教育的大众（尤其是家庭主妇）识字，参与到识字运动普及中来，最终自己进行写作。

陶提出了语言教学应分三步走，"三管齐下"。第一步是"汉字"的教学，他建议"汉字"普及应仅限于让大众获得阅读汉字材料的能力，并不要求他们学写汉字。陶行知认为对于没有受过教育的大众来说学习"汉字"很难，因为他们会花很长时间，而且学写汉字需要依赖现有的教育制度。中国大多数文本是用汉字写的，因此，陶建议应该学习"汉字"，但目的只是过渡。第二步是"注音字母"的教学。他认为"注音字母"的普及至关重要，因为注音可以让没有受过教育的人通过查字典进行独自阅读。而这两步的最终目的是让未受过教育的大众获得一定的读写能力，能够用注音字母写文章来记录他们的生活和感受，这便是语言教学的第三步。陶行知还期望"大众的队伍里自有文艺的天才"，在语言的三步教学中创造"一流的大众文"。[1]他阐述了强调"三管齐下"的理由：

> 我以为汉字只要认得就够了。帮助大众认识汉字的一个方法，便是注音字母。有了注音字母，大众可以自动去用字典，认生字，追求新知识。但是我们不能停顿在这里。我们必须立即教导大众运用注音字母记录自己的思想、情

---

[1] 《大众语文运动之路》，《陶行知全集》卷2，第685页。

感、行动。我们必须立刻教导大众运用字母写大众文。……
我们教字母的目的，小而言之在帮助多识汉字，大而言之
在用秋蝉脱壳之方法创造拼音字来代替汉字，以产生拼音
的大众文。①

在提出语言教学"三管齐下"的同时，陶行知还提出了
"小先生"运动。②"小先生"是陶行知在 20 世纪 30 年代初构
思并发起的一个"即知即传"的语言教学运动。在他看来，该
运动将几乎使识字教育以零成本实施，为更多未受过教育的人
创造识字的机会。在中国农村的教育实践中，陶发现十几岁的
孩子能有效地把他们在学校中学到的东西教给别人。③英国教育
创新者约瑟夫·兰卡斯特（Joseph Lancaster）和安德鲁·贝尔
（Andrew Bell）在 19 世纪早期创造了导生制，也取得了相似的
结果。陶在文章中肯定了兰卡斯特和贝尔的发现，但将"小先
生"运动与兰卡斯特和贝尔的方法区分开来。正如我在上一章
中所提到的，陶认为学校教育创造了一群"守知奴"，对知识有
所保留，将知识作为一种获得社会地位的工具，或者将其转化
为商品以换取优越的个人生活。同样，他批评兰卡斯特和贝尔
仅将这种教学限制在学校里和学生之间，从而让知识和教育永
远以私有化的方式延续下去。他指出，兰卡斯特和贝尔没有创

---

① 　《大众语文运动之路》，《陶行知全集》卷 2，第 685 页。
② 　《大众语文运动之路》，《陶行知全集》卷 2，第 685 页。
③ 　陶行知：《小先生》，《生活教育》第 1 卷第 1 期，1934 年；也见《陶行知全集》
　　卷 2，第 638－642 页。陶记录了青年和儿童成功把自己在学校学的汉字教给
　　长者和其他儿童的多个例子。

造一个接着一个的守知奴，而是创造了"一群合作守财奴"。[1]
他总结道，"（兰卡斯特－贝尔导生制）没有一点普及（教育）
的力量"。[2]

相反，陶行知认为小先生运动有助于推行免费的、普遍的教
育。1934 年，陶行知在他的演讲《小先生与民众教育》中提到
"把教育、知识化做新鲜空气，普遍的广及于大众"，这便是小先
生运动的目标。[3] 陶建立"即知即传"的原则，小先生便是"即
知即传人"。[4] 他希望任何担任教师的人都能将"分享"和"即
知即传"的理念传递给学生，并建议从小学教学开始实施。他认
为，教师应鼓励青年学生向校外人传递知识，特别是那些没钱、
没时间接受正规学校教育的人，如"不识字的奶奶、妈妈、嫂
嫂、姐姐、妹妹、爸爸、哥哥、弟弟和隔壁邻居的守牛、砍柴、
拾煤球、扒狗屎的穷同胞"。[5]

晚清以来，中国知识分子一直关注妇女教育。[6] 陶行知认识
到"中国的普及教育问题多半是女子教育问题"，认为小先生运

---

[1]　陶行知:《怎样指导小先生》,《生活教育》第 1 卷第 4 期, 1934 年; 也见《陶
　　行知全集》卷 2, 第 657 页。
[2]　《怎样指导小先生》,《陶行知全集》卷 2, 第 657 页。
[3]　这篇演讲是陶行知于 1934 年在宝山县民众教育馆主办的民众教育服务人员训
　　练班开学典礼上的演讲。见陶行知《小先生与民众教育》,《生活教育》第 1 卷
　　第 20 期, 1934 年; 也见《陶行知全集》卷 2, 第 743 页。
[4]　《怎样指导小先生》,《陶行知全集》卷 2, 第 657 页。
[5]　《怎样指导小先生》,《陶行知全集》卷 2, 第 657 页。
[6]　参见 Joan Judge, "Re-forming the Feminine: Female Literacy and the Legacy
　　of 1898," in Rebecca E. Karl and Peter Zarrow, eds., The Historical Legacies of
　　the 1898 Reforms in China, pp.158-179。

动将会解决女子教育问题。① 他认为妇女教育的缺失由一系列经济、社会和文化因素造成，三个原因同样重要，他否认妇女教育的缺失是由女子自己造成的。在社会和文化因素方面，陶行知注意到婆婆和丈夫不赞成（儿）媳妇接受教育，他们认为识字的（儿）媳妇不易管。在社会经济因素方面，陶指出父母不愿为女儿投资教育，因为女儿迟早要嫁人。② 同时，陶行知在教育实践中观察到很多女性对教育表现出浓厚的兴趣。他发现许多女性上夜校，然而她们中的大多数在几节课后便不来了。③ 陶推测大问题是出在男教员身上。④ 20 世纪二三十年代的教员几乎都是男性，大多数是二十几岁。他发现农村人看不惯二三十岁的男性教十几岁或二十岁出头的女性。他回忆道，传谣言的是不愿意儿媳妇上学的婆婆，装鬼是丈夫们的鬼把戏，他们希望吓唬她们，让她们不去上学。⑤ 考虑到这些社会、经济和文化因素，陶行知认为小先生运动将改变中国的妇女教育现状。正如他所说，经济上该运动无所花费，小先生很容易与小媳妇们熟络起来，甚至可以在她们做饭和聊天时教她们读书。⑥

　　重要的是，陶行知并没有将小先生运动中的"小先生"局限于小学生和中学生。对他而言，大众识字运动应该是一场让未受

①　陶行知：《女子教育总解决》，《生活教育》第 1 卷第 14 期，1934 年；也见《陶行知全集》卷 2，第 699 页。

②　《女子教育总解决》，《陶行知全集》卷 2，第 699 页。

③　《女子教育总解决》，《陶行知全集》卷 2，第 699 页。

④　《女子教育总解决》，《陶行知全集》卷 2，第 699 页。

⑤　《女子教育总解决》，《陶行知全集》卷 2，第 699 页。

⑥　《女子教育总解决》，《陶行知全集》卷 2，第 700 页。

过教育的大众参与其中的社会运动。1934 年末，陶行知在宝山县民众教育馆的演讲中向民众教育服务人员指出，农村学校应通过小先生与社会联系起来。正如他所说，"小先生是一根根流动的电线，这一根根电线四方八面伸展到社会底层，构成一幅生活教育网、文化网，把学校与家庭构成一体，彼此可以来往，可以交通。它把社会所发生的问题，所遇到的困难，带回学校，再把学校里的知识技能带回社会去"。[①] 此外，他指出这个教育网中的小先生不一定是十几岁的孩子，相反，农民和工人也可以成为所谓的"连环先生"或"传递先生"。[②] 陶鼓励民众教育馆的教师和工作人员与店员等人接触，他们通常上过小学，具有基本的识字能力。他希望这些人能成为识字教育网中的结，就像小先生和学校教师那样，"要发动他们都负起教人责任，即知即传人，共同普及教育"。[③] 他在演讲中总结道，普及识字教育的最佳教师来自大众：

> 我们现在办民众教育必得要承认：
>
> 农人最好的先生，不是我，也不是你，是农人自己队伍里最进步的农人！
>
> 工人最好的先生，不是我，也不是你，是工人自己队伍里最进步的工人！
>
> 小孩子最好的先生，不是我，也不是你，是小孩子自己

---

① 《小先生与民众教育》，《陶行知全集》卷 2，第 746 页。
② 《小先生与民众教育》，《陶行知全集》卷 2，第 747 页。
③ 《小先生与民众教育》，《陶行知全集》卷 2，第 747 页。

队伍里最进步的小孩子！

我们现在最要紧的工作便是在：

帮助进步的农人格外进步，由他们"联合自动"，领导全体农人一同进步！

帮助进步的工人格外进步，由他们"联合自动"，领导全体工人一同进步！

帮助进步的小孩子格外进步，由他们"联合自动"，领导全体小孩子及时代落伍的成人一同进步！[①]

为了有效推行"三管齐下"方案和小先生运动，陶行知在1935 年 4 月自编了一本普及性教材，将其命名为《老少通千字课》。[②] 该教材体现了陶行知"三管齐下"的教学思想。他希望这本书能成为学校教师教导学生以及小先生和校外人士的教科书。在书的前言中，陶行知提到学校教师的任务是教给每个小先生注音字母，鼓励他们将所学知识传给邻居和家庭成员。他估计书的内容对于这些十几岁的小先生来说相当容易掌握，他们同样可以用这本书教别人。[③] 课本教学遵循陶的语言学习等级化理念，内容用汉字书写并标有注音字母，文章是关于普通人的日常生活；课本鼓励学生使用注音字母来学习他们感兴趣的内容并记录他们的生活和感受。正如陶在前言中所说，"汉字重认不重写。鼓励

① 《小先生与民众教育》，《陶行知全集》卷 2，第 747 页。
② 陶行知：《老少通千字课》，商务印书馆，1935。
③ 陶行知：《老少通千字课》，第 1 页。

学生用注音符号写信、作文"。①

《老少通千字课》前言

老少通千字课

教师注意

1）这本书叫做《老少通》，是老人家和小孩子的通用课本。

2）小孩子读了一课就可以拿一课去教家里的人或是邻居不能上学的人。这样一本书可以给两三个人用。教人的小孩子，我们称他为小先生。教师的新责任不是教小学生，乃是把小学生培养成小先生。鼓励你的每一个小学生都做小先生，每人至少教两个人。

3）这书的课文是用汉字和注音符号并写成的。学过注音符号的教师须将汉字和注音符号同时教人。

4）这书同时可作民众夜校或平民夜校的课本。

5）汉字重认不重写。鼓励学用注音符号写信、作文。

6）教师应当培养学生之求知欲与求进欲。充分运用注音符号查字典认新字，以追取新知识。

7）这书每七课之中有一温习课，运用以前六课之生字造句写文。教师可利用这些句子，隐去一二个字叫学生填起来，鼓励学生另造别的语句或短文。

8）教师对于小先生或传递先生须负考核之责，要求他

---

① 陶行知:《老少通千字课》，第1页。

们将校外学生之作品按定期交来展览。

9）这书编者欢迎用后批评，以备修改。

10）这书共四册，中等天资之人，每天学一小时，四个月学毕后，可以看懂"老少通小丛书"及大众文库。

因此，陶行知的系统性识字教育运动旨在让未受过教育的大众识字，参与识字运动普及并最终能够自己进行写作。该运动的目的并不是疏远师生关系，而是旨在融合这一关系并统一大众。在这个意义上，陶行知认为他所提倡的大众识字运动其实是大众化运动。

陶的小先生运动于 1934 年 1 月首次推行，到 1935 年 3 月已遍及 23 个省市，包括河北、河南、山西、山东、湖北、浙江、安徽、江苏和广东等省的主要城市。[1] 实现中国普遍的基本识字能力在 20 世纪二三十年代引起了许多中国知识分子的关注，并使他们投身其中。[2] 对陶来说，识字教育也是社会文化运动。我已在文中证明，于陶而言，识字教育除了提高中国人的识字能力外，也能让使大众觉醒并统一起来。

---

[1]　陶行知:《攻破普及教育之难关》,《生活教育》第 2 卷第 1—3 期, 1935 年; 也见《陶行知全集》卷 2, 第 802 页; Yusheng Yao, National Salvation through Education: Tao Xingzhi's Educational Radicalism, pp.183–187。

[2]　更多内容参见 Charles Hayford, "Literacy and the People in the May Fourth Movement," in To the People: James Yen and Village in China, pp.32–59; 同样参见孙培青《中国教育史》第 14、15 章, 华东师范大学出版社, 2000。

三 "大众歌曲"和"大众唱歌团"

（一）"大众歌曲时代"

在开展大众语与大众文活动以及全民识字运动的同时，陶行知还呼吁创作大众歌曲与组织大众唱歌团。陶认为歌曲是帮助大众了解国家灾难的有效途径。他相信组织大众唱歌团能够引发大众意识，造成集体力量的强大。

1936 年 6 月 7 日，中国第一个民众歌唱团的创始人刘良模在上海西门公共体育场组织了一场合唱。在刘良模的指挥下，该团演唱了纪念全国救国联合会成立一周年的纪念歌曲。在合唱的过程中，听众人数逐渐达 5000 人。这场大规模的群众聚会引起了当地警察的注意并在该纪念活动期间加以干涉。该事件被当地报纸广泛报道（见图 4-1）。[①] 陶行知本人接触过刘良模的民众歌唱团，并且曾在此前出席过某场演出。当他在当地报道中了解这场盛大的合唱活动时，他对此印象非常深刻，因此，仅三个星期后，他在 1936 年 6 月 28 日发表了一篇长文，题为《大众歌曲与大众唱歌团》。这篇文章后来也成为他大众教育文集的其中一个章节。[②]

陶行知赞颂道，"刘良模先生所创的民众歌咏团是大众音乐

[①] 更多有关刘良模的民众歌唱团的内容，见 Joshua Howard, "The Making of a National Icon: Commemorating Nie Er, 1935–1949," *Twentieth Century China*, 37/1 (2012): 5–29。

[②] 该文首次于 1936 年 6 月 28 日刊登于邹韬奋主编的《生活周刊》，后成为《中国大众教育问题》第 8 章，篇幅有所增加；又见《陶行知全集》卷 3，第 100 页。

图 4-1 刘良模于 1936 年 6 月 7 日在上海西门公共体育场
指挥演唱《义勇军进行曲》

以最正确的形式表现出来的"，他称刘的歌唱团及所唱歌曲标志着大众歌曲的诞生。[①] 他进一步宣称大众歌曲的时代即将到来，并提出了一系列有关当时大众歌曲产生的问题："民众歌咏团为什么在这个时候出现？从前为什么没有这样活动？"[②] 陶行知不认为大众歌曲的出现只是一个巧合。他指出歌曲总是能够与人们的灵魂和思想相连，然而在过去人们总是一个人唱歌，只能唱唱小曲或"小调"。现在与过去相比有所不同，因为现在正是"伟大的时代的前夜"，人们做好准备合唱好歌。[③] 他宣称国家灾难正在将人们聚集在一起，共同实现集体目标。正如他所强调的那样，"因为日本帝国主义不断的侵略，中国是遇了空前的大灾难。中

---

① 《大众歌曲与大众唱歌团》，《陶行知全集》卷 3，第 93 页。
② 《大众歌曲与大众唱歌团》，《陶行知全集》卷 3，第 94 页。
③ 《大众歌曲与大众唱歌团》，《陶行知全集》卷 3，第 94 页。

国大众不肯亡国做奴隶。中国大众要追求自由，追求平等，追求生存。中国大众要为自由而战，为平等而战，为生存而战"。①

若是国家灾难把人们聚集在一起，那么现在的"伟大的音乐"与过去的小曲或"小调"有什么区别呢？现在的"伟大音乐"伟大在哪里呢？陶行知认为这种伟大的音乐应传达人们对民族灾难共同的情感，历史上的伟大作品总能反映出人们对时代普遍怀有的共同情感。正如他所说，除了天分和努力外，伟大音乐和文学作品的创作者的另一个重要特征是他们都"受着时代的伟大的感动"。②陶行知认为当前国家灾难的情势为创作伟大的音乐和伟大的诗歌奠定了基础，二者共同构成了伟大的歌曲。在过去的中国，很难见到完美契合的词曲，词作者与作曲家之间时常发生分歧。然而，目前这种情况开始改变了。作曲家和词作者对"前进的歌"怀有共同的感情和想法，"天衣无缝"的词曲较之前更为常见。③在陶行知看来，民众歌唱团的成功证明了民族灾难引起了大众的情感共鸣，而当下伟大的歌曲的任务是描绘并唱出这一共鸣的情感。他希望随着更多人创作和演唱更多伟大的歌曲，这些感情会变得更强烈。此外，陶行知指出当下伟大的音乐与过去的小调不同，还需要具备集体精神来团结大众进行民族解放。他认为"世界上最伟大的音乐是战斗音乐，最伟大的文学是战斗诗歌"。④中国正在经历空前的民族解放斗争，因此，"在

---

① 《大众歌曲与大众唱歌团》，《陶行知全集》卷 3，第 94 页。
② 《大众歌曲与大众唱歌团》，《陶行知全集》卷 3，第 95 页。
③ 《大众歌曲与大众唱歌团》，《陶行知全集》卷 3，第 96 页。
④ 《大众歌曲与大众唱歌团》，《陶行知全集》卷 3，第 95 页。

这个时候，是自然而然的会跑出最伟大的战斗的音乐与战斗的诗歌"。① 除了战斗音乐和战斗诗歌外，陶行知还提出，当下其他类型的音乐可以且也应通过接纳这一集体战斗精神来成为伟大的音乐，即使是恋歌也能表达出集体精神。为了证明这一观点，陶论证道，恋歌在过去曾传达集体经验。在原始社会中，男女恋爱也是一项"集体"活动。年轻男女加入一群男男女女演奏爱情的乐曲，歌唱爱情之歌，跳着爱情的舞来寻找恋人，并在大家的见证之下结为爱侣。但是之后这样的狂欢仪式消失了，恋爱成了"个人"的事。他提出在当下，即使是恋歌也应该努力重新接纳作为集体经验的恋爱，从而增强大众的集体精神。②

此外，陶行知认为当前伟大的音乐应融入大众的日常生活，唤醒大众的意识和情感，而非展现歌曲创作者的才能和感受，并重申"音乐天才"和"文学天才"不应由于自身天赋而将自己视为"超人"。③ 他淡化了天才在伟大歌曲创作中的重要性。在他看来，"一个脱离了大众生活的天才决写不出大众的歌曲来"。④ 虽然很多中国作家能创作出"大众的歌词"，但很少有人能创作出"大众的乐谱"，⑤ 陶行知对此很失望。他提到了 1935 年聂耳之死。聂耳是左翼人士，也是共产主义作曲家和文学评论家。他因创作了《义勇军进行曲》而闻名，这首歌后来成为中华人民共和国国歌。陶行知认为聂耳之死"是中国大众歌曲的一个最大的

---

① 《大众歌曲与大众唱歌团》，《陶行知全集》卷 3，第 95 页。
② 《大众歌曲与大众唱歌团》，《陶行知全集》卷 3，第 95 页。
③ 《大众歌曲与大众唱歌团》，《陶行知全集》卷 3，第 96 页。
④ 《大众歌曲与大众唱歌团》，《陶行知全集》卷 3，第 93 页。
⑤ 《大众歌曲与大众唱歌团》，《陶行知全集》卷 3，第 96 页。

损失，几乎是等于音乐之国里失掉一个东北"。① 为了纪念这一重大损失，陶行知呼吁作曲家加入"大众的队伍"，成为像聂耳这样的大众歌曲作家。他认为，这样的行动将象征着"聂耳的复活"。② 为回答自设的问题"那少数的音乐和文学天才怎么会知道大众的心事呢"，陶提出音乐家和作曲家不应"坐在沙发椅上"享受其个人时间，而应"站在大众的战线上来做斗士，便能感觉大众的艰难，了解大众的需要，说大众要说的话语，唱大众要唱的歌曲"。③ 在他看来，作曲家应该运用自己的才能来表达大众和他们的心事。④

因此，对陶行知来说，这样的大众音乐或者当前伟大的音乐应传达出对国家灾难的集体意识。在下一节中我将说明陶行知如何旨在通过组织大众唱歌团来引导大众认识集体力量的伟大。

（二）大众歌曲运动

陶行知认为，加入大众唱歌团的人数增多有助于大众认识到集体力量的伟大。在文章中，他向刘良模及其民众歌唱团的同事提出了一系列建议，⑤ 比如加入的人"越多越好"。他认为加入的人越多，大众合唱就越"美丽"，越"强大"。他指出"旧世界"

---

① 《大众歌曲与大众唱歌团》，《陶行知全集》卷 3，第 96 页。
② 《大众歌曲与大众唱歌团》，《陶行知全集》卷 3，第 96 页。
③ 《大众歌曲与大众唱歌团》，《陶行知全集》卷 3，第 93 页。
④ 《大众歌曲与大众唱歌团》，《陶行知全集》卷 3，第 93 页。
⑤ 有关聂耳纪念活动和左翼音乐政治的研究，见 Joshua Howard, "The Making of a National Icon: Commemorating Nie Er, 1935–1949," *Twentieth Century China*, 37/1 (2012): 5–29。在这一点上，刘良模很有可能认同陶所提出的大众歌曲。

主要是"小巧"之美，而当下，人们更接受"集体之美"与"大量之美"两个新概念。[①] 他提议组织千人甚至数千人合唱，则这场演出将会为参与到其中的大众留下恢宏壮阔的印象，[②] 并且每个人都应该通过唱歌来体验集体唱歌运动，而非被动地聆听和欣赏，这种方式能够充分激发大众的力量。[③] 正如他所说："我们只有唱众，没有听众；起首虽是听众，当场变做唱众。这样才能更充分的发挥大众的力量。一群哑巴的大众有甚么精神呢？"[④]

同时，陶行知提出大众歌曲和唱歌团是融合各社会阶层和社会团体的手段。他建议大众歌唱团应派教师在工厂、商店、家庭、学校和十人以上社会团体中组织并传授歌曲。[⑤] 大众唱歌团应成为这些团体的日常组织，因为他相信这样的集体音乐体验能带来长久的"自求长进"。陶行知认为随着新的旋律和歌词在这些团体中不断涌现，大众唱歌运动将不断发展，直至"唱到中国独立、平等、自由"。[⑥] 除了各种社会团体外，陶还提出了"大众歌唱团下乡"，教农民唱歌，并帮助他们组织"乡村大众唱歌团"和"联村大合唱"。[⑦]

陶行知进一步建议应将大众唱歌团与其他大众教育项目联系起来。唱歌团应该组织歌词讨论会，交流有关歌曲的想法。[⑧] 他

---

① 《大众歌曲与大众唱歌团》，《陶行知全集》卷3，第97页。
② 《大众歌曲与大众唱歌团》，《陶行知全集》卷3，第97页。
③ 《大众歌曲与大众唱歌团》，《陶行知全集》卷3，第97页。
④ 《大众歌曲与大众唱歌团》，《陶行知全集》卷3，第97页。
⑤ 《大众歌曲与大众唱歌团》，《陶行知全集》卷3，第98页。
⑥ 《大众歌曲与大众唱歌团》，《陶行知全集》卷3，第98页。
⑦ 《大众歌曲与大众唱歌团》，《陶行知全集》卷3，第98页。
⑧ 《大众歌曲与大众唱歌团》，《陶行知全集》卷3，第98页。

认为由于这些歌是反映国难的歌，所以讨论中无法避免谈到时事问题，而这将进一步引起人们对新闻的兴趣。由此陶期望大众唱歌团能为人们教授他人读写创造良好的环境。[1] 于是，他提出应将大众歌曲运动与大众识字运动和大众语及大众文的再创造密切联系起来。[2] 因此，陶行知相信大众歌曲和唱歌团是引发大众意识到集体力量能够融合不同社会阶层和团体并发展大众文化的有效途径。

（三）大众音乐、流行音乐和法西斯大众音乐

陶行知指出他关于大众音乐的想法不同于 20 世纪 30 年代中国和世界的其他音乐运动。他提醒人们，真正的大众歌曲应该与黎锦晖及其 30 年代创作的流行歌曲截然不同。黎锦晖是现代中国流行音乐的奠基人。30 年代，黎和他的流行音乐开始在上海等条约口岸城市流行开来。黎锦晖不仅录制和创作歌曲和音乐，还创办了音乐学校，训练并帮助包括聂耳在内的当时中国最著名的歌手和音乐家开启他们的职业生涯。[3] 尽管陶行知对黎为普及大众音乐和音乐学校的努力表示肯定，但他告诫道，以黎为代表的流行音乐运动往往"抄袭"欧美音乐，不够贴近 30 年代中国人

---

① 《大众歌曲与大众唱歌团》，《陶行知全集》卷 3，第 98 页。

② 《大众歌曲与大众唱歌团》，《陶行知全集》卷 3，第 98 页。

③ 关于 20 世纪三四十年代中国流行音乐史，见 Andrew Jones, *Yellow Music: Media Culture and Colonial Modernity in the Chinese Jazz Age*, Durham: Duke University Press, 2001。Jones 在文中表明，在这个时期，黎锦晖是流行音乐的代表人物，流行音乐受到了国民党和共产党的攻讦和批评。他们都斥责流行音乐宣扬靡靡之音（"黄色"音乐）。国民党人士批评流行乐是因为它是舶来品，共产党批评流行乐是由于其纯粹是为了娱乐。

民的生活。正如他所说："我们现在所需要的是半殖民地反抗日本帝国主义的调子，这个调子在欧美的音谱里是没有的。它是要我们大众队伍里的天才在中国的土壤气候里扶养出来。"①

陶行知还提醒要注意纳粹德国大众歌曲对中国大众歌曲创作的影响。他认为尽管音乐能够启迪人们的心灵和思想，但它也能成为"迷魂汤"，使大众臣服于法西斯国家的统治，这正是当时发生在纳粹德国的事情。②在陶行知关于近期时事的讨论中，他借意识觉醒的美国大众团结起来抗拒纳粹德国音乐的影响，来引起中国音乐家和中国人民对纳粹德国文化政治的反抗意识。

陶行知提到了1936年春的一个新闻，当时美国民众共同抵制著名的德国音乐家富特文格勒。③富特文格勒在1936年似乎有机会逃离纳粹德国——在此期间许多其他德国知识分子已然逃离。纽约爱乐乐团向富特文格勒伸出了橄榄枝，但他拒绝了这个提议并决定继续为柏林爱乐乐团工作。美国媒体对富特文格勒的决定做出了回应。④无论美国媒体是如何看待富特文格勒的，陶认为美国媒体报道强调了美国人民非常抵制富特文格勒及其音乐。他认为是由于富特文格勒和纳粹德国的大众歌曲对大众产生了有害的影响，美国大众才采取了抵制行动。他还将其描绘成是"美国大众"集体的、有意识的努力。正如陶所说：

① 《大众歌曲与大众唱歌团》，《陶行知全集》卷3，第99页。

② 《大众歌曲与大众唱歌团》，《陶行知全集》卷3，第99页。

③ 《大众歌曲与大众唱歌团》，《陶行知全集》卷3，第99页。

④ 更多相关内容，见 Celia Applegate, "Saving Music: Enduring Experiences of Culture," *History and Memory*, 17/1-2 (2005): 217-237。

美国大众上月听说他（富特文格勒）要到纽约来做乐队总指挥，大家都起来抵制，不听他所指挥的音乐，乐队里的队员也表示不愿接受他的指挥。一个麻醉人的音乐家是这样受大众的鄙弃，我们看了这件事，是格外明白大众音乐所应该走的路。在我们提倡用大众歌曲来唤起大众的时候，说不定有人也想用假的大众歌曲来叫大众再睡睡，睡到亡国再起来。我们要一致留心这种麻醉的策略……①

因此，陶行知意在通过创造一种完全有别于流行音乐和纳粹大众文化的大众音乐，以唤起大众对国家灾难的意识。他还打算通过组织大众唱歌团引导大众认识到集体力量的伟大。

四 重新定义"大众之德"

陶在提出大众文学和大众歌曲的同时，也着手修订与教育相关的儒家经典。陶在其文集中为"大学"和"德"赋予了新的含义。《大学》成文于战国至汉初，为"四书"之一，后由宋代儒家学者加以注释。在 1905 年科举制度被废除之前，《大学》被视为中国知识分子学习的经典，其主要内容是士的修身及与"天下"相关的德行。

然而，陶在论文集中改变了经典的含义。他以大众和大众之

---

① 《大众歌曲与大众唱歌团》，《陶行知全集》卷3，第99页。

德取代了原文中的士及修身。他将大学解读为"大众治学"。① 此外，《大学》中众所周知的一句话是"大学之道，在明明德，在新民，在止于至善"。陶将其改为"大学之道，在明大德，在新大众，在止于大众之幸福"。他认为在过去大众生来就具备这些美德，但是由于被麻醉了，现在才需要重新得到这些美德，以追求他们的幸福。② 大众需要重新获得的"大众之德"是"觉悟、联合和争取解放"。③ 因此，"新大众"意味着"大众自新"。④ 于是，通过宣扬美德天生且需要通过自新重新获得这些美德，大众的大学如大众教育意味着重新形成有觉悟的大众。

此外，为帮助大众重新获得"觉悟、联合和争取解放"的美德，陶行知希望"新大学"如大众教育的教师是从群众中来、为群众办事的人。他对比了"新大学"与"以前的大学"，⑤ 表示从前的教育创造出了两种所谓的"人才"：一种不关心大众，而另一种是代替大众做事的人。这两种人才都不认为大众具有美德，也不认为自己是具有德行的大众中一员。⑥ 第一种人才是儒家士绅及其所组成的社会阶级；第二种指的是五四新文化时期的知识分子及其实践。在此期间，中国知识分子开始关注民众的教育。他们主张"平民教育"或"民众教育"。⑦ 陶行知批评了第一类人

---

① 陶行知：《新大学》，《生活教育》第 3 卷第 7 期，1936 年；也见《陶行知全集》卷 2，第 72 页。

② 《新大学》，《陶行知全集》卷 2，第 72 页。

③ 《新大学》，《陶行知全集》卷 2，第 72 页。

④ 《新大学》，《陶行知全集》卷 2，第 72 页。

⑤ 《新大学》，《陶行知全集》卷 2，第 73 页。

⑥ 《新大学》，《陶行知全集》卷 2，第 72—73 页。

⑦ 见孙培青《中国教育史》第 14、15 章。

才依附他人及堕落的本质，认为儒家教育不仅使士远离了社会上的其他人，还让他们成了剥削群众的特权阶级。[1]相较之下，第二类人才愿意帮助大众，但是他们倾向于"一手包办"，为大众安排好一切，不许大众主动采取行动。[2]与上述两种人才和以往的教育体系相比，他提出的"新大学"有所不同。陶提出这个新大学虽然需要领导和教导大众的人，但他们不仅要领导大众，更要接受大众的领导。[3]

因此，"新大学"被再定义为大众重新获得觉醒和联合。陶行知对儒家经典的改写表明他意图建立一个觉醒且团结的大众群体。

五　教育、阶级和团结统一的对话

陶行知提出的大众教育是通过对未受过教育的大众开放原由精英阶层所独享的文化形态（文字、文学、音乐和儒家经典），来创造一个觉醒而团结的大众群体。在 20 世纪 30 年代的中国，尽管这种尝试受到部分左翼知识分子的肯定，但也存在批评的声音。正如我在上文所述，陶行知关注工人和农民的日常生活，这些人无法接触到正规教育，却是中国社会的主要群体。陶强调大众的觉醒以及建立大众文化在反对殖民主义和民族解放斗争中的重要性，这两者都受到左翼共产主义文化工作者的肯定。事实

---

[1]　《新大学》，《陶行知全集》卷 2，第 72—73 页。

[2]　《新大学》，《陶行知全集》卷 2，第 73 页。

[3]　《新大学》，《陶行知全集》卷 2，第 73 页。

上，《读书生活》出版过几本陶行知有关"书本知识"和"大众教育"的著作，他创办的期刊《生活教育》也与《读书生活》开展了合作，双方共同搜集并出版了工人和农民的阅读笔记与日记。1935 年 7 月 25 日，《读书生活》发表了《大众读书谈》，其中包括六个小节。在文章中陶行知采访了报童、小农人、夜校女工、一位识字农人（他将自己写的 5000 字日记交给了陶）、一位送花车夫以及一位人力车夫。[①]

虽然陶所做的努力得到了《读书生活》期刊的共产主义文化工作者的肯定，但也受到其他一些左翼知识分子的质疑，他们认为陶行知是理想主义者。具有讽刺意味的是陶过去的一位学生对他的教育理论和实践提出了尖锐的批评。刘季平，原名刘焕宗，正是陶行知的生活教育理念培育出的人才典范。刘出生于中国东南部如皋市的一个贫困家庭，1929 年毕业于晓庄师范学校。在晓庄一年的学习时间中，陶行知和他所强调的大众力量对刘产生了深远影响。刘发起了"联村自卫团"以抵抗匪徒的骚扰，组织了一百多名村民、学校师生进行训练。从晓庄毕业后，刘继续实践陶的生活教育理念，并在无锡和北平任教。1930 年，刘因组织和支持"五卅"运动而被国民党政府逮捕入狱，其后于 1932 年再次被捕。[②] 在服刑期间，刘写了大量有关生活教育理论的文章。1935 年末和 1936 年初刘在《生活教育》上发布了监狱笔记。《生

---

①　《大众读书谈》，《读书生活》第 2 卷第 6 期，1935 年。

②　有关刘季平（满力涛）的生平，详见《刘季平夫妇要事年表》，丰坤武主编《刘季平文集》，北京图书馆出版社，2022。

活教育》是由陶行知及其学生主编的生活教育理论核心期刊。①
他以"满力涛"（意为马克思主义和列宁主义思潮）为笔名在该
期刊上连载该笔记，题名为《教育论纲》。1937 年，另一名同样
毕业于晓庄师范学校的陶行知的学生方与严搜集并出版了全文。②

  在这篇文章中，刘季平赞成杜威的看法，认为教育与现实
生活之间存在背离，也认同必须推出新式生活教育来弥补这一背
离。然而，他认为杜威的教育理论存在缺陷，因为该理论假设这
一背离是"绝对的"。③刘指出这一假设意味着杜威提出的生活教
育理论试图将两者关联起来，学校和社会的双重性将始终存在。④
刘接着分析，在这个意义上陶行知的"天才"之处正是发现了杜
威理论中的这一缺陷，并提出"社会即学校"和"生活即教育"
来反驳杜威。刘指出在陶的生活教育理论中，生活与教育并非二
元对立而是统一的。⑤

  刘提出质疑，认为陶的生活教育理论中"生活"概念模糊。
他指出，陶行知的生活教育中的生活所指的是"一般生活"而非
某一种特定的生活。⑥刘认为这一模糊概念未能区分各阶层不同
的生活，因而模糊了生活与教育间的分离。他解释道，在封建社
会中教育反映了"上层"政治生活；在资产阶级社会中，教育反

---

① 见《生活教育》第 2 卷第 17—21 期。
② 见生活教育社编《生活教育论集》，生活书店，1937。该文集为不同作家的选
  集，由陶行知在晓庄师范学校的另一名学生于 1937 年搜集而成。
③ 生活教育社编《生活教育论集》，第 14 页。
④ 生活教育社编《生活教育论集》，第 14 页。
⑤ 生活教育社编《生活教育论集》，第 14 页。
⑥ 生活教育社编《生活教育论集》，第 17 页。

映了"资产者和生产组织者"的意愿。① 因此，从历史角度看，
"在教育上存在问题的，并不是与生活一般的游离，而是在于他
与生活底层的游离"，这些人社会地位低于"上层"、资产者和
生产组织者。② 此外，他认为当前新式教育实践主题应为"劳动
生活"而非"一般生活"。③ 他写道：

> 因此，在现在，问题之焦点绝对不在于生活一般，而
> 乃是在于生活之最下层的基础之劳动生活的方面。只有劳
> 动生活，才是人类社会生活之最基础的根据的生活，一切
> 别的生活，都是以这个生活为基础而生起的上层所产……
> 而今日在教育上之主要问题，也就正是在于他（即教育）
> 与劳动之分离。因此，在目前，问题决不能止于要求教育
> 与生活一般的统一，而必须明确地要求教育与劳动之矛盾
> 的统一。④

因此，刘季平认为劳动生活或以生产关系为核心的生活经验应成
为新式生活教育的主题。他还明确了上述新式教育的目标是"劳
动大众"。⑤

　　刘的监狱笔记及其之前在晓庄师范学校的经历表明，其观
点与其老师的大众教育相似，他也认为新式生活教育是改变社

---

① 　生活教育社编《生活教育论集》，第 18 页。
② 　生活教育社编《生活教育论集》，第 18 页。
③ 　生活教育社编《生活教育论集》，第 19 页。
④ 　生活教育社编《生活教育论集》，第 19—20 页。
⑤ 　生活教育社编《生活教育论集》，第 21 页。

会关系和组建社会力量的一种手段。但是正如上文所说，陶行知大众教育的目的是结束精英阶层对教育和文化形态的控制。在他看来，上述大众教育将建立一个团结而觉醒的大众群体。陶认为这种大众教育不但不会分隔各层生活，反而会让未受过教育的中国大众能够表达自己的感情，记录日常生活，并意识到民族解放的重要性。但是刘认为生活教育或"劳动大众"的生活教育应帮助他们了解并认识到生产关系及其所创造的各种生活。刘在提出陶的大众教育应明确谁是"前导阶级"中阐明了这一点。

刘认可陶通过教育建立统一的大众来进行民族解放的努力。然而，考虑到阶级主要决定于生产关系，他提醒教育不能克服社会阶级，但教育必须具有阶级性，且在任何教育实践中都需要明确一个前导阶级。他警告道，不明确大众教育的阶级性质将会危及无辜人的性命，由此违背生活教育的目标。他以全球经济萧条后的大众教育趋势变化为例佐证这一观点。刘宣称为终结自 1929 年以来的世界经济衰退，必须要"把劳动大众从汹涌的失业与饥饿的狂涛中解放出来"。[1]然而，事实上世界各国不仅拒绝了该提议，反而发动了战争。这些国家还推行所谓的"大众教育"，"少数人"从中受益，而大多数人被迫参战，他认为这一行为相当于自杀。正如他所说，"他们（发动战争的国家）……是教其大众为发明为制造更多飞机、大炮、毒瓦斯以进行第二次世界大战而流其最后一滴汗的，是教其大众为学

---

① 　生活教育社编《生活教育论集》，第 23—24 页。

习忍气吞声束肚皮让肥的更肥、高的更高而放其最后一滴血的。这，除去少数'有利于此'的而外，其余（世界人民）该会知道他是怎样的一个混蛋的（教育与生活的）统一吧"。① 因此，刘提醒人们不明确大众教育前导阶级将会危及无辜民众的性命。刘以对陶的大众教育理论提出的一系列问题来结束对大众教育的探究，并敦促陶明确前导阶级：

> 因此，单是说拢〔笼〕统的时代任务是不行的（统一生命与教育之间的分离的教育），主要的还必须要问："是为谁的利益的？""是由谁担当起来的？"是大众的，还是少数人的？谁站在大众利益之最前头？谁能够领导人类在前进而不是开倒车的意义上完成这个时代的历史任务？例如在中国今日之历史任务面前，便必须要问：是为少数人利益的少数人的任务，还是为大众利益的大众任务？要问在大众任务中谁是前导的克拉斯？是"有产者"呢？还是"都市里的勤劳大众"呢？还是乡村里"黄泥腿儿"呢？只有正确地求到了这个问题的答复，而把教育和这个一定的前导的克拉斯及其领导统一起来，然后教育与时代任务之统一才有真实的意义。②

---

① 　生活教育社编《生活教育论集》，第 24 页。
② 　生活教育社编《生活教育论集》，第 24—25 页。

小 结

20世纪30年代，陶行知组织的大众教育运动在国民党政府统治下艰难进行。正如我在第三章中所述，陶早期提出的农村教育运动遭国民党政府查封，这是由于陶强调乡村社会应独立于以城市为中心的工业化而自治，但这一点不利于国民党领导下的国民社会发展，以及以城市为中心的工业化的发展。然而，陶行知拒绝转变生产关系，对传播和建立团体的坚持也让他和国民党的关系暧昧不清，当时国民党在30年代为统一中国而做出了许多努力。因此，陶的大众教育运动得以幸存很大程度是由于国民党能从陶对"传播"的重视及其对转变生产关系的抗拒中受益。与此同时，陶对此的重视受到马克思主义教育家刘季平的批评，刘提醒道，大众教育不会克服一切社会阶层，但教育必须具有阶级性，且在任何教育实践中都需要明确一个前导阶级。

陶行知对大众交流的重视并未促成一个能够扭转经济危机、解决20世纪30年代中国和全世界劳动和社会问题的团结大众的建立。他所提出的大众教育也无法发展团结的大众，阻止第二次世界大战的爆发，尤其是日本帝国主义在中国的扩张。然而，陶执着地通过交流来巩固工农统一。1936年8月，陶周游世界，游历欧洲，南、北美洲和南亚等26个国家，以推广他提出的小先生制（传递教学）及大众文字和文化课程。[①] 在印度，他与甘地

---

① 《出访二十六国日志》，《陶行知全集》卷3，第170—171页。这篇日志由晓庄师范学校档案馆从陶行知日记中（1938年8月）摘录下来。

进行了愉快的对话，甘地其后将陶的大众教育理念引入印度，并开始在印度大众中推行陶的传递教学法。[①] 在墨西哥时，陶还在墨西哥记者面前发表讲话，提出"墨西哥与中国结成兄弟"，墨西哥应该停止向法西斯国家出售武器。[②]

[①]　《致甘地》（原文为英文，写于 1938 年 7 月 27 日），《陶行知全集》卷 6，第609 页。

[②]　《出访二十六国日志》，《陶行知全集》卷 3，第 178—179 页。

第三部分

第五章

另一种"走向大众"：中国文化建设协会的"民智"说

书是固有文化的总和，我们读书可收温故而知新的效果，书是西方文化的结晶，我们读书可以得到迎头赶上的阶梯。我们民族之所以不能雄飞于世界，甚至连生存都守着很大威胁，不读书，不求知，实是一个最大的原因，不读书，不求知，智慧的光照不到我们身边的危险，精神力不能统制自己的物质，那么难怪中国会成为外国人的次殖民地了。现在我们请大家来参加读书运动，其最大的目的，是希望大家能够多准备一点有用的知识，来统制组织管理自己的物质力，来争取我们民族的生存。

一部分的人们，都以为现在国家民族的需要，是飞机巨舰大炮炸弹，决不是不值一文钱的书。其实飞机、巨舰、大炮、炸弹固然有用，而制造和使用这飞机、巨舰、大炮、炸弹的学术就更有用，如没有制造飞机、巨舰、大炮、炸弹的知识，试问飞机、巨舰、大炮、炸弹何从产生？如果没有利用飞机、巨舰、大炮、炸弹的知识，那就纵有飞机、巨舰、大炮、炸弹，又有什么用处？由此岂不是属于精神的知识力，实比属于物质、体力、财力、物力都更重要么？……读书就是我们中国此时此地的需要。①

1935 年春，国民党 CC 派政治精英陈立夫、潘公展、吴铁城、吴醒亚等围绕"中国文化建设协会"策划组织了一场全国范围内的读书运动。陈立夫等视读书运动为其文化建设的重要组成部分。中国文化建设协会依靠国民党和国民政府的组织机制，在国民党统治的地区设立了 25 个附属于地方党部、教育厅、大学的全国读书运动"分会"。比如江西读书运动分会设在南昌江西省党部，湖南分会设在长沙，由湖南省教育厅负责。② 读书运动的公告首先通过各地方党部和教育厅公报发布。地方党部和政府乃至大学再利用其掌控的大众媒体（包括报刊、广播）传播这些消息。整个读书运动由三部分组成，分别是从 3 月持续到 9 月的全国读书竞进会读书比赛、4 月中旬进行的为期两周的倡导全国上下共同读书的全国读书运动宣传活动，以及持续进行的扫除文盲全国识字运动。

读书运动的策划和组织者尽可能地吸引全国各教育层次的

① 《中国文化建设协会读书运动大会宣言》（1935 年 3 月），王新命、汪长济编《现代读书的方法》，现代编译社，1935，第 464—466 页。

② 读书会 20 个分会址及附属机构见王新命、汪长济编《现代读书的方法》，"附录一：中国文化建设协会——全国读书竞进会章程及其他"。

群体，包括识字的教育精英如大学教授、中小学教员和青少年学生，也包括多数不识字的农民、工人和妇女儿童。比如，春季全国范围内征集会员的读书竞进会读书比赛，分成大学生、中学生两组，"不限于学校学生"，有知识的人都可以参加。4月公布的春季书单由中国文化建设协会提名的各领域专家提供，由总会分发到全国分会，4月到9月为竞赛读书期，这期间由各分会邀请各界专家、学者指导会员读书。而参与读书比赛的会员，要完成阅读清单列出的本年度"课本"和"参考书"书目，并且提交读书笔记。9月揭晓竞赛结果，比赛成绩以阶段性读书笔记和最终笔试的综合成绩为准。全国大学组和中学组比赛各选出成绩前三十名者，奖励不同额度和数量的现金和书籍。4月中旬进行的为期两周的全国读书运动宣传会倡导"民智"、"分工读书"、教育和知识"社会化"，号召包括商人、公务员、工人、农民、妇女儿童等各行业、群体加入读书识字的行列中来。时任上海市市长吴铁成、教育局局长潘公展还在上海、江浙一带发起提高国民识字率的民众社会调查，并建立"识字教育服务团"，分别担任团长和副团长。他们亲自参与非学校的社会范围内的识字教员的选拔和培训，安排部署上海地区各区扫盲识字读书活动。吴铁城与其同人在读书运动期间还通过了一个全国范围内的"三年扫除文盲计划"，试图将全社会各阶层都纳入这一时期的读书识字运动当中。另外，读书运动期间，中国文化建设协会通过报刊、商业出版社印刷出版读书运动言论集，希望其倡导读书识字的主张得到更大范围的传播。协会和地方政府还用戏曲、广播、电影、幻灯片等大众传媒形式宣传识字读书。由韩兰根导演的无声电影

《亮眼瞎子》是在上海扫除文盲运动中反复播放的教育宣传片。

读书运动得到了国民党政治精英和知识分子的广泛回应。1935 年 10 月运动开始 6 个月后，中国文化建设协会编辑出版了 500 多页的全国读书运动言论集。这个集子包含了政治精英、学者、文化人以及普通读书人对读书运动以及社会文化教育的言论。这些言论一部分出现在主办方相关媒体的《文化建设》《读书月刊》《晨曦》上，更多的是出现在《民报》《京报》《女子月刊》等报刊和报纸副刊上。笔者通过民国期刊报纸数据库搜索，仍能找到没有收入言论集的、有关读书运动的期刊报纸文章。另外，国民党倡导全民读书识字的这个主题也得到非右翼文化人士的关注，中国文化建设协会出版编辑的全国读书运动言论集不仅包括陈立夫、吴铁城等 CC 派政治文化精英的言论，也包括舒新城、胡适、林语堂、李公朴等非 CC 派文化人对于读书和社会教育的看法。1935 年的读书运动是国民党 CC 派中国文化建设协会成立后第一次面向全国的文化运动，学者的研究多注重此时期对"中国文化本位"的讨论，这些研究都清楚地揭示了民族知识分子在面临民族危机和共产革命盛行的 20 世纪 30 年代，提出建设"民族文化"的重要性。CC 派召集全国知识分子组织的全国读书运动，意义不仅仅在于对中国本位文化的解释，也不仅仅是对"政治"危机的转移，更重要的是显示出 CC 派精知识分子对非精英的工农民众、青年、妇女的教育的重视。

以往对此时期国民党民众教育的研究认为"党化"和三民主义教育是这个时期的突出特点。我认为国民党 1934 年中国文化建设协会的成立和它组织的一系列活动如全国读书运动的民众社会文化教育,不仅仅体现了意识形态渗透进市民社会的趋势,也体现了国民党主张民族知识分子精英走向大众,教育"社会化",教育大众成为国防现代化有效的劳动力,避免左翼社会革命扩散,建设民族国家的愿望和主张。主张理工科兴国,主张母亲识字、做贤妻良母,主张农民和工人识字,批评青年学习社会科学,这些都是该活动集中的体现。提高国民素质和文化水平的愿望,更体现出国民党文化政策制定者及其民族知识分子在民族危机的时刻推行秩序、倡导国家意识统领个人的文化政治。其与同时期中国共产党的文化教育理念与实践形成鲜明对比。

本书第三部分考察国民党 CC 派及其中国文化建设协会 1935 年春在上海、江苏、北京、浙江、湖南等 25 个省、市举行全国读书及相关的扫除文盲的运动。第五章侧重讨论国民党 CC 派及中国文化建设协会精英有关民众教育、民族教育的看法,特别是驱动全国读书运动的"民智"说。第六章考察国民党 CC 派和中国文化建设协会精英策划的全国读书运动。

一 危机中转向文化运动

中国文化建设协会教育工作者并非随随便便就发动了此次读书运动。面对 1927 年后中国持续的社会经济和主权危机,这一运动的发动有助于培养国民的自律性及对党派的忠诚。在国民革命结束时,国民党领导下的中国并未解决中国的劳工和经济问题。接着 1931 年发生了前所未有的长江洪水灾害,1934—1935

年中原地区发生旱灾，贯穿整个 30 年代的经济萧条促使劳工和经济问题进一步恶化。①

中国农村贫困问题在 20 世纪 20 年代末和 30 年代尤为严重。20 世纪 20 年代已开始出现一些地方性农业危机的迹象：土地所有权集中、土地使用集约化以及越来越多的农民破产。②20 世纪 30 年代的经济萧条更是给了已在严峻困境的中国农民沉重一击；随着工业化国家不再开放它们的市场，农业出口减少，部分以城市为销售中心的、以手工制造为生的中国农村地区更加走投无路。③尽管城市中失业和就业不足的比例不断飙升，但农村破产和自然灾害仍旧驱使着大量农村人口涌入城市，在南京政府执政十年间（1927—1937），乞丐和贫民窟数量创下历史新高。④一位英国目击者在 1931 年留意到，农民和中国农村正走向崩溃："在一些地区，农村人口的地位正如一个人一直站在水中，水没

---

① Thomas Rawski, *Economic Growth in Prewar China*, Berkeley: University of California Press, 1989, pp.280-329.

② 历史学者对多大程度上中国的半殖民地经济和政治状况导致了农村的破产，说法不一。见 Kathy Le Mons Walker, *Chinese Modernity and the Peasant Path: Semicolonialism in the Northern Yangzi Delta*; Philip Huang, *The Peasant Family and Rural Development in the Yangzi Delta, 1350-1988*, Stanford: Stanford University Press, 1990; Kenneth Pomeranz, *The Great Divergence: China, Europe and the Making of the Modern World Economy*, Princeton: Princeton University Press, 2000。

③ Peter Zarrow, *China in War and Revolution, 1895-1949*, Chap.14. 另见 Ramon Myers, "The Agrarian System," *The Cambridge History of China*, Vol. 13, *Republican China*, Pt.2, Cambridge: Cambridge University Press, 1986。

④ Zwia Lipkin, *Useless to the State: "Social Problems" and Social Engineering in Nationalist Nanjing, 1927-1937*, Cambridge, Mass.: Harvard University Press, 2006, Chap.1.

过了他的脖子；因此即使是一点涟漪也足以淹死他。"[1]

围绕农村土地危机的性质、危机的解决方案以及国民党政府实施的经济计划所带来的影响，关心时政的知识界展开了讨论。[2] 显而易见的是，尽管新政府实施了经济发展计划，但至少到1937年日本全面侵华时，国民党政权仍未能通过提供技术支持和物质资源来推动农村经济发展，从而解决农村危机。此间，由于所掌握的资源和领土有限，国民党并不能很好地防止农村危机的发生。事实上，在此期间，国民党还不得不集中力量来巩固国家主权。尽管国民党在国民革命期间镇压了共产党军队，但自1927年中期至1935年，国民党政权却不断受到来自地方军阀的挑战，这些军阀势力虽然在国民革命期间加入国民革命军，但仍保留了对军队的控制权；另一方面，国民革命后共产党势力退守农村地区，这也给国民党带来威胁。到了1928年国民革命结束时，国民党牢牢掌控在手中的只有东南地区的部分省份，其中包括江

---

[1] 转引自 Peter Zarrow, *China in War and Revolution, 1895–1949*, p.272；引自 R.H. Tawney, *Land and Labour in China*, New York: Octagon Books, 1972, p.70。

[2] 在20世纪30年代围绕土地问题的争论中，一方是以卜凯为主导的康奈尔大学的农家经济派，另一方是由马克思主义社会学家陈翰笙所主导的农村经济派。陈翰笙认为，转变生产关系能够解决农村经济危机。陈及其团队证明了外资、买办金融资本和地方大规模土地所有权集中阻碍了生产力的增长和农业生产的产业化。他们得出结论，中国的土地问题本质是生产关系问题，因此支持中国共产党在西北农村进行的社会经济革命。相比之下，卜凯的社会研究和提案侧重于改善农村交通系统和改进技术，并着重建立国家资助的农村合作社，为农民提供财政支持。国民政府参照卜凯的提议推出了一系列农村政策。根据陈翰笙对卜凯的评价和国民政府对卜凯提案的实施情况，合作社大多由地方地主和放高利贷的国民党地方代理经营。关于这场争论的叙述，请参阅巫亮《卜凯与陈翰笙：20世纪20—30年代农村调查之比较》。另见 Yung-chen Chiang, *Social Engineering and the Social Sciences in China, 1919–1949*, Chap.7,8。

苏、浙江和安徽。直到 20 世纪 30 年代中期，国民党才逐步掌控了中国大部分地区。[1] 此外，日本自 1931 年起入侵中国东北，并持续深入中国华北和内蒙古地区。装备精良、先进的日本军队对于国民政府来说就是一场劫难。蒋介石及其南京的同僚清楚地认识到，中国还不够强大，不足以面对这一强大的敌人。

面对持续性的农村危机、物资匮乏难以拉动经济，还有来自地方军阀和共产党势力的不断挑战，以及虎视眈眈的日本帝国主义强权，蒋介石及国民党都认为要在党领导下统一中国大众，这对国家存亡至关重要。统一当然也意味着消灭共产党和任何其他分散的各方势力。虽然已有学者就蒋介石政权为统一付出的努力，即建立秘密特务机关、[2] 发展自给自足的国民经济、[3] 进行文化革命[4] 做过相关研究，但很少有学者在持续性的社会经济危机、1927 年后开始出现的主权问题这一背景下探讨国民党政府的大众教育计划。高哲一（Robert Culp）已阐述了国民党政权是如何抑制地方教育者在课堂之外传播另类的公民思想的实验，而这种思想又是如何引领地方学生政治，以及这一新政权在同一时期如何重组地方的学生活动。[5] 海伦·施奈德（Helen Schneider）近期

[1] Peter Zarrow, *China in War and Revolution, 1895-1949*, pp.248-249.

[2] Fredrick Wakeman, *Policing Shanghai, 1927-1937*, Berkley: University of California Press, 1995.

[3] Margherita Zanasi, *Saving the Nation: Economic Modernity in Republican China*.

[4] Margaret Clinton, Fascism, Cultural Revolution, and National Sovereignty in 1930s China, Ph.D.dissertation, New York University, 2009; Arif Dirlik, "The Ideological Foundations of the New Life Movement: A Study in Counterrevolution," *Journal of Asian Studies,* 34/4 (1975): 945-980.

[5] Robert Culp, *Articulating Citizenship: Civic Education and Student Politics in Southeastern China, 1912-1940*.

解释了国民政府如何制订大众教育计划，其重点是培养家庭主妇和职业女性的道德自律。[1] 魏斐德曾对国民党党员在南京政府十年间的活动做过相关研究，他注意到陈立夫为推动制订以国民党为主导的大众教育计划付出了诸多努力。魏斐德认为，这些有关计划的推出是 CC 派（陈立夫及中国文化建设协会）与另一国民党党派蓝衣社之间竞争的产物。[2] 虽然说 20 世纪 30 年代党派内部的磨合和竞争固然重要，但同样值得注意的是 CC 派和蓝衣社都认为新大众教育计划对国民革命后的中国社会发展是非常重要的。尽管之前的研究揭示了国民党政权下公民教育和大众教育的重要性，但并未足够重视在 1927 年后社会经济危机和政治主权危机问题的背景下，国民党新大众教育计划是如何发动的，以及这种大众教育与其他大众教育计划有何不同，而能在相较之下脱颖而出。

为扭转经济和劳工危机，巩固国家政权，阻止日本对中国进行彻底殖民，陈立夫及其中国文化建设协会的同人试图将国民党政府手中的有限资源集中起来，建立一个由国民党和精英人士领导的、带有军事联合性质的自立高效的劳动者队伍，主要目标是实现以城市为中心的快速工业化和组建强大的武装力量。全国读书竞赛、"正确"读书实践和消除文盲运动则是为培养这么一个劳动者队伍而进行的具体努力；中国文化建设协会教育工作者特别注重培养大众的责任感和自我监督力，以促进发展自给自足的

---

① Helen Schneider, *Keeping the Nation's House : Domestic Management and the Making of Modern China.*

② Fredrick Wakeman, *Policing Shanghai, 1927-1937*, pp.108-109.

国民经济。在中国文化建设协会大众教育家对"民智"发展的讨论①和中国文化建设协会理论家陈高佣提出的"整合矛盾思想和行为"的提议中，上文的自我监督力和责任感分别得到了解释。②

陈高佣认为，全新的教育文化运动对于中国解决国家危机和"半殖民主义"带来的社会经济问题是有必要的。这种文化运动将取代农业文化，消除个人主义的城市商业文化，打压一切形式的国际主义。他得出结论，中国在 20 世纪 30 年代所需要且合适的文化体系是法西斯主义，在不主张阶级斗争的前提下，应为发展民族资本主义而团结一切受帝国主义压迫的阶级。陈在 20 世纪 30 年代强调文化教育运动的重要性，吴铁城和其他大众教育家与陈的观点类似。他们解读 20 世纪早期的世界历史，认为中国要渡过国家危机，必须提高民智，也就是要意识到个人在提高中国传统"物质"方面所应肩负的责任，即建立一个自给自足的国民经济体。此外，民智的发展也意味着知识技能的提升，这有助于发展一个自给自足的国民经济体和国防力量，但也同样意味着为了促进一个国家的发展，需要压抑个人偏好使其心态和行为趋于理智。

与陶行知和《读书生活》的地下共产主义教育工作者类似，中国文化建设协会教育工作者也将目光聚焦在国民革命后中国大众的认识和觉悟上。但相反的是，中国文化建设协会的右翼民族

---

① 吴铁城：《文化建设与读书运动》，王新命、汪长济编《现代读书的方法》，第 470 页。
② 陈高佣：《民族斗争史中中国文化之考察》，《中山文化教育馆季刊》第 1 卷第 2 期，1934 年。

主义教育者根本不关心农民和工人的需求和困境。他们坚持认为农民"落伍"，而工人"缺乏"劳动技能；然而，他们却要求农民和工人为发展自给自足的国民经济生产原材料并提供劳动。不仅如此，尽管共产主义知识分子自认为是城市群众的"正确"认识的公断人，但中国文化建设协会的右翼分子认为国民党及其城市精英才是"有远见的人"，才是引导中国大众的人——这一分歧解释了为什么中国文化建设协会领导人潘公展密谋打压《读书生活》。此外，陶行知强调独立于以城市为中心的工业化的乡村自治，而中国文化建设协会的知识分子坚持发展国民党领导下的民族共同体，并推进以城市为中心的工业化。该分歧也就解释了为什么 1930 年陶行知的农村教育计划在晓庄实施时，国民党会对其进行镇压。同时，陶行知和中国文化建设协会的知识分子都消解了中国农村产权和生产关系间产生的冲突，陶行知对统一的理解使他与中国文化建设协会和国民党的关系较为暧昧，这是因为陶行知所强调的工人和农民之间的"沟通"和保持稳定的生产关系的想法，至少在一定程度上有助于国民党实现对国家的统一。因此，在 20 世纪 30 年代，陶行知的大众教育计划也在国民政府的统治下成功地推行了。

二　陈高佣关于半殖民地中国社会的文化论说

对于中国文化建设协会的知识分子来说，在 20 世纪 30 年代发展国民经济与统一文化思想密切相关。中国文化建设协会的知识分子认为，在半殖民地的中国社会中，"矛盾"的文化和思想体系并存，为使中国在 30 年代作为一个主权国家继续存在，教育者和知识分子应该统一思想文化体系，并建构一种不同于欧洲资本主义社会和苏联社会主义社会的特色新文化。

在中国文化建设协会知识分子看来，人类社会发展遵循进化阶段论，它必然要经历以下阶段：封建主义、资本主义和社会主义。[①] 他们认为文化和思想是社会发展的产物，先进的社会生产往往产生优秀的文化。优秀文化将战胜落后社会生产所产生的低劣文化。因此，资本主义生产不仅产生了"资本主义文化"，而且这种资本主义文化必定会超越封建主义生产所产生的"封建文化"；同样，"封建文化"必然超过"宗族文化"。基于进化的社会文化观，中国文化建设协会知识分子常常断言汉族能在古代中国存活下来，是因为其封建文化优于其他民族的宗族文化。汉族人随后凭借其社会文化体系"同化"非汉族。相比之下，从 19 世纪中期开始，中国的封建主义社会文化就变得逊色了，它面对的是以欧洲、美国和日本为代表的资本主义社会文化。因此，中国文化建设协会知识分子认为汉族社会文化处于崩溃的边缘。其理论家陈高佣用最简洁的语言阐释了进化的社会文化观点——正如他在发表于 1934 年的文章《民族斗争史中中国文化之考察》中所说的那样：

[①] 国民革命时期国共统一战线在 1927 年破裂后，中国知识分子自 20 年代后期一直围绕中国社会本质展开辩论。陈及其他中国文化建设协会知识分子如陶希圣和何炳松皆参与了这场社会历史争论。见 Arif Dirlik, *Revolution and History: Origins of Marxist Historiography in China, 1919-1937*。

　　原来所谓的力量，并不是说某一民族的文化永远有力量，绝对有力量，而某一民族的文化则永远无力量，绝对无力量；所谓文化的力量都是有时间性的，相对的。换一句话来说，即在民族斗争中要看民族文化的力量须就两方文化的先进与落后这一点上比较来看。民族文化与封建先进与落后，是随社会发展的阶段来决定。封建社会是脱破民族社会而来，所以封建文化可以压倒民族文化；资本主义社会是催化封建社会而生，所以资本主义文化可以战胜封建文化。知此，则可知道为什么在过去民族战争史上中国文化可以表现力量，而在近代与世界列强接触之后，中国民族反有被人同化之虑。

　　无疑地近代世界上的列强都是资本主义的国家，而中国的民族资本则至今还没有发展起来，万里长城抵不住人家的枪炮炸弹，手工制造赶不上人家的机器生产；人家是资本集中，而我们则小本经营，人家研究科学而我们则崇尚玄理，总之人家前进而我们落后，所以自从帝国主义的势力冲破我们的铜墙铁壁之后，未及百年，而中国旧有的一切已经是尽被破坏，国家民族已经是形成一种次殖民地的景象。回顾过去中国民族史上的光荣成绩，能不使人发生今昔之感吗？[①]

---

① 陈高佣：《民族斗争史中中国文化之考察》，《中山文化教育馆季刊》第1卷第2期，1934年。本文不久后便收入陈的专著《中国文化问题研究》，上海书店，1937；该书也收录于"民国丛书"第4编，上海书店，1992，此段引文在第103~104页。下引该书页码为"民国丛书"版。

作为一名坚定的国民党党员和一位有影响力的文化理论家，陈高佣在整个 20 世纪 30 年代和 40 年代都在协助国民党制定文化政策。陈曾在北京师范大学学习教育学，随后在东京帝国大学学习哲学和历史，回国后，他成为广东暨南大学的一名教授。在此期间，他还是国民党宣传部上海办事处委员会的领导人。他热切主张在中国的学术和教育体系中建立"文化学"这一学科，不久就成为中国文化研究的奠基人。[1] 在 20 世纪 30 年代，陈的作品经常作为头条文章发表在中国文化建设协会的期刊《文化建设月刊》上。此外，为推广中国文化建设协会的一系列文化项目（其中包括读书运动），陈高佣与其他 9 位著名的人文社科方向的教授共同发表了有影响力的"十教授宣言"。这一宣言号召建立一个新文化，用他们的话来说就是"在中国建设中国文化"，并断言统一文化思想是 20 世纪 30 年代中国最紧迫的任务。陈及其同志还提到，这一新的社会文化体系必须有别于封建主义、资本主义和社会主义制度。陈明确将这一社会文化体系定义为"民族资本"和"中国本位文化"。[2]

陈高佣还强调，中国的几种"矛盾"文化思想体系，包括封建文化、资本主义文化和社会主义文化，在 30 年代能够共存，是由于中国当时是半殖民地社会。[3] 他坚持认为中国民族资本的

---

[1] 陈及其生平的简介，见宋小庆、梁丽萍《关于中国文化本位问题的讨论》，百花洲文艺出版社，2004，第 15 页。

[2] 有关"十教授宣言"的讨论，见宋小庆、梁丽萍《关于中国文化本位问题的讨论》。该宣言英文版见 William Theodor de Bary, *Sources of Chinese Tradition*, Vol. 2，New York: Columbia University Press, 2000, pp.387-388。

[3] 陈高佣：《中国文化问题研究》，第 8 页。

发展需要团结这些文化思想，也就意味着要淘汰他眼中的"封建主义"社会文化体系、欧洲"资本主义"社会文化体系以及"社会主义国际思想和文化"。首先，陈提出新社会文化体系应该消灭地方地主和军阀所代表的封建社会势力与文化，并重申，在 20 世纪 30 年代的中国，封建主义是一股阻力，压制了民族资本的发展。他认为封建主义"危害了 20 世纪中华民族的生存，我们应该努力消除这种不合时宜的文化"。[①]

其次，陈高佣还坚持认为，新的社会文化体系应该淘汰欧美国家所代表的"个人主义资本主义"。在 20 世纪 30 年代，中国应当消除由欧洲帝国主义扩张所带来的个人资本主义，而"对于民族的资本主义则应当竭力提倡"。[②] 据他所说，在 30 年代的中国还残存着欧洲资本主义社会文化体系。自欧洲帝国主义势力进入中国以来，中国的买办阶级就一直与其合作，助长了外国资本主义生产。倡导民主及个人主义的中国自由主义知识分子和向往西方生活方式的通商口岸的城市中产阶级都在宣扬欧洲文化。然而，在陈看来，尽管晚清知识分子、共和党人和五四知识分子都试图推进民主政治和社会制度，宣扬个人主义，但都未能给中国人民的生计带来实质性改变，而这一失败主要源于"民族资本主义"的落后。[③]

正如陈高佣接下来所阐释的那样，在欧洲帝国主义扩张导致中国自给自足的封建制度崩溃的同时，外国资本的扩张导致只存

---

① 陈高佣：《中国文化问题研究》，第 8 页。
② 陈高佣：《中国文化问题研究》，第 14 页。
③ 陈高佣：《中国文化问题研究》，第 6 页。

在买办资本，这严重阻碍了民族资本的发展，而民族资本恰恰是发展民主政治和个人主义的社会基础。陈认为在民国，个人主义和民主只存在于"书本"上。实际上，欧洲买办资本主义只是为那些一厢情愿的知识分子和痴心妄想的城市中产阶级创造了买办式的糜烂的生活方式。于是，他得出结论，在 20 世纪 30 年代的中国提倡民主和个人主义事实上是在帮助帝国主义的扩张。对资本主义制度"不加批判"地接受，可能会引起帝国主义扩张加速和民族资本主义受压制的危机。[①]

再次，陈高佣坚持要淘汰集体化、国际化社会主义的社会文化体系。他认为这一思想在 20 世纪 30 年代的中国是"天真"且"危险"的。他强调 20 世纪二三十年代的中国社会主义思想文化普及缺少经济基础，并坚持认为中国必须发展（民族）资本主义才能"过渡到"社会主义。社会主义的流行仅仅是由持续性的资本主义危机、苏联崛起以及资本主义大国间的战争合力所致。他并不认同这一时期中国共产党领导的农村社会改革，认为在 20 世纪 30 年代的中国，发展社会主义是"玄学上的空谈"，它不能有效地组织大众，形成新的社会生产模式。[②]

然而，陈高佣认为能够利用国际社会主义思想动员中国人民争取民族独立。他主张所谓的"社会主义文化民族化"，也就是法西斯主义。让半殖民地国家和资本主义国家中被压迫的人民团结起来，这一国际主义思想将点燃 20 世纪 30 年代中国民众"反帝国主义"的热情。但是，他认为这一国际主义不应提倡阶级斗

---

① 陈高佣:《中国文化问题研究》，第 18 页。
② 陈高佣:《中国文化问题研究》，第 7 页。

争，阶级斗争会阻碍国家的"经济"发展，即民族资本主义的发展。[1] 正如陈所说：

> 我们应当使社会主义的文化民族化。所谓社会主义的文化毫无疑义的是人类最高的文化。社会主义的文化本是一种国际文化，但是在我们生产落后的半殖民地，要运用这种文化，则应当把"国际"这个名词事实上分别来看。若说我们应当联合世界上的弱小民族及各资本主义国家中的被压迫阶级作反帝的运动，这种办法确是必须的；但若不愿自己国家经济的特殊状况，而冒然舍己而从人，则不惟事实上走不通，势必至画虎不成反类狗，并社会主义之本意亦失。所以我们应当运用社会主义的文化解决我民族的困难，发展我民族的资本，不应当好高骛远，空谈国际主义，忽略自己民族的切身问题。[2]

于是陈高佣断定，20世纪30年代中国最紧迫的任务是在半殖民地时期解决不同社会文化间的"矛盾"，以发展民族资本。

当时对于陈而言，民族资本的发展与文化思想的统一以及消除不同文化和思想体系密切相关。[3] 在他看来，封建主义是不合时宜的，阻碍了新社会文化体系的发展；个人主义和民主是"外

---

① 陈高佣：《中国文化问题研究》，第14页。

② 陈高佣：《中国文化问题研究》，第14页。

③ 他也将其称作"中国文化现代化"，见陈高佣《中国文化问题研究》，第15—27页。

国资本"的产物，将阻碍本地的民族资本；阶级联盟的观念则将危及民族资本的发展。针对"如何解决中国矛盾问题"，陈直接指向"文化运动"与 30 年代中国国民经济发展的需要。正如他所说：

> 现在我们要复兴我们的民族，安定人民的生活，惟有赶快解决这种矛盾，而实行之道，则必须从文化上入手。……人类的意识固然是由经济基础而决定，但是要改革社会，则必须人类的意识对于事实上的矛盾先有所觉醒，然后可以发动，所谓文化运动即在社会矛盾时期，提醒人类意识之工作。……总之，我们的国家是一个生产落后的国家，我们的民族是一个被压迫的民族，我们现在的唯一问题，就是怎样解放民族、复兴国家。所以我们对于文化的态度，不应当守旧复古，亦不应当空谈趋新，应当以适应民族的需要为唯一条件。我们能把握住这个根本条件，则一切矛盾皆可能解除。①

对陈高佣来说，30 年代的中国社会发展不均衡，包括农村危机，都是与中华民族存亡密不可分的。他坚持发展民族资本主义，因而否定了财产所有权和生产关系间的矛盾。"文化"运动能够解决中国社会不均衡发展，其重心在于统一中国大众的思想和行动。陈的理论将文化与民族资本主义发展联系起

---

① 　陈高佣：《中国文化问题研究》，第 12—14 页。

来，为中国文化建设协会大众教育者制订大众教育计划奠定了基础。

三 文化的"精神方面"与"物质方面"

中国文化建设协会的大众教育者，包括陈立夫、吴铁城和胡叔异，提出了发展的文化相对论，这一看法与陈高佣类似。他们认为中国大众的觉悟和智慧是解决 20 世纪 30 年代社会经济和主权问题的关键。他们声称文化存在着"物质方面"，并相信欧美文化在物质方面十分丰富，而中国文化则相反。此外，日本文化与中国相近，却能在与欧美国家的对抗中脱颖而出，是因为日本政府及日本知识分子能够帮助国民提高觉悟，并引导他们有意识地发展物质文化。中国文化建设协会知识分子将民众的觉醒及其为提高物质文化而付出的努力称为开启"民智"。此外，他们还注意到在第一次世界大战后，弱势国波兰作为独立主权国家而崛起。他们认为波兰崛起的一个重要原因即波兰民众"自发"地努力维护民族精神并开启民智。

中国文化建设协会主席陈立夫主张发展中国文化的"物质方面"。陈立夫认为，欧美之所以能崛起，是因为这些国家在 18—19 世纪成功地发展出了"物质文化"。相较之下，"精神文化"是汉族文化的特征，但"物质方面"匮乏。物质方面匮乏也就解释了中国为什么会在鸦片战争中失败。陈强调，中国与欧洲大国间第一次对抗的结果是欧洲唯物主义文化、大炮和枪支共同作用的结果。陈在 1935 年 3 月全国读书运动的开幕词中说：

> 我国过去之文化，偏重于精神方面，欧美之文化，偏重于物质方面，所以中西接触以后，西洋的洋枪大炮冲毁了古老的长城。我国因物质之不如人，于是丧权失地，耻痕斑斑。①

此外，陈立夫将自鸦片战争以后近百年间中国的衰落归咎于知识分子和民众。他使用孙中山提出的中华民族"心理建构"，提出由于中国人缺乏"知"与"行"，所以中国持续落后，沦为"低级殖民地"，甚至比完全殖民化更为糟糕。② 导致中国30年代危机的是中国人民的漠不关心而非帝国主义扩张。中国人没有"意识到"中国缺少唯物主义文化，其后也未能"付出相应努力"发展中国文化的物质方面。他指责普通百姓，认为他们"颓废丧气"并不再尝试，他化用孙中山的话，称其为"人民心理上的自杀"。③ 他还指责精英们沉溺于个人的奢腐生活。而20世纪30年代中国最重要的任务就是阻止这一"心理自杀"。正如陈在开

---

① 陈立夫：《读书运动的重要意义——全国读书运动大会致开幕词》。这一开幕词收录于另一本发行于读书运动期间的文集，见王子坚编《读书问题讨论集》，经纬出版社，1935，第9页。

② 陈立夫在此使用了孙中山提出的"次殖民地"一词。孙中山是现代中国首个使用"次殖民地"一词的人。该词意味着"比殖民地还要糟糕"。在1924年在广东发表的演讲中，孙将中国与其他依附于单一殖民势力的国家如朝鲜做比较。在他看来，由于存在多方殖民势力，中国不得不屈从于所有殖民势力。然而，一旦发生自然灾害或战争，这些殖民大国都不会帮助中国。相比之下，殖民者对如朝鲜一类的殖民地必须承担一定的责任。孙中山的结论是，中国的情况比一个完全殖民地还要糟糕，因此他称中国为"次殖民地"。

③ 陈立夫：《读书运动的重要意义——全国读书运动大会致开幕词》，王子坚编《读书问题讨论集》，第9页。

幕词中所说的那样:

> 我国今日所以陷于次殖民地之地位,自有其历史上之因缘,也由于现今一般人民心理上之自杀。……自鸦片战争以后,中国的知识份子竟丧失了自信力,中国整个的民族,失却了自信力。这一个立国的宝贝,于是时代的车轮前进不已,徒造成了我国每况愈下的局面。我国文化偏重于精神方面之发展,这固是历史上之因缘;中国人民丧失了自信之宝贝,却又是人民心理上之自杀。到了现在,中国的智识份子是怎样呢?有没有觉悟呢?许多人还是消极颓废,度着浪漫的生活,对于民族之盛衰,国家之存亡,竟抱着冷观的态度,不认清国家民族的病根,不透观现代中国社会所需要奋斗的途径。如果人人如此,中国如何会有希望呢?所以我们决不能抱着消极的冷观的态度,应该恢复民族的自信力,更应该认识缺乏物质文化之现代中国,是需要科学智识去充实,以提高社会文化的水准。[①]

中国文化建设协会副主席兼上海市市长吴铁城认可陈立夫的观点,着重团结民心,发展中国物质文化。他指出日本在明治时期开始崛起,是成功发展文化"物质方面"的典型国家。[②] 若在

---

① 陈立夫:《读书运动的重要意义——全国读书运动大会致开幕词》,王子坚编《读书问题讨论集》,第9页。

② 有关吴铁城治理上海时期的描述,见 Fredrick Wakeman, *Policing Shanghai, 1927–1937*。

早些时候，中国知识分子还难以察觉与日本对抗和与欧美对抗有何不同，但对于 30 年代的中国文化建设协会知识分子来说，并不难发现现代日本是一个仅次于欧美的现代国家，这样就代表国家的强盛产生于物质文化。吴铁城称赞日本在明治时期所取得的成就。明治维新前，日本国情与中国相似，两国都缺乏物质方面的文化。然而，日本民族已成功地向西方学习，到 30 年代，其国力已能媲美欧美各国了。

尽管在 30 年代，日本帝国是中国最强大的敌人，但吴不仅称赞日本在明治时期为发展物质文化所做出的努力，还强调现代日本的崛起源于精英和国家领导下人民的共同努力，他称之为"民智"的发展。自明治时代以来，日本政府及其精英成功地带领人民进行文化改革，提高了日本民众对西方物质文化的认识。几十年的不懈努力，终究有所得。[1] 他感叹道，相较之下，尽管在日本开始明治维新后，晚清政府在 1898 年也进行了戊戌变法，但中国未能取得同样的结果。这说明中国人民并没有付出共同努力，以提高民智。吴坚信民族大众集体努力这一理论，甚至得出现代欧洲国家的崛起源于"一百年"的共同努力，是"举国上下一致"的成果。[2] 吴总结了欧美国家和日本的历史，并提出这些国家的崛起是民众在精英和国家领导下集体努力的结果。接着，他在题为《文化建设与读书运动》的广播讲话中总结道：

---

[1] 吴铁城：《文化建设与读书运动》，王新命、汪长济编《现代读书的方法》，第 470 页。

[2] 关于为什么吴铁城认为这需要"一百年"的努力并不清楚。他也许将 18 世纪的康乾时期作为一个分水岭，也就是欧洲国家开始发展资本主义约一百年后，中国在鸦片战争中失败。

在上述的中国和东西各国的历史上，我们可以得到一个民族盛衰的原则。现代民族的斗争，不是单纯武力的斗争，而是智力的斗争、科学的斗争、文化的斗争。我们要复兴，要自强，要从这样落后状况之下挣扎起来，以自跻于真正自由平等的地位，则惟有顺从这一个历史的原则，上下一致的，大家在智识求进步，创建我们民族文化科学的基础。要在这一个基础上，求自强，求复兴，求国家平等，求民族的发展，才有把握，才有实际。总之，我们要复兴民族，就要建设民族的文化，就要培养民族的智力，提高文化的水准，这就是中国文化建设协会所以提倡全国读书运动大会的意义。[①]

另一位中国文化建设协会知识分子胡叔异提醒人们注意第一次世界大战后波兰作为一个独立主权国家崛起，以此来解释开启民智的意义。与陈立夫和吴铁城相比，胡更强调民众自发为维护民族精神、发展民智所做的努力。波兰从灭国到崛起的一个重要因素是波兰人民在战争期间为维护其民族精神并发展民智所做自发努力。作为一名精英教育者和政府官员，胡叔异在上海是中国文化建设协会非常活跃的成员。1931年，胡叔异出任上海特别市政府教育局三科科长。三科主管小学教育。在此期间，胡带领一个研究小组前往日本，回国后，他出版了两部有影响力的著

---

① 吴铁城：《文化建设与读书运动》，王新命、汪长济编《现代读书的方法》，第470页。

作——《东瀛考察记》和《论英美德日儿童教育》。[1]胡还主编了一系列小学国文教科书，并出版了一本小册子，题为《儿童的新生活》，宣传右翼倡导的新生活运动。[2]胡所写的读书运动相关文章定期发表在有右倾倾向的大众报纸《新闻报》上，该报在上海当地广泛流传。

尽管胡叔异也认为民智是 20 世纪 30 年代不同国家间竞争的决定性因素，但他更强调大众为其意识觉醒整合可用的物质资源所自发的努力。[3]正如他在文章《文化建设与读书运动》中所说：

> 一国之文化，指一国人民精神与物质上之整个表现，国民之智力，生活技能，以及国家推行之制度事业，无不为文化之一部。……最近国际间政治、经济及军事起激烈之竞争，各国思厚植其国力，以图绵延其民族生命，而国力之基础，不在一时国民心理之转移，而在普遍智识思想之提高，所谓政治、经济、民生，均为国民知识思想之产物，求国力之雄厚，或谋国家政治、经济、军事之进展，必先普遍谋国民知识思想之提高，欲国民知识思想之提高，必先加入读书运动。[4]

在有关胡对第一次世界大战时期世界历史的解读中，他进一

---

① 胡叔异：《东瀛考察记》《论英美德日儿童教育》，商务印书馆，1931。
② 胡叔异：《儿童的新生活》，正中书局，1934。
③ 胡叔异：《文化建设与读书运动》，王新命、汪长济编《现代读书的方法》，第492 页。
④ 胡叔异：《文化建设与读书运动》，王新命、汪长济编《现代读书的方法》，第492 页。

步阐释了大众文化与"民智"。在第一次世界大战后，他提醒人们波兰作为一个主权国家的崛起是值得注意的。胡的解读与早前学者对波兰历史的看法截然不同，在 19、20 世纪之交，晚清知识分子就已经认识到波兰与其他"弱国"有类似的被殖民经历。[①]柯瑞佳认为，对弱小国家相似经历的早期观察为晚清知识分子发展反殖民主义的国际主义思想打下了基础。[②]相反，20 世纪 30 年代胡叔异认为波兰是一个"弱国"，却有完全不同的理由，他认为波兰人民在殖民统治期间为维护民族精神、发展民智所做的自发努力令人钦佩，这才使其在战后成为一个主权国家。

据胡叔异所言，波兰与中国一样，在文化上不如欧洲列强，但"社会"或"亡国民族"重塑了其文化和精神。他提醒人们注意波兰的学校教师为组织全国人民读书研讨会所做的努力。这些努力促成了波兰在一战后作为独立主权国家崛起。于是，胡将半殖民地的中国人民与亡国的波兰人民进行了类比。他批评中国民众，认为他们缺少提高知识和提高智力的力量和决心。此外，针对进行中的读书运动，胡认为这是中国大众的机会，能够提高智慧，增长知识，为国家的复兴做出贡献。因此，胡通过开民智和

---

① 梁启超在《灭国新法论》（1901 年）这篇文章中反思了当时中国在欧美列强对"弱国"（包括波兰、埃及、印度和菲律宾）扩张下的殖民经历。他意识到，这一系列有关社会经济、政治和教育的新殖民规定在这些弱国的近期历史中是普遍存在的，而这与此前的王朝文明模式是完全不同的。关于中国知识分子有关"弱国"殖民化经历的讨论，见 Rebecca E. Karl, *Staging the World: Chinese Nationalism at the Turn of the Twentieth Century*, Durham: Duke University Press, 2002, 特别是第 2 章。

② 见 Rebecca E. Karl, *Staging the World: Chinese Nationalism at the Turn of the Twentieth Century*, Chap.1。

维护民族精神，将普通中国人及其日常生活与国家存亡联系起来。胡继续道：

> 今之亡人国者，不特覆其宗社，常举其所有一切文化事业而隳灭之，盖恐其固有之文献事务，留存社会，易为亡国民族再图复兴之所资，故亡国之国家，其民智必受摧残。……波兰在欧洲前，国土分裂，一切文化事业，受列强之宰割，而一般教师特组织读书会，冀求保持固有民族精神于不坠，今日波兰之复兴独立，其得力于国内读书之处，亦非甚鲜。
>
> 我国社会混浊，青年多颓堕萎靡，一种放佚或浮嚣风气，竟到处弥漫，求转变此种颓废现象，而为劝学笃行刻苦自励之风气，舍发愤读书，无其他良剂，愿各地负文化建设之责者，速起而赞助推行读书运动。民族兴亡之关键。系于是已。①

胡叔异和其他中国文化建设协会知识分子不仅注意到了波兰，也在一战后发表的《中国文化建设协会读书运动大会宣言》中注意到德国皇帝统治下阿尔萨斯 - 洛林地区的讲法语的人。他们指出学校教师（又一次）让大人和孩子都坚持读书学习，这一做法有助于增加他们的智慧，从而重塑其国家文化。有人认为该

---

① 胡叔异：《文化建设与读书运动》，王新命、汪长济编《现代读书的方法》，第492—493页。

地区有可能因此而脱离德国，获得独立。[①]宣言还指责中国民众缺乏这种精神，也不努力提升自己的智慧。本节探讨的问题不在于中国人民是否真的缺少气节，或他们是否的确务力提升，也不在于胡和其他中国文化建设协会知识分子对波兰和世界历史的解读是否准确，而在于他们如何专注于培养民众的觉悟。

胡叔异对亡国民族和群众自发行动的关注可能是为了向中国东北的人民发出信息，中国东北当时正处在日本的殖民统治之下。若是如此，胡的信息则暗示中国东北的中国人民应保持中华民族的精神，发扬智慧，从而抵抗日本帝国主义的剥削和殖民化。这一暗示听起来如此讽刺，因为胡强调中国人民民族精神的统一，为增强国家物质力量发展民智，这与蒋介石坚持优先统一国家和发展经济的想法不谋而合。胡的想法也与蒋介石面对日本帝国主义侵略时所采取的绥靖政策所暗合。吴铁城等中国文化建设协会知识分子不仅阐明了"民智"这一普遍的理论，还规范了中国人的教育实践，提倡中国国民要合理利用业余时间，选择适宜的生活方式。正是在这样的"民智"理念的驱动下，中国文化建设协会的知识分子借助国民党党部机关在 1935 年春天掀起了全国读书运动。

---

① 《中国文化建设协会读书运动大会宣言》，王新命、汪长济编《现代读书的方法》，第 465 页。

第六章
全国读书扫盲运动

吴铁城等中国文化建设协会知识分子不仅阐明了"民智"这一普遍的理论，还通过国民党国家和政党官僚机构组织全国读书运动，提高民智，实践推广其民众教育理念。1935 年 3 月，由中国文化建设协会组织起来的一群国民党右翼分子发起了一场全国读书运动。读书运动得到了自大学教授到地方国民党员、普通士兵、公务员和匿名城市报纸撰稿人的广泛回应。

一 发展主义还是保守革命

中国文化建设协会和 CC 派精英知识分子倡导的关注民众日常读书的文化运动，可以视为国民党这一时期倡导的新生活运动的一部分。柯伟林等研究者认为新生活运动是对德意法西斯主义运动的模仿，并非内生，他们认为 30 年代法西斯主义内生于德国、意大利、日本等资本发达的殖民国家，并非生长于资本后

发的殖民地和半殖民地国家。① 这些研究强调新生活运动的复古
和保守的倾向，认为法西斯作为舶来品与中国固有的文化传统
产生冲突，导致国民党对德意法西斯的模仿要么十分拙劣，要么
不能起到相应的效果，由此使该运动未能成功地动员中国民众并
以失败告终。近期学者的研究从现代国家治理社会的角度，审
视国民党右翼倡导的新生活运动；这些研究关注国家如何通过
规范公民个体行为和日常生活习惯，推进现代化进程（behavior
modernity）。②

对这种行为现代化的论说，见学者麦吉·克林顿的新近
研究。她指出，新生活运动虽然关注公民日常生活细节，但本
质是国家推行秩序和等级理念，提倡国家意志在社会行动上的
精准体现，是心灵、道德和思想的服从，而不是个体行为的优
化。她从国民党意识形态即其国家 - 社会组织形式的角度，来
诠释新生活运动等右翼倡导的社会运动。③ 她认为研究者的一

① 柯伟林:《蒋介石政府与纳粹德国》，陈谦平等译，钱乘旦校，中国青年出版
社，1994；Fredric J. Wakeman, "A Revisionist View of the Nanjing Decade:
Confucian Fascism," *The China Quarterly*, 150/2 (1997):425-428。 也 见 刘
文楠对美国学界新生活运动研究的简单梳理（《近代中国的不吸纸烟运动研
究》，社会科学文献出版社，2015，第111—115页）。美国学界对国民党右
翼法西斯运动的主要研究还包括易劳逸《流产的革命：1927—1937年国民党
统治下的中国》，陈谦平、陈红民等译，钱乘旦校，中国青年出版社，1992；
Arif Dirlik, "Ideological Foundations of the New Life Movement: A Study in
Counterrevolution," *Journal of Asian Studies*, 34/4 (1975)。

② Federica Ferlanti, "The New Life Movement in Jiangxi Province, 1934-1938,"
Modern Asian Studies, 44/5 (2010):1-40；深町英夫著 / 译《教养身体的政治：
中国国民党的新生活运动》，三联书店，2017。

③ Maggie Clinton, *Revolutionary Nativism: Fascism and Culture in China, 1925-
1937*.

大挑战就是要充分认识到 30 年代国民党国家意识形态的不确定性（inevitability），即不对包括中国在内的后发殖民地半殖民地国家的现代化道路做非历史的假设。她认为从 30 年代内忧外患的境遇来看，发展改良主义模式下的民族主义（developmentalist nationalism）有可能发生变异。她指出，国民党右翼等倡导和组织的新生活运动，体现的是极端民族主义还是发展改良的民族主义，这种争论由来已久。参与第一次国共合作的共产国际驻中国代表罗易（M.N. Roy）和当时来自美国的中国问题专家 A. J. Gregor 在 30 年代就发起过这样的争论。Gregor 指出，30 年代中国经济落后，政治上受到威胁，他由此认为国民党右翼仅仅是推进经济发展的改良民族主义者，不是极端的法西斯主义者。但他无法解释国民党右翼运动中体现出的保守主义倾向乃至暴力，只能将其归结为"特例"。[1] 麦吉·克林顿认为 Gregor 的看法与当下很多研究相似，忽视了 30 年代国民党在经济、文化和政治上所体现出来的整体的极端主义倾向，无视右翼暴力。她认为发展改良民族主义并不一定导致法西斯主义，但是 30 年代的政治环境日益紧张，日本殖民扩张引发了民族危机，社会主义和共产主义运动在全世界范围内蔓延，这些都能使民族主义走向极端，发生变异。麦吉·克林顿认为应充分认识到当时意识形态的"不确定性"，以历史的眼光探索分析当时的历史现象，比如蒋介石的幕僚和意识形态理论家戴季陶，如何在内忧外患的境遇下改写孙中山的《建国纲领》，比如陈立夫为什么要在国难当头的时刻提

---

[1] Maggie Clinton, *Revolutionary Nativism: Fascism and Culture in China, 1925–1937*, p.12.

出"文化建设"的理论和实践纲领。[①]

本章对 CC 派精英和中国文化建设协会组织的全国读书运动的研究受到麦吉·克林顿研究的启发。30 年代国民党要在短期内建设国防和民族经济，强调思想文化统一。提出"文化革命"和"民族革命"的口号和纲领，试图以文化和教育的手段最大化地组织和整合国民力量，并非简单地推行以通过规范公民个体行为和日常生活习惯等活动来推进现代化进程。正如下文将要揭示的，与同时期左翼中国共产党文化人颇为相似，CC 派精英在读书运动中也倡导知识分子"走向大众"，提出普及教育和知识。然而，吴铁城等 CC 派精英倡导知识分子走向大众和教育社会化的同时，谴责占文盲多数的工农以及妇女，认为工农大众文化教育的缺乏是导致民族工业落后的"主要原因"，甚至导致了当时的民族危机。虽然 CC 派精英提出普及教育，但我们在识字读书运动当中看到的是，识字课本不适合公民日常生活需求，因为包括常识、公民教育等内容，课本又变得艰涩难懂。CC 派精英提出教育和知识"社会化"的必要性，却同时极力排斥市场化和流行文化，排斥 1927 年后在青年中广泛流行的社会科学读物，而且指责城市青年的读书生活是个人享乐和自由散漫。

二　规范"读书"实践，规训民众日常

在这运动暂告段落之际，兄弟愿意分析的对于读书表示

[①]　Maggie Clinton, *Revolutionary Nativism: Fascism and Culture in China, 1925–1937*, pp.14–15.

几点的期望，希望大家加以注意。

第一，我们需要实用的读书。读书的效用很多，欣赏也是其一；但处今日中国这样迫切危难之下，我们急起直追还赶不及，所以再不能浪费时刻，而必须注意实用；尤其要以民族需要为前提。

第二，是分工的读书。现代科学是这样的专门化，我们不一定想做专家，但必得认定自己努力的方向，作有目的之进修？然后合流众长，共同对国家作多方的贡献，如从前人所谓"一物不知，儒者之耻"的观念，到现代再不存在。固然我们在初阶段都需广多的常识，但进一步便当择定自己努力的一方面。所谓"博观约取，不应是浩漫无归"。

第三，是深入的读书。既然认定分工合作的原理，则于自己致力的一方面，必须求其深入，切实整理，吸收最新的材料，佐以实察，发生问题，决不是浅尝即止，我们应自信其智力的优越，有创造的能力，不是仅仅追随人后。

第四，是恒久的读书，一般人都有了通行的错误，以为"少壮不努力老大徒伤悲"。其实少小固应努力，老大也正有增进智力的可能，岂必突然慨伤。……读书求知应是终生的过程，持之以恒心，无论中年老年都应抽出时间来利用。

第五，是普遍的读书。在中国现社会中，读书的空气只有在学校中是普及的，学校以外，只有技术性的公务人员还仍然用书，官吏不暇用书，农工商更不必说了。我们知道学生是人生服务的准备时代，求基本学问固然重要，但真正学问的成就，还在校门以外；我们应使读书的习惯普及于社会各界。①

　　以上引文来自浙江省政府委员会兼教育厅厅长许绍棣在中国文化建设协会全国读书运动闭幕会上的致辞。本节的讨论侧重于中国文化建设协会知识分子对大众读书活动的合理化解释和批评。最近的研究表明，民国时期的公民教育强调国民对国家社会的"直接参与和具体贡献"，有人认为这种公民教育提倡"共同利益"和"共和国公民义务"。② 虽然说许绍棣和吴铁城等中国文化建设协会知识分子坚持认为中国群众应该读书学习并为国家做出贡献，但他们所推出的大众教育计划不应被视为对"共和国公民义务"和"共同利益"的宣传。这是因为，中国文化建设协会知识分子规范了大众的读书习惯，抑制个人需求，并谴责了他们所谓的"不正确"的读书实践。正如我说明的那样，中国文化建设协会知识分子认为，20世纪30年代中国的读书实践绝非个人实践或意愿的协商结果。相反，它是每个公民的"责任和义务"，并建议政府和国家应采取措施，确保学校以外的民众也能读书学习。此外，每个人都应该将教育与劳动分工联系起来，努力学习，以提高劳动技能。他们规定了人们读书学习的方式和内容，以发展以城市为中心，性别化的、自给自足的国民经济。不仅如此，他们还谴责读书随意化，谴责他们在通商口岸城市所目

---

① 许绍棣:《浙江的读书运动及意义》，王新命、汪长济编《现代读书的方法》，第480—481页。

② 见 Robert Culp, *Articulating Citizenship: Civic Education and Student Politics in Southeastern China, 1912–1940*, p.9，以及本书导论中高哲一的研究。

睹的"个人主义"做法（如娱乐活动和学生抗议活动），并批评了30年代中国教育的商业化。

（一）"读书"、民众的责任和自给自足的国民经济

吴铁城和许绍棣都认为，教育和读书是参与生产的全国大众的"责任和义务"，他们谴责封建王朝和共和国早期的传统意识形态将教育变成少数人的特权。吴铁城认为，传统的教育思想不符合20世纪30年代中国的国情。在题为《读书运动》的文章中，他提到"读书人"这一社会群体不应该存在。

在古代中国，教育往往与读书实践以及评注儒家经典联系在一起。当时，不仅有读书以及评注儒家经典这一悠久传统，而且还形成了一个社会群体——"读书人"，即受过教育的男性。他们每日研读儒家经典，准备参加科考。吴在文章中提到一部广为流传的古代儿童启蒙教科书《神童诗》，在该书中，读书人被看作"人上人"。该书讲述了他们如何通过教育和对儒家经典的掌握而获得尊重，过上优渥的生活。[①]因此，在古代中国，通过"读书"实践或仅仅是读书来获取知识通常被认为是少数儒家学者和读书人的特权。虽然科举制度在1905年被废除，但民国时期教育仍然是少数人的特权，"读书人"仍然只指代少数读过书的人。例如，在胡适和梁启超为即将去美国留学的中国学生商讨预备书单内容时，这两位现代中国知识分子都称这些中国学生为"读书人"。

---

① 　吴铁城：《读书运动》，王新命、汪长济编《现代读书的方法》，第477页。

吴铁城对"读书人"的批评是对精英教育的否定，他主张平民教育，将大众教育与他们的劳动/工作相结合。教育应该是所有国民经济生产参与者的"义务"，包括"农民、工人、商人、学生、士兵及其他社会分工人员"。正如他所说：

> 昔人之言曰："万般皆下品，惟有读书高。"近人之言曰："知识即权力"，"欲为良好国民，人人皆有受教育亦即读书之义务"。惟其万般皆下品，惟有读书高，故读书为少数特殊阶级干禄倖进之具，与一般民众之文化生活，初不相关。惟其读书为人人应尽之义务，故"读书人"乃不复构成一特殊之阶级，农工商学兵，无论其对于社会分工之奚若，无不以读书为充实知能恪尽责任之条件，此一观念之改变，实象征时代潮流之飞跃的进步。①

吴铁城不仅将大众的读书实践与国民经济的发展联系起来，还将国民政府对大众教育的监督合法化。吴认为，在 20 世纪 30 年代，教育是一项"义务"而非"权利"。"发达社会"中的人们通常知道自我教育和专攻一门学科或技能的重要性。由于 20 世纪 30 年代中国经济不发达，人们要么没有机会接受教育，要么没有坚持下去，以获得所需的知识和技能。吴由此断言，由国民政府组织并监督大众进行读书实践是有必要的。吴进一步将中国文化建设协会教育者（包括他自己）认定为国家代理人，从而成

---

① 吴铁城：《读书运动》，王新命、汪长济编《现代读书的方法》，第 477—478 页。

为全国大众读书实践的仲裁者。他继续说：

> 虽然，读书者，义务，亦权利也。在进步之社会，与其认读书为人人应尽之义务，无宁认读书为人人应享之权利。盖求知之欲，人所同具，徒以限于环境，屈于经济，空怀读书之愿而无读书之力有之矣！或虽处境拂逆而攻读依然，然而知也无涯，汗牛充栋，问津无自，彷徨苦闷，事倍而功半者有之矣！如何于正当学校系统以外，造成社会之读书风气，循循善诱，利彼群众，实朝野识者所应共负之责任。中国文化建设协会于提倡文化建设之余，独能致力于读书运动，斯诚可谓独具只眼也已！[1]

在本节篇首所引的闭幕词中，许绍棣进一步将大众读书计划与自给自足的经济生产需求联系起来。许 1927 年任省立浙江高级商业学校校长，后出任浙江省教育厅厅长，也是浙江省颇具影响力的 CC 集团领导人。他认为，30 年代的中国需要高效的工人和本土专业人士，每个人都应该至少专攻一项技能，从而为解决这一时期的中国经济和主权危机形成一股"复兴力量"，以推动自给性生产。[2]

许绍棣认为，现代生产中不同部门之间的"分工"与"合作"需要新式教育与读书实践。与吴铁城的看法类似，许认为

---

[1]　吴铁城：《读书运动》，王新命、汪长济编《现代读书的方法》，第 478 页。

[2]　许绍棣：《浙江的读书运动及其意义》，王新命、汪长济编《现代读书的方法》，第 480—481 页。

教育和读书专属于少数人这一想法在 20 世纪 30 年代的中国已经"不合时宜"了，尽管人们有必要在接受教育之初掌握一些常识，但这绝不符合当时中国的国情。他希望 20 世纪 30 年代的中国民众不仅应该接受教育，还应该学习"有用且实用"的知识及满足"国家需要"的技能。他们应专攻其中一项技能，进行"深入学习"，并"坚持不懈"地努力（在闭幕词中他提出了五个期望）。许批判了教育属于极少数人的传统观点，并提出知识和教育应满足当时中国自给自足的生产需求。正如他在闭幕词中阐述的那样：

> 农工商各界，你们当已明了以学问委于所谓"士"的专业，已是不合时代的旧观念。除去教师为一种职业……根本已不应有"士"的阶级的存在，要改进农产，需要农学；要增工艺生产，需要各种工程学；应付营业，也需要商学……那一种职业不需要智识的基础呢？[①]

　　将教育、读书实践与劳动者的生产联系起来以建立一个自给自足的国民经济，许绍棣甚至试图规定不同社会生产部门的人读书的内容和方式。在他的讲演中，他为不同的人的读书实践制定了不同的规则，如"教师""社教机关工作人员""县市行政当局""一般公务人员""军人""农工商各界""家庭的治家妇女"

---

① 许绍棣：《浙江的读书运动及其意义》，王新命、汪长济编《现代读书的方法》，第 482 页。

等。① 以他对学校教师读书实践的要求为例："教师，你们是与书本接近，千万勿习故守常，而必当温故知新。如果你努力做学问，这种精神对学生启示表率之功，比较上课更伟大。"②

尽管许绍棣将教育和读书实践与生产需要联系起来，但照他的规定，不仅已婚妇女要围于家庭一隅，当时农民妇女的社会经济状况也被完全忽视。许为"治家妇女"规定了书目，认为已婚妇女应读书并接受教育，以便更好地履行生育职责。这意味着，她们可以通过这个书目学习科学知识，以便养育出健康的儿童，管理现代的家庭，并通过教孩子学习和读书来给他们启蒙。正如他所说：

> 妇女未成年或没有家庭的牵制以外，在家庭负保育责任还是神圣的。在家庭里，并不一定抛弃书本，阅读儿童保养的读物，以及各种科学的智识，在家政上都是必要。而指导儿童课外的求知，养成其合理的读书习惯，更是你们神圣的使命。③

但是对许绍棣来说，在 30 年代的中国，已婚妇女的教育是由其生育功能所决定的，他想把女性限制在家庭中，这样她们能

---

① 许绍棣：《浙江的读书运动及其意义》，王新命、汪长济编《现代读书的方法》，第 482 页。
② 许绍棣：《浙江的读书运动及其意义》，王新命、汪长济编《现代读书的方法》，第 481 页。
③ 许绍棣：《浙江的读书运动及其意义》，王新命、汪长济编《现代读书的方法》，第 482 页。

够成为好母亲和好妻子。许坚持女性应成为家庭主妇，但这与现实相冲突，当时大多数农妇不仅需要工作，而且还是家庭维持生计的主要劳动力。沃尔克对 20 世纪初长江三角洲南通县（许绍棣所提到的地方）女工的研究表明，以家长制家庭为基础的传统农村经济正在崩溃，而且其地位逐渐被以城市为中心的、与市场经济联系密切的新模式下的农村经济所取代。在新经济模式中，农妇受雇成为农业劳动者和工厂工人；妇女是家庭维持生计的主要劳动力来源。[①] 正因为如此，自由主义教育家陶行知的乡村教育计划，特别是乡村幼稚园计划，旨在帮助中国农村妇女加入劳动中，从而发展自力更生的乡村经济。而许绍棣提出的大众教育计划不仅试图将已婚妇女限制在家庭内，还忽略了当时乡村尤其是农妇的社会经济条件。这一方案也完全无视了当时女工和农妇在乡村危机中的处境以及持续性的劳工问题。

吴铁城对精英教育的批评和许绍棣的读书实践都集中在对大众教育实践进行合理改革以发展自给自足的国民经济上，并着重强调国民党的领导。许和吴心目中大众教育实践的合理改革也是性别化的且以城市为中心的。

（二）"读书"、城市印刷文化和教育商业化

除了对大众教育实践进行合理改革，中国文化建设协会的教

[①] Kathy Le Mons Walker, *Chinese Modernity and the Peasant Path: Semicolonialism in the Northern Yangzi Delta*, Pt.2；Le Mons Walker, "Peasant Marginalization, and the Sexual Division of Labor in Early Twentieth-Century China: Women's Work in Nantong County," *Modern China*, 19/3 (1993). 另见 Philip Huang, *The Peasant Family and Rural Development in the Yangzi Delta, 1350-1988*。

育工作者还反对并规范"不正确的"读书和文化实践。教育家沈鹏飞提醒读者警惕城市印刷文化，在他看来，这种文化将腐化中国人民，是他们成为高效技术工人的阻碍。印刷技术的进步和如雨后春笋般出现的大量新出版社共同孕育了城市印刷文化。[①]越来越多的印刷品可供市民阅读。由于大众教育机构的建立（如我在第二章中提到的上海流通图书馆），读书变得更为方便。与此同时，越来越多的人开始就职于商业出版社，为商业出版社写作也成为许多知识分子和学者谋生甚至致富的一种方式。[②]沈鹏飞认为城市印刷文化是存在问题的，他强烈要求当下的读书运动应防止"不正确的"读书实践，这一风气正是城市印刷文化所导致的。

　　沈鹏飞是民国时期有影响力的教育家。在美国俄勒冈大学取得学士学位后，沈又在耶鲁大学取得了硕士学位，回国后他成为民国教育体系中林业研究的创始成员。在孙中山的任命下，沈成为广东大学林业系主任，广东大学后更名为中山大学。1932年，沈出任国民政府教育部高教司长。在沈看来，城市印刷文化腐蚀了人民群众。当读者消费这种文化，他们就会慢慢忘记读书的真正目的，失去思考和分析的能力——他称之为"妄读"。正如

[①]　Christopher Reed, *Gutenberg in Shanghai: Chinese Print Capitalism, 1876–1937*, Vancouver: UBC Press, 2004. 另见 Meng Yue, *Shanghai and the Edges of Empires*, Minneapolis: University of Minnesota Press, 2006, Chap.5 and 6; Leo Ou-fan Lee, *Shanghai Modern: The Flowering of a New Urban Culture in China, 1930–1945*, Cambridge, Mass.: Harvard University Press, 1999。

[②]　吴福辉:《作为文学（商品）生产的海派期刊》，程光炜主编《大众媒介与中国现当代文学》，人民文学出版社，2005，第110—121页。

沈感叹的那样，大众"着迷"于流行期刊的彩色图片和封面，而
"对期刊的内容和意见都不加以思考"，这一读书实践比"什么都
不读"还要糟糕。[①]

沈鹏飞还认为，教育本该培养出高效的工人和专业人员，现
在却被城市的商业化所侵蚀。他看到越来越多的人期待能够在
短时间内学更多的知识，用他的话说，教育已成为"术"而非
"学"。他在文章《读书运动之基本认识》中写道：

> 试观今之学者，类多好高骛远，急功近利，华而不实，
> 浮游无根，以读书为升官发财之具，借达其富贵荣禄之愿。
> 于是偏重"术"之运用，而疏忽"学"之培养。因之流于浅
> 薄、空虚，此为今日我国学生人不可讳言之诟病。亦今提倡
> 读书运动所应先认识者也。[②]

在他看来，浅读和腐化的教育实践都应该得到纠正，因为这
些将阻碍中国人为国家做出贡献。与许绍棣的"期望"类似，沈
要求中国人的阅读实践集中于一门专业技能。正如他在文章中总
结道：

> 贵能专精，贪多务博，此几为今日一般读书人之通病，
> 辄欲于短促期间，而成就多种学问。稍获皮毛，便引以自

---

①　沈鹏飞：《读书运动之基本认识》，王新命、汪长济编《现代读书的方法》，第
　　485页。

②　沈鹏飞：《读书运动之基本认识》，王新命、汪长济编《现代读书的方法》，第
　　484页。

满，以为莫测高深者，乃持肤浅之学而服务社会，民族、国家宁不受其损害乎？当今民族垂危，文化日渐低落，正宜各专一艺，以图学术之发皇，而致国基于巩固。①

王新命与沈鹏飞的想法相同，他也不满城市商业化，而认为读书运动是其解药。正如我在上文所述，王新命是《现代读书的方法》的主编之一，搜集了中国文化建设协会知识分子在全国读书运动中的演讲和文章。作为国民党机关报《中央日报》的编辑，王新命是20世纪30年代上海媒体界风云人物，也是发表《中国本位的文化建设宣言》的"十教授"之一。王写了一篇文章来回应国民党的质疑，提出大众教育和读书运动将成为解决30年代中国主权危机的"有效"现实途径。在这篇文章中王认为，中国的城市商业化滋生了一种腐败的、个人主义的、自私的文化，阻碍了民智发展，并加剧了国家危机。

王新命先指出现今的一种现象，那就是知识已成为个人获取财富和社会地位的手段，甚至"学人不学"，不再生产深层次的知识。正如他在文章《读书运动》中所说：

> 抑尤有进者，晚近"学人"之不学，实足惊人，是已在校肄业者，固多误认读书之目的，仅在一纸文凭而已，难却学校者，亦多误认其所学已足立人，既失"学而时习"之习惯，复无"温故而知新"之耐力；学生唯知有文凭，不复

---

① 许绍棣：《浙江的读书运动及其意义》，王新命、汪长济主编《现代读书的方法》，第485页。

问自身之智识能力是否足用，一般人唯知有地位金钱，不复念国家民族需要正确智识伟大发明之迫切，处于此情形之下，国难欲不日形严重，其何能得？[①]

王新命尤其指出城市娱乐制造了一种"浮薄风气"，它与持续不断的城市学生抗议活动都是自私的个人主义行为，人们会因此而分心，不再关注民智的发展，进而加速了国家的崩溃。[②] 他将 20 世纪 30 年代的中国比作东晋、南唐。在灭亡前，这两个朝代都因蓬勃发展的人文艺术而闻名。[③] 王所暗示的，即城市商业文化或是造成国家丧失主权的部分原因。他在一篇有关全国读书运动意义的文章中继续写道：

> 当此经济困难，谋生维艰之时，读书求知，似尤有必要，然而事实恰巧相反，弥漫于社会的，却不是读书的空气。颓堕萎靡，游逸淫乐，相率成风，不仅青年学生以闹风潮为常事，即著作界方面，亦以幽默小品相尚…此固现状之写真，亦东晋、南唐衰亡历史之重演，吾人今若不急起直追，鼓舞国人好学之风气，讵非直坐视国家民族之衰亡而不救耶？[④]

[①]　王新命：《读书运动》，王新命、汪长济编《现代读书的方法》，第 490 页。

[②]　值得赞赏的是他点明了那些学生发起并加入 1935 年"一二·九"运动，目的是要求国民政府积极抵抗日本帝国主义的侵略。

[③]　Arthur F. Wright, "The Sui Dynasty," in Denis Twitchett, ed., *The Cambridge History of China,* Vol.3, Cambridge: Cambridge University Press, 1979, Chap.1.

[④]　王新命：《读书运动》，王新命、汪长济编《现代读书的方法》，第 490 页。

在文章结尾，王新命列出了中国城市普遍存在的三类读书和教育实践问题，这些问题已对国家产生了有害影响。纠正读书实践问题将有助于发展一个高效、自给自足且团结的国家。他提倡教育和读书应被置于专业和实用的基础上，并坚持认为学者不仅要翻译、学习别人的作品，还要能够推陈出新，从而满足国家建设的需要。正如他所说：

> 不学又有若干形式。一为学而等于不学。凡浅尝即止，学而不精，不求实学，但尚虚文，均属于此类。二为学而不能致用。……三为学而不能过人。凡但能翻译而不能著作，但能模仿而不能创造，皆属于此类。斯三者，其为吾国之大患……若能造成好学之风气，则吾人之学术必有蔚为大观之一日，有蔚为大观之学术，即能产生伟大之发明，能产生伟大之发明，即能建立民族之自信观念，后此国人必能举宗教的热诚、科学的头脑、战争的勇气以为学，急功近利，务名去实，以及苟且偷安之风气将不期而自消自灭也。①

中国文化建设协会知识分子的"正确"读书实践运动规范了大众读书习惯，抑制了个人需求，并谴责了所谓的"不正确的"读书实践。尽管这项运动将中国大众纳入了教育实践，但它更为强调的是国民责任，关注的是建立自给自足的经济，坚持国民党

---

① 王新命:《读书运动》，王新命、汪长济编《现代读书的方法》，第490—491页。

的领导，抑制个人需求，这些都不应被视为是"共和国公民义务"和"共同利益"的推进。[①]

三　民众教育话语中的农民、工人和精英

随着 20 世纪 30 年代农村危机、经济萧条和政局动荡，工人和农民的生活条件逐渐恶化。然而，在中国文化建设协会教育工作者眼中，工人和农民并非社会经济和政治动荡的受害者，相反，他们认为农民和工人缺乏教育是中国在 30 年代重获经济和政治主权的极大"阻力"。[②] 首先，中国文化建设协会教育工作者坚持认为农民和工人是"无知的"，并反复强调 30 年代中国 70％以上的人是文盲，其中大多数是农民和工人。他们对此的解释是，农民缺乏现代工业生产相关知识，工人缺乏机械劳动技能，而这两者共同拖累了中国的国民经济，进一步促使中国在国际市场上处于不利地位。在《现代读书的方法》中，这一论调反复出现。

例如，一位作者指出，农民缺乏知识和技能是国内制造业特别是棉花产业衰退的主要原因。文中称中国当时已进入国际市场，而新经济要求熟练且识字的工人。针对中国棉花产业的衰落，作者说到，尽管他也认同中国政府和实业家应为此承担部分

[①] Robert Culp, *Articulating Citizenship: Civic Education and Student Politics in Southeastern China, 1912–1940*, p.9.

[②] 吴兴亚:《读书运动与中国革命》，王新命、汪长济编《现代读书方法》，第471页。

责任，但农民的"无能"是"主要原因"。① 根据这位作者的看法，尽管中国农民拥有大片土地，但他们通常没有足够的"科学知识"——尤其是"有关现代制造业和商业的知识"——将农业生产与制造业联系起来，因而无法赚取利润。文章分析的重点是生产力和劳动技能，作者提醒注意一个特殊的细节，即农民未能选择出合适的棉球投入制造生产，这导致了国内棉花生产的衰退，而用于制造的棉花应为纤维细长的品种。长纤维棉花沿着植物的根茎上部生长，中等长度的棉花沿着根茎的中部生长，而纤维粗短的棉花长在根部附近。中国农民从未对棉花进行选择和分类，各种类型的棉纤维混合在一起，不同长度的棉花混合在一起，从而导致了生产时的粗制滥造。② 接着，作者将外国棉制品的流行归咎于农民。他宣称，"以致此种棉花之不为中国工人所喜用，亦不为中国商场所欢迎，因此每致购用外货，而使中国农村破产"。他认为缺乏技术和教育的农民存在极大的问题，并表示惊讶，"此项情景，宁不痛心？"③ 他断定，农业问题和棉花产业的衰落使其产品"为市场拒之门外"。④ 这位作者对农业危机和经济萧条的分析主要集中于劳动技能的发展上，并低估了全球市场体系和以城市为中心的工业化对中国乡村、农民和工人的影响。农民和工人缺乏教育被他认为是 20 世纪 30 年代阻碍中国经济发展的主要原因。

① 佚名：《读书运动》，王新命、汪长济编《现代读书的方法》，第 506 页。
② 佚名：《读书运动》，王新命、汪长济编《现代读书的方法》，第 506 页。
③ 佚名：《读书运动》，王新命、汪长济编《现代读书的方法》，第 506—507 页。
④ 佚名：《读书运动》，王新命、汪长济编《现代读书的方法》，第 506 页。

此外，中国文化建设协会教育工作者进一步利用"民智"理论，论证提高农民与工人的文化素养和培育其觉悟是解决 20 世纪 30 年代政治经济危机的关键。在中国文化建设协会教育家吴醒亚看来，文盲问题不仅仅关系提升平民教育，更是与中国能否度过经济和政治主权危机息息相关。30 年代的中国"国内外政治经济形势恶劣"。他提醒注意地方军阀和红军在农村的"游击队"，[①] 并强调日本军队已占领中国东北并控制了东北经济和原材料这一事实，以及此时的国际市场并不利于中国的国民经济的发展，在经济萧条期间，外国商品涌入中国市场，导致国内制造业下滑。面对这场形势恶劣的国内外经济政治危机，吴认为中国群众应团结一致，凝聚智慧，培养本土人才，并加强经济和军事力量。他反复强调"中国大众的智慧"能够解决 20 世纪 30 年代中国面临的经济政治危机。

吴醒亚特别提到了不识字的农民和工人群众。他认为，中国人口中占 70% 以上的文盲是中国渡过经济和政治主权危机的"阻力"，并且农民和工人应从参与当下的读书教育运动中发展责任意识，加入国家经济政治建设，快速提高自己的教育水平，学习使用劳动技能和知识。正如吴总结道：

> 　　中国革命的现阶段，是训政和建设，这种工作的成败，是完全随国民的智识程度为转移的。中国文盲据专家统计，占全国人民总数百分之七十以上，这些文盲，连自己的姓名

---

① 　吴醒亚：《读书运动与中国革命》，王新命、汪长济编《现代读书的方法》，第 472 页。

都不会写，我们怎么叫他们去行使四权。……这种扫盲运动目的是要把全国民众智识水准提高，以减少革命的阻力。[①]

吴醒亚对农民和工人"民智"发展的强调消解了 20 世纪 30 年代中国社会各阶级间的矛盾，并将注意力放在国民经济的发展上，这与陶行知的观点类似——陶坚持在乡村社会发展自给自足的乡村经济。这场尝试也意在对抗国民革命期间的大众运动与劳工运动，以及当时毛泽东领导下的中国共产党力量。事实上，中国文化建设协会教育工作者明确反对"社会革命"，支持"建设"和"发展"。

在全国读书运动的闭幕演讲中，潘公展对辛亥革命和国民革命后中国经济发展的转变做出了合理解释。他认为，民国已渡过了灭亡的危机，1911 年辛亥革命结束了君主专制，国民革命帮助中国摆脱了 20 年代的军阀势力。1927 年后，中国已进入"建设"阶段。潘用了比喻和类比的手法，向大众灌输"建设"思想，将社会革命描述为非法的手段。他说道：

大革命后之中国时期正如孕妇之生产，而大革命之艰难困苦，以及影响于一国之社会政治经济各方面，较诸孕妇其难易之程度，大革命后之中国，亦如孕妇产后虚弱之身体，正在一个很危险的时期。产妇之丧亡，往往因产后调养之失当。革命由二大阶级，一为破坏，一为建设，破坏恰当于孕

---

① 吴醒亚：《读书运动与中国革命》，王新命、汪长济编《现代读书的方法》，第 471—472 页。

妇之生产，建设恰当于产后之调养。我们因为求社会政治经济加速度之进步，所以有大革命之发展。这革命运动破坏了一切陈旧腐恶的社会制度、政治制度，与经济制度，以后便须建设，建设一个健全而合理的社会制度、政治制度，与经济制度。假定只有破坏而无建设，正如孕妇只知生产，不知调护，只知生育，不知抚养，孕妇生产后而不知调养与抚养，母子皆危。革命而不知建设，则不特革命失败，抑且有亡国灭种之祸，所以在现阶段的中国，破坏工作业已大致完成，今日唯一需要的为猛烈的建设运动。①

潘进一步指出，30 年代的社会抗议活动和革命对国家建设产生了不良影响：

倘使到了现在，一般青年，还是像革命的暴风雨时代一样，只知破坏，不知建设。那么正如孕妇之只知生产，不知调护，只知生育，不知抚养，一样的危险。不特青年自身深入歧途，葬送了一生的命运，而且国家民族，也受到了重大的打击，整个的革命运动必至于失败之境。②

中国文化建设协会的知识分子不仅参与社会经济革命议程，

---

① 潘公展：《读书运动大会闭幕词》，王新命、汪长济编《现代读书的方法》，第 474—475 页。
② 潘公展：《读书运动大会闭幕词》，王新命、汪长济编《现代读书的方法》，第 475 页。

支持经济发展，还确保了国民党在 30 年代经济发展中取得领导地位。他们认为，由于绝大多数中国群众不识字且需要发展"智慧"，国民党党员及专业精英，即"先知先觉者"，应领导中国群众。中国文化建设协会主席陈立夫坚持认为，"社会教育"需要受过良好教育的精英和党员承担起"启蒙"大众的责任。这些精英应帮助工农群众理解知识。正如陈在面向浙江省党员和专业精英的主题演讲中所说：

> 昔人云："天之生斯民也，将使先知觉后知，先觉觉后觉。"对一般人民来说，我们均为比较的先觉者，就须以强扶弱，以智益愚，将自己所知的科学智识，用浅近易喻的文字书图和口讲灌输到民间去，以提高社会文化之水准。而正在求学的青年诸君，也应该本着巩固国防、发展生产的中心思想，去研究，去宣传，人人肯以所得之智识转为广播，那么社会教育就很易完成，少数人读书，全社会均为蒙其利益，才算是不负读书的用处。所谓科学化运动、劳动服务，都是本此意义而产生的。[①]

随着 30 年代的农村危机、经济萧条和政局动荡，工人和农民的生活环境愈发恶劣。然而，在中国文化建设协会教育工作者眼中，工人和农民并非社会经济和政治动荡的受害者，相反，他们认为农民和工人缺乏教育是中国在 20 世纪 30 年代重获经济和

---

① 陈立夫：《在浙江文化建设分会的讲话》，王子坚编《读书问题讨论集》，第96 页。

政治主权的"阻力"。他们坚持要发展农民和工人的智慧，坚持发展经济，坚持国民党的领导，以消解以城市为中心的工业化所引起的社会矛盾，消除国民革命后中国持续存在的劳动和经济问题，将农民工人及其生活方式置于党和专业精英的审判之下。

小　结

本章阐释了随着持续的社会经济危机，在国民革命后出现的主权问题，以及右翼民族主义教育者如何制订大众教育计划。他们重点培养中国大众的认识，尤其是培养大众在建设自给自足的国民经济中的责任意识。中国文化建设协会知识分子确实得到了学校教师、当地党派人士、普通士兵和公务员的支持，然而，他们未能统一劳工，以阻止土地危机的发生并阻挡日本军队的侵略。

与此前国民党的民众教育政策不同，如同本书第五章所揭示的，该运动组织者提出"民智"的说法，对陈立夫、潘公展、吴铁城、吴醒亚这些运动组织者和推行者而言，"民智"不仅意味着普及现代科学知识、提升国民文化，对他们来说，"民智"的发展和建设是孙中山领导的国民革命由"破坏"时期的革命向"建设"时期的革命过渡的重中之重。"民智"是民族自信、自立和自觉的"心理"，是超越个体公民意识的"民族精神"在个体思想行动上的体现。在 30 年代民族危机四伏的中国，他们认为发展建设这样的心理和智能是十分必要的。为了建设"民智"，CC 派精英倡导知识分子以科学的态度去重新整理民族历史中的

知识和经验，学习西方现代科学知识，建设国防。除此之外，CC
派还倡导知识分子"走向大众"，提倡教育和知识的"社会化"。

1935 年 10 月，也就是读书运动开始仅仅 6 个月后，中国文
化建设协会就编写了一本超过 500 页的选集，其中包括大量有
关大众教育意义以及"正确"读书实践的讲座、演讲和报纸的文
章。在这半年间潘公展查封了读书生活报社，夏征农等都被迫离
开那里。另外，潘公展找到国民党《中央日报》主编王新命出版
了这次读书运动的言论集，并将其命名为《现代读书的方法》。
国民党领导人蒋介石为该论集撰写题词道："任何学习都应该注
重实用性——这是知识真正的核心。"以往的研究，认为中国共
产党革命的胜利，往往忽略国民党的大众文艺政策，特别是对其
30 年代大众文化教育实践研究少有重视。CC 派精英"民智"以
及"中国本位文化"的倡导虽然受到了来自左翼和中国共产党知
识分子以及自由派知识分子的批评，但还是得到了相当数量的知
识精英的参与和回应。本书认为 CC 派读书运动和文化建设运动
收效甚微的重要原因在于国民党精英走向大众的层面。 与同时
期左翼中共文化人颇为相似，CC 派精英在读书运动中也倡导知
识分子"走向大众"，提出普及教育和知识。"民智""文化建
设"等理念和实践不仅仅体现了国民党发展建立现代民族主体、
提高国民素质和文化水平的愿望，更体现出国民党文化政策制
定者及其民族知识分子在民族危机的时刻，推行秩序，倡导国
家意识统领个人的文化政治。然而，在 30 年代民族危机时，CC
派精英倡导教育和知识的社会化，虽然得到了诸多民族知识分
子的回应，但其理念和实践都体现出一种精英主义和官僚主义

的本质。这些国民党精英试图以文化和教育的手段最大化地组
织和整合国民力量，并非简单地推行以通过规范公民个体行为
和日常生活习惯的活动，来推进现代化进程，这可以说是一种
右翼保守革命。但其倡导民族智慧，与其体现出的精英主义和
官僚主义本质，又与同时期中国共产党的文化教育理念与实践
形成鲜明对比。

结　语

　　本书考察了三派知识分子和政治力量有关工农等非精英大众教育的思考以及实践。他们都将教育的重心放在了农民、工人乃至城市底层的教育以及对日常生活的认知上。无论是城市革命知识分子围绕《读书生活》的"阶级大众"教育，还是陶行知晓庄、工学团塑造的"地方大众"教育，还是陈立夫等在全国读书扫盲运动中引导的"民族大众"教育，这些实践当中都没有一个先验而自洽的对于大众和大众日常生活的认识。相反，恰恰在知识论争和教育实践中，这些教育者和政治力量描述、概括并试图改造非精英大众认识世界和生活实践的方式。20 世纪 30 年代的"大众"既是有待认识的客体，也是这些知识分子和政治力量批评现实、改造动员的来源。

　　在随后的抗日战争中，这些教育家和政治力量越来越集中于大众的联合。为了有效应对日本帝国主义自 1937 年 7 月开始的全面侵华战争，形成了由各个阶级和政治联盟组成的抗日民族统一战线。这也是国民革命第一次统一战线的递进和接续。麦金农指出这次联合一开始就没有局限于政治和军事领域，知识、文化和教育领域的合作是第二次统一战线的重要力量和表现。[①]

在日本帝国主义殖民侵略和中国人民奋力抗争期间，劳工和社会问题不断加剧，对此，各界知识分子和教育家极力推动建立一个统一的大众群体。柳湜和艾思奇创立了名为《认识月刊》的重要政治刊物，团结城市和根据地的知识人。与此同时他们创立了《生活学校》这一面向识字大众的刊物。他们围绕该刊所提出的教育活动，与《读书生活》提议的活动类似。[②]柳湜和其他编辑委员继续强调文化工作者要形成一种"正确"的认识，他们将这种认识重新定义为"爱国主义认识"，旨在培养"爱国大众"。[③]

"爱国大众"在一定程度上反映了毛泽东在《新民主主义论》中提出的"革命群众"。毛泽东论述"革命群众"，是将其放在抗日战争背景下，包括"中国所有的抗日人民，无论什么阶级"。毛泽东的大众政治来源于中国农村的社会经济革命（土地再分配、实施新的婚姻法、建立新的乡村选举制度），农民在这场社会经济革命中翻身，而这正是毛泽东"革命群众"的基础。对毛

[①] Stephan R. Mackinnon, *Wuhan 1938: War, Refugees, and the Making of Modern China*, Berkeley: University of California Press, 2008. 也见 Chung-tai Hung, *War and Popular Culture: Resistance in Modern China*, Berkeley: University of California Press, 1994。

[②] 见刘大明、范用《一个战斗在白区的出版社》，范用编《战斗在白区——读书出版社（1934—1948）》。

[③] 见艾思奇《从哲学的用处说到爱国自由》和陈伯达《思想的自由与自由的思想：再论新启蒙运动》，《认识月刊》第 1 卷第 1 期，1937 年。陈伯达和艾思奇是 20 世纪三四十年代最重要的共产主义哲学家和中国共产党党员之一。

泽东而言，抗日战争的基础在于农民的社会经济和政治动员。相比之下，柳湜及其在城市的同人并不注重改造生产关系，而将注意力集中在对城市下层阶级的"认识"和共产党的领导上面。

《认识月刊》在第1卷第1期出版后立即遭到国民党秘密组织的镇压。国民政府要求后来的《生活学校》的每一期都要经过"读书审查处"的批阅和许可。[①] 随着第二次统一战线下共产党和国民党之间的关系愈发紧张，该期刊于1941年1月国共两党军事对抗期间停止出版。[②] 重庆是国民政府的战时陪都，在那里，教育部的陈立夫及其同事运行着"读书审查处"。除此之外，国民党撤离南京一年后，在1938年7月，陈立夫和他的中国文化建设协会的同事成立了由蒋介石领导的三民主义青年团。该团是由平民百姓中的极右分子组成的，遍布国民党辖区，旨在培养完全听从国民党领导的中国青年人，全心全意投身于民族复兴和消灭共产党。[③] 士兵、公务员、工厂经理和学校教师等纷纷加入了三青团，如陈立夫邀请国民党军的一名普通军官阙仲瑶为三青团创作团歌，阙仲瑶在浙江省战时青年训练团学习军乐，并担任音乐教官。[④] 这首团歌颂扬牺牲与暴力，彰显精神力量和未来主义

① 半月刊《生活学校》由陈子展、柳湜和艾思奇主编（上海和重庆，1937—1941）。

② 刘大明、范用：《一个战斗在白区的出版社》，范用编《战斗在白区——读书出版社（1934—1948）》。

③ 邓文仪：《中国青年与三民主义青年团》，真实出版社，1943。也见 Lloyd Eastman, "Nationalist China during the Sino-Japanese War, 1937-1945," in *The Cambridge History of China*, Vol.13, *Republican China*, Pt.2.

④ 陈雪伟：《阙仲瑶和〈三民主义青年进行曲〉》，浙江省莲都县史志网站 http://www.liandu.gov.cn/lsld/kcsz/2011/2/t20110809_767342.htm。莲都是阙仲瑶的出生地。

的导向。① 除募集普通士兵、公务员、工厂经理和学校教师，陈立夫和三青团还笼络了有影响力的无党派知识分子，陶行知正是其中之一。1938 年 10 月 4 日，在陶行知回国支持他所提倡的工农交流几天后，蒋介石和夫人宋美龄邀请陶行知一道支持三青团。在三人会面时，陶直接向蒋和宋提出："三民主义青年团应该成为一个包容不同政党的无党派组织，还须包容成员的需求。"②陶行知的提议立即遭到回绝。当陶进一步要求在国民党辖区重建晓庄学校时，蒋介石和宋美龄再度坚持学校必须受国民政府的监督。③

　　在之后的战时教育工作中，陶行知仍着重于增进工农沟通，他相信这是战争时期与战后实现中国民主的基础。国民党也持续监视这些计划。然而与国民党相反，抗日战争时期的中国共产党为陶行知提供了支持，部分原因是陶抵制国民党的法西斯教育，并关注工农生活。事实上，陶的计划受到了中共的持续关注。1939 年春，周恩来与邓颖超共同会见了陶行知，并慷慨解囊，支持陶行知的大众教育计划。当时该计划正陷入财政危机中。不仅如此，他们还邀请陶来延安考察共产党的农民教育，并且提一些建议。④

---

①　马济霖、阙仲瑶：《三民主义青年进行曲》，《浙江青年》1941 年新 1 期。

②　《陶行知大事记，1931 年—1940 年》，见宝山学校和晓庄学校共同资助下的陶行知研究官方网站，http://www.eicbs.com/web/List.Aspx?ClassID=272。20 世纪 50 年代，两所学校又重新办学。

③　《陶行知大事记，1931 年—1940 年》，http://www.eicbs.com/web/List.Aspx?ClassID=272。

④　《陶行知大事记，1931 年—1940 年》，http://www.eicbs.com/web/List.Aspx?ClassID=272。

柳湜和陶行知都在国民党辖区开展工作。在解放战争前夕，柳湜及其同事预备结束十多年的地下活动，前往延安。奔赴根据地前，柳湜拜访了陶行知，他理解并支持生活教育社的同事加入解放区的文化教育事业。[①] 陶说：

> 我的生活教育的思想，大半都是从资产阶级、大地主以及老百姓的启发而来的。自然，我的思想，不是抄他们的，他们有的只启发我想到某一面，有的我把它反过来，就变成了真理，有的是不能想出的，是要群众动手才能看到，动手最重要，这个东西创造出一切……回去也好，还是搞教育罢！把它搞通，你那里有条件可以造就一些真正的人才。那么，你到各地都可以碰到生活教育出版社的人，就把这两三个月来，你所知道我的一切告诉他们罢！连今天晚上所谈的，都很重要……今天解放区内，我们有的是工作条件，并且现在的工作已超过我们过去的经验了。我看最重要的就是你说的，不搞教条，我一生就是反对教条，因此，什么地方都能工作，随时都找工作的机会，要有根据地，重视创造根据地，扩大根据地。[②]

这次谈话后，陶行知在几个月后突然逝世，这也成为他们之

---

① 柳湜：《记最后一夜——回忆陶行知先生》，《重庆陶研文史》2006 年第 3 期；陶行知：《与柳湜的谈话》，《纪念陶行知》，湖南教育出版社，1984。后者也见《陶行知全集》卷 3，第 609—612 页。

② 《与柳湜的谈话》，《陶行知全集》卷 3，第 609—612 页。

间最后一次谈话。当中共领导人周恩来参加陶的葬礼时，他称陶"是一个无保留追随党的党外布尔什维克"。1949 年，柳湜成为中华人民共和国教育部部长，而陈立夫在国民党退台后仍然担任国民党文化教育的重要决策者。

参考文献

原始文献

《陶行知全集》，湖南教育出版社，1983。

《读书生活》，1933—1935年。

生活教育社编《生活教育论集》，生活书店，1937。

陶行知:《老少通千字课》，商务印书馆，1935。

柳湜:《如何生活》，读书生活出版社，1935。

《申报流通图书馆工作报告》，编者印行，1934—1935。

《生活周刊》，1929—1933年。

《生活纪录》，读书生活出版社，1936。

茅盾:《问题中的大众文艺》，《文学月报》第1卷第2期，1932年。

陶行知:《乡村丛讯》，上海，1927。

陶行知:《乡村教师》，上海，1930。

王新命、汪长济编《现代读书的方法》，现代编译社，1935。

佛朗、黎夫:《怎样自学文学》,读书生活出版社,1936。

文化建设月刊社编《中国本位文化建设讨论集》,编者印行,1935。

陶行知:《中国大众教育问题》,大众文化出版社,1936。

陈高佣:《中国文化问题研究》,商务印书馆,1937。

中文论著

柄谷行人:《民族主义与书写语言》,《学人》第9辑,江苏文艺出版社,1996。

陈波:《生活世界与生活教育——陶行知研究文集》,研究出版社,2008。

范用编《奋斗在白区——读书出版社(1934—1948)》,三联书店,2001。

胡晓风、陈廷湘:《论陶行知以新教育推进中国现代化的思想》,《社会科学研究》2003年第2期。

李庚靖:《陶行知教育思想研究之现状》,《上海教育科研》2002年第4期。

罗苏文、宋钻友:《上海通史》第9卷《民国社会》,上海人民出版社,1999。

倪海曙编《拉丁化新文字运动的始末和编年纪事》,知识出版社,1987。

齐晓红:《文学、语言与大众政治——论1930年代的大众化运动》,清华大学博士学位论文,2010。

上海党史研究室:《上海店员和职员运动史(1919—1949)》,

上海社会科学院出版社，1999。

宋小庆、梁丽萍:《关于中国文化本位问题的讨论》，百花洲文艺出版社，2004。

孙培青:《中国教育史》，华东师范大学出版社，2000。

童富勇:《对建国以来陶行知研究的回顾》，《教育评论》1991 年第 6 期。

涂雪峰:《陶行知经济改造思想探析》，《南京晓庄学院学报》2005 年第 3 期。

汪晖:《现代中国思想的兴起》，三联书店，2004。

巫亮:《卜凯与陈翰笙：20 世纪 20—30 年代农村调查之比较》，华东师范大学硕士学位论文，2010。

吴擎华:《陶行知与民国社会改造》，安徽教育出版社，2011。

闫润鱼:《自由主义与近代中国》，新星出版社，2007。

朱汉国:《民国时期中国社会转型的态势及其特征》，《史学月刊》2003 年第 11 期。

朱邦兴、胡林阁、徐声合编《上海产业与上海职工》，上海人民出版社，1984。

张小莉、申学锋评注《建国方略》，华夏出版社，2002。

英文文献

Applegate, Celia. "Saving Music: Enduring Experiences of Culture," *History and Memory*, Vol.17, No.1-2 (Spring-Winter, 2005), 217-237.

Bailey, Paul J.. *Reforming the People: Changing Attitudes Towards Popular Education in Early Twentieth-century China* (Vancouver: University of British Columbia Press, 1990).

Bailey, Paul J.. *Gender and Education in China: Gender Discourses and Women's Schooling in the Early Twentieth Century* (London and New York: Routledge, 2007).

Brown, Hubert O.. "American Progressivism in Chinese Education: The Case of Tao Xingzhi," in Hayhoe, Ruth, and Bastid, Marianne, eds.. *China's Education and the Industrialized World, Studies in Cultural Transfer* (Armon, New York/London: M.E. Sharpe, Inc., 1987.

Bastid, Marianne. "Servitude or Liberation? The Introduction of Foreign Educational Practices and Systems to China from 1840 to the Present," in Hayhoe, Ruth, and Bastid, Marianne, eds.. *China's Education and the Industrialized World, Studies in Cultural Transfer* (Armon, New York/London: M.E. Sharpe, Inc., 1987).

Bergère, Marie-Claire. *Shanghai: China's Gateway to Modernity* (Stanford, Calif. : Stanford University Press, 2009).

Bergère, Marie-Claire. "The Golden Age of Chinese Bourgeoisie, 1911-1937," in Denis Crispin Twitchett, Frederick W. Mote, and et al., eds., *Cambridge History of China* (Cambridge: Cambridge University Press, 2008), Chapter 12.

Chan, Ming K.. and Dirlik, Arif. *Schools into Fields and Factories: Anarchists, the Guomingdang, and the National Labor*

University in Shanghai, 1927–1932 (Durham and London: Duke University Press, 1991).

Chiang, Yun-chen. *Social Engineering and the Social Sciences in China, 1919–1949* (Cambridge University Press, 2000).

Chow, Tse-tsung. *The May Fourth Movement: Intellectual Revolution in Modern China* (Cambridge: Harvard University Press, 1960).

Clinton, Margaret. Fascism, Cultural Revolution, and National Sovereignty in 1930s China (Ph.D. dissertation, New York University, 2009).

Culp, Robert. *Articulating Citizenship: Civic Education and Student Politics in Southeastern China, 1912–1940* (Cambridge, MA: Harvard University Press, 2007).

Dewey, John. *Impressions of Soviet Russia and the Revolutionary World* (New York: New Republic. Inc., 1929), Introduction.

Dewey, John. *Lectures in China, 1919–1920* (Hawaii: University Press of Hawaii, 1973), part Ⅱ "A Philosophy of Education".

Dirlik, Arif. *Revolution and History: Origins of Marxist Historiography in China, 1919–1937* (Berkeley: University of California Press, 1978).

Dirlik, Arif. "Reversals, Ironies, Hegemonies: Notes on the Contemporary Historiography of Modern China," *Modern China*, Vol. 22, No. 3 (Jul., 1996), 243–284.

Fielding, Michael, and Moss, Peter. *Radical Education and the Common School: A Democratic Alternative* (Routledge, New York,

2011).

Fogel, Joshua A. and Zarrow, Peter G. eds.. *Imagining The People: Chinese Intellectuals and the Concept of Citizenship, 1890–1920* (New York: M.E. Sharpe, 1997).

Goldman, Merle and Perry, Elibzabeth J.. eds.. *Changing Meanings of Citizenship in Modern China* (Cambridge: Harvard University Press, 2002).

Harris, Kristin. "The New Women Incident: Cinema, Scandal, and Spectacle in 1935 Shanghai," in Sheldon Lu, ed.. *Transnational Cinemas: Identity, Nationhood, and Gender* (Honolulu: Hawaii University Press, 1995).

Harrison, Henrietta. *The Making of the Republican Citizen: Political Ceremonies and Symbols in China, 1911–1929* (Oxford: Oxford University Press, 2000).

Hayford, Charles. *To the People: James Yen and Village in China* (New York: Columbia University Press, 1990).

Hershatter, Gail. *Workers of Tianjin, 1900–1949* (Stanford: Stanford University Press, 1986).

Honig, Emily. *Sisters and Strangers: Women in the Shanghai Cotton Mills, 1919–1949* (Stanford: Stanford University Press, 1986).

Howland, D.R.. *Borders of Chinese Civilization : Geography and History at Empire's End* (Durham: Duke University Press, 1996).

Howard, Joshua. "The Making of a National Icon: Commemorating Nie Er, 1935-1949," *Twentieth Century China,* Vol. 37, No. 1 (2012), 5-29.

Huang, Philip. *The Peasant Family and Rural Development in the Yangzi Delta, 1350-1988* (Stanford: Stanford University Press, 1990).

Hayhoe, Ruth, and Bastid, Marianne, eds.. *China's Education and the Industrialized World: Studies in Cultural Transfer* (Armon, New York/London: M.E. Sharpe, Inc., 1987).

Isaacs, Harold. *The Tragedy of the Chinese Revolution* (England, London: Secker and Warburg, 1938).

Jiang, Jin. *Women Playing Men: Yue Opera and Social Change in Twentieth-century Shanghai* (Seattle: University of Washington Press, 2009).

Jones, Andrew. *Yellow Music: Media Culture and Colonial Modernity in the Chinese Jazz Age* (Durham: Duke University Press, 2001).

Kandel, Isaac Leon. *The Making of Nazis* (Teacher College, Columbia University, 1935).

Karatani, Kojin. *Origins of Modern Japanese Literature* (Durham: Duke University Press, 1993).

Judge, Joan. "Re-forming the Feminine: Female Literacy and the Legacy of 1898," in Rebecca E. Karl and Peter Zarrow, eds., *The Historical Legacies of the 1898 Reforms in China* (Cambridge, MA:

Harvard East Asian Center, 2002), 158-179.

Karl, Rebecca E.. *Mao Zedong and China in the Twentieth-century World: A Concise History* (Durham N.C. : Duke University Press, 2010).

Karl, Rebecca E.. "Can a Post-1919 World History be Written?" *Sungkyun Journal of East Asian Studies*, Vol.9, No.1, 2009,1-10.

Karl, Rebecca E.. "Journalism, Social Value, and a Philosophy of the Everyday in 1920s China," *Positions* (16:3) (Winter 2008), 539-567.

Karl, Rebecca E.. "The Violence of the Everyday Life in the Early Twentieth-century China," in Joshua Goldstein and Yue Dong, eds.. *Everyday Modernity in China* (Washington: University of Washington Press, 2006).

Karl, Rebecca E.. "On Comparability and Continuity: China circa 1930s and 1990s," *Boundary 2*, 32:2 (2005).

Karl, Rebecca E.. "Slavery, Citizenship and Gender in China's Late-Qing Global Context," in Peter Zarrow and Rebecca Karl, eds., *Rethinking the 1898 Reforms: Political and Cultural Change in Modern China* (Cambridge, MA: Harvard University, Council on East Asian Publications, 2002).

Karl, Rebecca E.. *Staging the World: Chinese Nationalism at the Turn of the Twentieth Century* (Durham: Duke University Press, 2002).

Karl, Rebecca E.. "Creating Asia: China in the World at the

Beginning of the Twentieth Century," *The American Historical Review*, Vol. 103, No. 4 (Oct., 1998), 1096−1118.

Kaske, Elisabeth. *The Politics of Language in Chinese Education, 1895−1919* (Leiden ; Boston: Brill, 2008).

Keenan, Barry. *The Dewey Experiment in China: Educational Reform and Political Power in the Early Republic* (Cambridge, Mass. : Harvard University Press, 1977).

Keenan, Barry. "Educational Reform and Politics in early Republican China," *Journal of Asian Studies,* 33:2 (1974), 225−237.

Laughlin, Charles. *Chinese Reportage: The Aesthetics of Historical Experience* (Duke University Press, 2002).

Lean, Eugenia. *Public Passions:The Trial of Shi Jianqiao and the Rise of Popular Sympathy in Republican China* (Berkeley: University of California Press, 2007).

Lee, Leo Ou-fan. *Shanghai Modern: The Flowering of a New Urban Culture in China, 1930−1945* (Cambridge, Mass.: Harvard University Press, 1999).

Li Hsiao-t'I. "Making a Name and a Culture for the Masses in Modern China," *Positions* ,9:1 (2001), 29−67.

Link, Perry. *Mandarin Ducks and Butterflies:Popular Fiction in Modern China* (Berkley: University of California Press, 1981).

Liu, Kang. "Popular Culture and the Culture of the Masses in Contemporary China," *Boundary 2*, Vol. 24, No. 3, 1997.

Liu, Kang. *Aesthetics and Marxism: Chinese Aesthetic Marxists and Their Western Contemporaries* (Durham: Duke University Press, 2000), Introduction.

Lu, Hanchao. *Beyond the Neon Lights: Everyday Shanghai in the Early Twentieth* Century (California: University of California Press, 1999).

Meng, Yue. *Shanghai and the Edges of Empires* (Minneapolis : University of Minnesota Press, 2006).

Mittler, Barbara. *A Newspaper For China? Power, Identity, and Change in Shanghai's News Media, 1872—1912* (Cambridge: Harvard Asian Center, 2004).

Pang, Laikuai. *Building a New China in Cinema: The Chinese Left-wing Cinema Movement, 1932—1937* (Lanham : Rowman & Littlefield Publishers, 2002).

Perry, Elizabeth. *Shanghai on Strike: The Politics of Labor* (Stanford: Stanford University Press, 1993).

Elibzabeth J. Perry and Merle Goldman, eds.. *Changing Meanings of Citizenship in Modern China* (Cambridge: Harvard University Press, 2002).

Peterson, Glen, Yahoe, Ruth, and Lu, Yongling. *Education, Culture, and Identity in Twentieth-century China* (Ann Arbor: University of Michigan Press, 2001).

Pomeranz, Kenneth. *The Great Divergence: China, Europe and the Making of the Modern World Economy* (Princeton: Princeton University Press, 2000).

Rawski, Evelyn. *Education and Power Literacy in Ch'ing China* (Ann Arbor: The University of Michigan Press, 1979).

Reed, Christopher. *Gutenberg in Shanghai: Chinese Print Capitalism, 1876—1937* (Vancouver: UBC Press, 2004).

Schmalzer, Sigrid. "Breeding a Better China: Pigs, Practices, and Place in a Chinese County, 1929—1937," *Geographical Review*, Vol. 92, No. 1 (Jan., 2002), 1—22.

Schneider, Laurence A.. *Ku Chieh-kang and China's New History: Nationalism and the Quest for Alternative Traditions* (Berkeley, Los Angeles, and London: University of California Press, 1971).

Schwarcz, Vera. *The Chinese Enlightenment: Intellectuals and the Legacy of the May Fourth Movement of 1919* (Berkeley, University of California Press, 1986).

Shiroyama, Tomoko. *China during the Great Depression: Market, State, and the World Economy, 1929—1937* (Cambridge, Mass. : Harvard University Asia Center : Distributed by Harvard University Press, 2008).

Tobin, Joseph, Hsueh, Yeh, and Karasawa, Mayumi. *Preschool in Three Cultures Revisited: China, Japan, and the United States* (Chicago: Chicago University Press, 2009).

Wang, Hui. "Scientific Worldview, Culture and Knowledge," in *The End of the Revolution* (London: Verso, 2009), 139—170.

Wang, Hui.*The Rise of Modern Thoughts in China* (Beijing:

Shenghuo dushu xinzhi sanlian, 2004).

Wakeman, Fredrick. *Policing Shanghai, 1927-1937* (Berkley: University of California Press,1995).

Walker, Kathy Le Mons. *Chinese Modernity and the Peasant Path: Semicolonialism in the Northern Yangzi Delta* (California: Standford University Press, 1999).

Walker, Kathy Le Mons. "Peasant Marginalization, and the Sexual Division of Labor in Early Twentieth-Century China: Women's Work in Nantong County," *Modern China*, Vol. 19. No. 3, 1993, 354-386.

Wang, Jessica Ching-Sze. *John Dewey in China,to Teach and to Learn* (New York: State University of New York Press, 2007).

Westbrook, Robert B.. *John Dewey and American Democracy* (Ithaca: Cornell University Press, 1991).

Wong,Wang-chi. *Politics and Literature in Shanghai: the Chinese of the Left-Wing Writers 1930-1936* (Distributed exclusively in Canada and US by St.Martin's Press: Manchester University Press, 1991).

Woodside, Alexander. "Read and Imagined Continuities in the Chinese Struggle for Literacy," in Ruth Hayhoe, ed., *Education and Modernization The Chinese Experience* (Oxford/ New York/ Seoul/ Tokyo: Pergamon Press, 1992), Chapter 2, 23-45.

Wright, Arthur F.. "The Sui Dynasty," in Denis Twitchett, ed., *The Cambridge History of China* (Cambridge: Cambridge University Press, 1979).

Yahoe, Ruth, Peterson, Glen, and Lu, Yongling. *Education, Culture, and Identity in Twentieth-Century China* (Ann Arbor: University of Michigan Press, 2001).

Yao, Yusheng, National Salvation through Education: Tao Xingzhi's Educational Radicalism (Ph.D. dissertation, University of Minnesota, 1999).

Yao, Yusheng. "The Making of a National Hero: Tao Xingzhi's Legacies in the People's Republic of China," *The Review of Pedagogy, Education, and Cultural Studies*, 24, 2002, 251–281.

Yeh, Wen-hsin. *Shanghai Splendor: Economic Sentiments and the Making of Modern China, 1843–1949* (Berkley and Los Angeles, California: University of California Press, 2007).

Yeh, Wen-hsin. "Huang Yanpei and the Chinese society of Vocational Education in Shanghai Networking," in *At the Crossroads of Empires: Middlemen, Social Networks, and State-Building in Republican Shanghai* (Stanford, California: Stanford University Press, 2008).

Zanasi, Margherita. *Saving the Nation: Economic Modernity in Republican China* (Chicago:University of Chicago Press, 2006).

Zarrow, Peter. *China in War and Revolution, 1895–1949* (London and New York: Routledge, 2005).

Zarrow, Peter. And Fogel, Joshua A., eds.. *Imagining The People: Chinese Intellectuals and the Concept of Citizenship, 1890–1920* (New York: M.E. Sharpe, 1997).

Zhang, Zhen. *An Amorous History of the Silver Screen: Shanghai Cinema, 1896–1937* (Chicago:University of Chicago Press, 2005).

Zong, Zhiwen. "Hu Shi and Tao Xingzhi," *Chinese Studies in History*, Vol. 42, No. 2 (2008), 3–21.

跨学科视野下的"群众"历史

——评肖铁《革命之涛：现代中国的群众》

近几年英文学界涌现出一批有关 20 世纪中国革命思想文化的研究，尤为值得注意的是这批著作的跨学科视野。2017 年由哈佛大学出版社出版的肖铁著《革命之涛：现代中国的群众》是这批研究中的代表。[①]"群众"是现代中国知识群体和政治精英讨论中的常见词。相比物理意义上的群众和群众集会，该书将有关群众的"话语"作为研究对象，在 20 世纪初全球思想史发生"群众转向"的背景下考察中国群众话语的崛起。全书从知识构成的角度，将不同知识群体有关群众的描述和看法放在同一个脉络下考察，彰显不同"群众"观之间的对话和竞争，呈现出一部鲜活而具有整体性的"群众"知识史。本文认为该研究体现出的全球

[①] Tie Xiao, *Revolutionary Waves: The Crowd in Modern China*, Cambridge: Harvard University Press, 2017. 中文学界对该书的关注包括肖铁《非理性之魅惑：朱谦之的群众观》，姚云帆译，《新美术》2014 年第 2 期。该文为《革命之涛》第 2 章。康凌在《国际比较文学》2019 年第 3 期对该书做了介绍［《肖铁:〈因众之名：群众的发现与叙述中国的方式〉》(英文)］。

思想史和知识史视野，敦促我们从更多角度更深入细致地呈现近代中国政党、知识分子组织和动员群众的历史。① 该书结合了心理学、史学以及文学的文献，并且借助了人类科学史、思想史、批评理论的方法和研究。其叙事紧紧地抓住不同派别的中国知识分子和政治精英流露出的对"群众"既超然又渴求的矛盾心理，并且跟踪了这样的矛盾如何最终在延安时期得到升华和解决。在这些知识论争中，"群众"既是有待认识的客体，也是用来批评现实的根据；在作者看来，深入追踪群众话语呈现出的内在张力，是理解革命中国政治文化和政治活力的钥匙。下文将分五个部分来梳理该书的内容，评析其方法论和局限。

一 学科史视野与群众心理学在中国

《革命之涛》前两章清楚地勾画出勒庞等人的群众心理学最初传入中国时的知识图景。学界在词源、翻译以及政治思想的层面，探索"群众"话语在中国的传播和影响，革命史学者更追溯了"群众"在核心中共文献中意涵和功能的变化。② 肖铁研究的

---

① 方维规指出概念史研究如果过分依赖量化分析，可能发现不了相关历史的"真相"。他指出全球视野下的概念内涵和历史语义学的考察是有挑战性但意义丰富的研究。见方维规《关于概念史研究的几点思考》，《史学理论研究》2020年第 2 期。

② 政治思想史的新近研究见邹小站《田桐〈革命之首领〉文本探源——兼谈勒庞〈乌合之众〉对中华革命党的影响》，《晋阳学刊》2018 年第 5 期。词源和翻译的研究见徐蕾、李里峰《群众心理学在近代中国的译介与传播》，《福建论坛（人文社会科学版）》2016 年第 12 期。革命史研究见李里峰《"群众"的面孔——基于近代中国情境的概念史考察》，《新史学》第 7 卷《20 世纪中国革命的再阐释》，中华书局，2013，第 31—57 页。

独特之处在于，他将群众心理学在中国的流行放置在 20 世纪初全球思想史发生的群众转向的大背景下。书中这一部分重点参考了心理学学科史的批评研究。[①] 这些研究的特点是，将心理学学科知识的出现作为一个历史过程，考察和反思心理学如何影响我们对现象的描述和解释。要指出的是，这些研究并不是否定心理因素的存在，更不是否定心理学知识在近代科学史上的贡献，而是历史地考察心理学知识体系的出现，反思系统性学科知识和方法论建立过程中的程式化、样式化推理及其预设和局限。肖铁称这种批评分析方法为"学科史视野"（disciplinary thinking），并自觉地将其运用到对中国"群众"话语的考察中。[②] 我认为，现有研究在描述和梳理"群众"等关键词传播流通路径层面，已经有了长足的发展，但仍然缺乏具有整体性的评判分析视野。而学科史和知识史的视角有助于综合分析"群众"等关键词和一揽子"思维"方式在进入近代中国语境过程中出现的变异。这个视角将近现代中国的新思想和新文化放置在世界图景中进行审视。这有利于我们呈现近代中国文化思想的异与同，建立更具批判视野和整体性的本土与世界的对话关系。

群众心理学的兴起是人类历史上晚近的事件。早期群众心理

---

① 该书参考的学科史研究包括 Nikolas Rose, *Inventing Our Selves : Psychology, Power, and Personhood*, Cambridge: Cambridge University Press,1998；*The Psychological Complex: Psychology, Politics and Society in England,1869-1939*, London: Routledge,1985；Ian Hacking, *Historical Ontology*, Cambridge, MA：Harvard University Press, 2004；Kurt Danziger, *Naming the Mind: How Psychology Found Its Language*, London: Sage, 1997。

② Tie Xiao, *Revolutionary Waves: The Crowd in Modern China*, pp.10-14.

学研究兴起于 19 世纪末期的欧洲，其中相当部分受到了当时医学领域催眠暗示和模仿临床研究的影响，其中就包括法国学者古斯塔夫·勒庞（Gustave Le Bon）的《乌合之众：群众心理研究》（*The Crowd：Study of the Popular Mind*）。这些研究认为人群的形成是集体的催眠和幻觉的结果，聚集行为本身是种病。到了 20 世纪初期，欧美的社会学和心理学沿着这一路径探索政治构成与群众不稳定性之间的关系。肖铁指出，19 世纪末到 20 世纪初的群众心理学的兴起，彰显了欧美知识群体对近代以来无处不在的聚集人群的关注，以及进一步以知识的形式"概念化"群众的愿望。这种心理学科式的思考和推理，无一例外地将"群众"转化为研究思考和政策实践的具体对象。那么，我们研究者对于社会心理学在近代中国的出现，就必须要追寻这种科学话语背后的知识构成的根本问题意识，警惕其本质化和去历史化的倾向。

《乌合之众：群众心理研究》一书最初出版于 1895 年。该书 1910 年经由日本，连同一批欧洲、美国和日本的心理学著作被介绍到中国。① 章锡琛、陈承泽是最早翻译该书的学者。如同清末民初进入中国的众多知识体系那样，群众心理学为此时中国知识分子提供了一套新的语言和词汇，来衡量由晚清到近代民族国家的转换。肖铁注意到，勒庞的社会心理学和同时期进入中国的弗洛伊德精神分析的主要议题相似，两者都试图回答人群集合体

---

① 近期国内学者发现中华革命党时期孙中山强调领袖权威，其思想来源之一也是勒庞，最早可以追溯到 1914 年。见邹小站《田桐〈革命之首领〉文本探源——兼谈勒庞〈乌合之众〉对中华革命党的影响》，《晋阳学刊》2018 年第 5 期。

理性与否这个问题。他们得出了相似的结论，认为使人群团结在一起的，并不是构成人群成员的理性的集合，而是出自心灵深处的非理性力量。身处五四运动前后社会运动浪潮及反智社会舆论的民国思想家、教育家如高觉敷、张九如等，此时将勒庞和弗洛伊德引入中国知识界。肖铁的分析表明，这些知识分子自觉地承担了判官的角色。他们描述和解释眼前社会运动中的人群聚集，进而评判这些人群是否足够理性和稳定，能否成为自决的政治群体。

诚然，有关群众心理不稳定等负面的看法，在精英主义话语中并不罕见。肖铁指出，高、张等勒庞的中国推崇者的新锐之处，并不是其对于群众心理的审视和得出的负面评价，而在于他们以科学的话语和学科样式化的推理"合理化"了这负面化群众的逻辑。这种合理化的机制，包括知识界的翻译活动、近代心理学学科的建立和推广，以及相关科学实验和研究领域的建立。肖铁发现，这些中国群众心理学家并不深究中国群众心理的内部，而是专注于群众心理有意识与无意识的二元对立分析。群众被视为个人的对立面，一种集体无意识的群体聚集。他们判定，群众的心理是不正常的，是脱缰的、无意识的，是生病了的、非理性的。高觉敷等将之总结为中国的群众心理。肖铁的分析意味深长地说明，群众心理学在 20 世纪中国的流传同样出现了"样式化推理"的现象。历史上中国和西方精英主义知识分子在本质化群众这一倾向上，惊人地相似。

虽然民国时期有着不同的政治伦理、学术派别乃至意识形态分野，但肖铁指出，从陈独秀、瞿秋白等左翼激进分子，到学院自由知识分子，再到国民党学者张九如，都无一例外地视群众心理学为知识"权威"。虽然这些知识分子不都认同勒庞群众心理学的二元分析，但他们都认同勒庞指出的人群集合体"无意识"和"非主体"的特性。肖铁指出，仅凭这些知识分子的"群众"心理观，很难识别他们间的派别和意识形态倾向。五四运动期间陈独秀就曾深度质疑运动群众的爱国热情，在他看来群众聚集引发的政治动荡终将导向极端和非理性。①

肖铁书中介绍的诸多知识分子案例中，令人印象最为深刻的是国民党精英胡汉民对勒庞的建设性批评。胡氏发表在《建设》周刊的文章借用丹麦学者克里斯腾森（Arthur Christensen，1875-1945）的研究，指出群体形成后，主体性的意识并没有消失。肖铁指出，胡氏有意识地删略节选了克里斯腾森有关集体意识的关键部分，而且其借用是一种创造性的误读。这种误读指向的是胡汉民强调的"群众心理的崇高"。②胡氏不同意勒庞关于群众内在非理性和不稳定的论断，他称赞群体心理的崇高。与陈独秀的看法不同，胡氏认为五四运动中群众的集合，恰恰激发了集体性的爱国热情和政治自觉。他说，勒庞过分强调民众和民众运动"纯粹破坏性"的一面，他的修辞将聚集的群众和其行为比附为成群出现的微生物，加速分解腐蚀羸弱的躯体。胡氏甚至创造性地改写了勒庞的这个比附，他说，在毁灭的时代，群众恰恰需要像尸

---

① Tie Xiao, *Revolutionary Waves: The Crowd in Modern China*, p.35.原文见陈独秀、欧声白《讨论无政府主义》，《新青年》第 9 卷第 4 期，1921 年。

② Tie Xiao, *Revolutionary Waves: The Crowd in Modern China*, p.35.原文见胡汉民《吕邦的群众心理》，《建设》第 1 卷第 1 期，1919 年。

体中的细菌一样，而在建设的时代，群众须是延续生命的细胞。[1]

胡汉民对于勒庞的批评指向了群众心理学另一个重要面向，即群众心理建构崇高的一面。胡氏的民众观折射出"生命医学"的细胞与人体的关系。[2] 胡氏自觉地将民族国家群体理解为有机社会组成，民众个体与国家共存、互为彼此。民族国家的新陈代谢依靠民众。由此，胡汉民提倡民众力量，个体唯一的存在作为民族国家共同体成员的存在。但肖铁指出，胡氏并没上升到社会群体的自主意识的层面，他依然强调革命政党领袖在组织和感召民众意识中不可或缺的地位。

由以上分析不难看出，学科史的视野使肖铁的分析能够穿透庞杂、多元的群众话语，识别近代中国的勒庞心理学推崇者之间的异同，呈现中国知识论争背后体现出的那种与西方知识界相似的、本质化群众的倾向。由此，肖铁也发掘出与胡汉民等勒庞推崇者形成鲜明对比的思想家朱谦之的历史价值。

二　勒庞的镜子：朱谦之的群众观

在肖铁看来，对勒庞的社会心理学最富原创性的深入批评来自朱谦之的"反知复情"革命说。[3] 活跃于五四时期思想界的朱谦之曾被吴稚晖称作 20 世纪 20 年代中国思想界四大代表人

---

[1]　Tie Xiao, *Revolutionary Waves: The Crowd in Modern China*, p.36.

[2]　Tie Xiao, *Revolutionary Waves: The Crowd in Modern China*, p.36.

[3]　本文这一部分讨论参考了姚云帆的译文。

物之一。①他信奉无政府主义和虚无主义，认为革命的动力源自一种出现在理性、社会、语言等固化过程之前的本源性的情感。这种动力外在于"理性与非理性"的社会，也外在于目的性逻辑。肖铁借用情感理论分析词汇，区分了"反知复情"中的"情动"（affect），和个人、私属等理性逻辑固化意义上的"情感"（emotion）。朱谦之认为这种理性之前和理性之外的情感力量是产生社会政治认同的情感基础。他的情感革命说是在意识与无意识、理性与直觉、操纵与自发这些关系中探索革命的可能性。朱氏的"反知复情"说是对勒庞二元群众心理学根本性的批评和质疑。他的情感革命说连同勒庞的二元群众心理分析，像一面镜子照射出此时中国知识分子群众观的边界与棱角。这种对比或明或暗地贯穿了《革命之涛》整本书中对各式群众话语的分析。

1921 年出版的《革命哲学》是朱谦之情感革命说的核心著作，与勒庞和其中国追随者相反，该书赞美本能的情绪、非理性的直觉本能、冲动及无意识。在勒庞和其中国追随者看来，群众是一个病态的实体，其特征是理智官能的降低和由此产生的情绪的激化，群众因此缺乏"主体上"的理性基础，无法自主和自觉。可是，在朱谦之看来，即便这种理论和描述是正确的，这些被极端情绪和非理性驱遣而行动的群众是否具有"革命能动性"，也要首先取决于人们如何定义"革命"，特别是革命与理性之间

①　《一个新信仰的宇宙观及人生观》，梁冰炫编《吴稚晖学术论著》，上海出版合作社，1925，第 24 页。学界研究集中在朱后期的文化哲学思想，对其早期革命哲学的研究不多。参见金洪爽《朱谦之"文化哲学"研究》，《中国哲学史》2008 年第 2 期；张历君《唯情论与新孔教：论朱谦之五四时期的孔教革命论》，《现代中文学刊》2019 年第 2 期。

的关系。

朱谦之认同清末民初思想家提倡的革命"进化"说，但他认为由传统到现代的进化轨迹，并非线性的、趋向完美的。他指出，进化和革命并非受外在环境影响而做出的改变和适应，而是根源于人类内在天性的消长变化。趋向"无"的虚无主义革命进化，并非一种对空的追逐，而是对自身内在驱力的复返。这一驱力就是他所谓的"情"，"情"就是本体，是真实，是个性自存的实体。在他看来从无向有的进化，包括情的本体也包括宇宙中的万物，这是一个"将真情理智化"的实用主义过程。这个过程使尘世简化成被理性技术宰制的冰冷客体，从而令人性消失。为了抵消理性对情的侵蚀，朱氏号召进行一场全新的革命，这场革命将涤荡一切对情感发扬的阻碍，因为唯有真情才是"个性自存的实体"。① 为了恢复人为的理性过程所遮蔽的原初情感，朱谦之提出了他的"反知复情"革命说。他认为必须经历四个阶段的革命：政治革命（资产阶级对贵族阶级革命）、社会革命（无产阶级对资产阶级的革命）、无政府革命（无政府主义者对所有政治机构），以及最后的虚无主义革命。在他看来，民初的中国和世界前三段的革命已经过去，他所奏响的是一场虚无主义的宇宙革命。他强调，为了恢复真情的本体，甚至由自由个体自愿组成的无政府组织，以及最终一切生命和物质性真实都要被消灭。如同章太炎一样，朱谦之也表现了对彻底革命、彻底消灭"此刻"的渴望。

---

① Tie Xiao, *Revolutionary Waves: The Crowd in Modern China*, p.66. 原文见朱谦之《革命哲学》，泰东图书局，1921，第 54 页。

《革命哲学》发表时正值罗素和杜威访华，理性主义和功用主义盛行。相对科学与知识，朱谦之推崇非理性和非知的态度。他力图证明，理性思维和科学方法都是为功和利而宰制现实的手段。在他看来，科学和理性都是"贵族的思想"，为资本家张目的大学教授自然热衷于提倡。而真正的革命哲学"是根于情感的直觉，为与生俱来不学而能的东西，而且什么人都有，故这种思想，是平民的"。①人的情感不应被社会道德和理性化的习俗所桎梏，而是可以流转运行，毁灭一切道德、经济和社会政治体制的源泉。

朱谦之的情感革命说同时折射出 20 世纪初的中国和世界思想界的激进本色。肖铁指出，朱氏的思想扎根于此时中西时代变革的双坐标思想谱系，一个是以情感为主体和以道德权威为基础的中国思想传统；另一个是此时全球范围内新兴起的心理学理论和反理性主义浪潮。朱谦之借用德国心理学家冯特（Wilhelm Wundt，1832-1920）的心理生理学研究和法国哲学家伯格森（Henri Bergson，1859-1941）等的情感研究，将心灵构想为一个心理 - 生理的范畴，描述儒家传统中的情、意、智的变化。由此，朱谦之思想的历史价值，并不仅仅体现在他提出情感优先于认识，更体现为他运用情 - 意 - 智三分法代替了儒学"性情之辩"中最核心的"情 - 欲 - 礼"。②朱谦之群众观的唯情革命说因此也深刻地彰显出近代中国"群众"话语和思想的复杂和特殊性。

---

① Tie Xiao, *Revolutionary Waves: The Crowd in Modern China*, p.79.

② Tie Xiao, *Revolutionary Waves: The Crowd in Modern China*, pp.70-71.

三　先锋知识分子与群众

《革命之涛》一书后半部分着眼先锋作家和政党政策，追踪群众话语在 20 世纪三四十年代的流变。区别于以往的文学和革命文化史研究，肖铁将这些有关群众的文学创作与文化政策，放入全书 20 世纪"群众"话语的思想史脉络中，并与勒庞和朱谦之各自的群众话语形成前后对照。由此，为我们深入理解知识分子与大众的关系，以及先锋政党的角色等经典问题，提供了新的视野。另外，该书前半部分侧重心理学史和学科史研究的运用，而后半部分则将文学研究、批评分析与思想史和文化人类学研究成果相结合，创造性地运用并再现了诸多经典研究。从内容上看，这部分对于知识分子自我以及群众声音的解析，凸显了 20 世纪中国革命主体出现过程中的张力和困境。

肖铁从个人与集体融合这个重要命题入手。在这一部分的研究中，他结合了思想史领域和文学领域有关知识分子激进化和现代主体性的经典研究，并将这一命题追根溯源到 20 世纪 20 年代革命文学的初始时刻。[①] 他指出，此时中国先锋知识分子和作品中普遍存在着"自我群体化"的倾向，即个体对于集体、群体

---

① 　Tie Xiao, *Revolutionary Waves: The Crowd in Modern China*, pp.14-15. 肖铁结合了王汎森中国知识分子边缘化的研究和杰姆逊先锋知识分子"渴求去个人化"倾向的研究。见王汎森《近代知识分子自我形象的转变》，《中国近代思想与学术的系谱》，联经出版事业股份有限公司，2003；Frederic Jameson, *A Singular Modernity: Essay on the Ontology of the Present*, London: Verso, 2002。

的渴求，而这种渴求又伴随着知识分子"保留自我"的焦虑，也就是说自我群体化和自我保留两种倾向并存。[1] 此时先锋作家作品常出现"群波""群涛"等有关群众的流动性和可塑性的象征。群众的浪潮在西方语境下往往天然包含负面和悲观的现实，因为如同潮水一般群体的出现昭示着工业化和城市化带来的社会解体和由此产生的威胁。而在中国先锋作家如杨骚、丁玲等的作品中，群众的浪潮常常象征着群众聚合而形成的一种坚韧的约束力。肖铁强调这种"约束力"在先锋知识分子处理个人与集体融合命题过程中的重要性，他认为这彰显了一种不同于西方群众话语的"身体政治"。[2]

　　与此同时，勒庞群众话语中群众的非理性和不稳定性并未消失，由此升发出知识分子的自我保留和焦虑。在肖铁看来，叶绍钧、茅盾等作家作品的引人入胜之处，恰恰在于其从不同角度和重心，细腻地呈现了一种极具时代气质的矛盾：知识分子既害怕融入群众失去自我，又渴望和敬畏群体的约束力。《倪焕之》（1928）极好地呈现出知识分子苦涩又甜蜜的归属感与对神秘群众的敬畏感和排斥感之间的紧张关系。倪焕之试图同时成为"演员"和"观众"，这种近乎精神分裂的自我拯救恰恰加剧了主人公对失去自我的焦虑。[3] 这种悬而未决的紧张感，在作家胡也频那里，恰恰是个体知识分子思考情感、审视自我的源头。胡也频的早期作品体现了一种浪漫放纵和颓废孤立的个体

---

[1]　Tie Xiao, *Revolutionary Waves: The Crowd in Modern China*, p.103.

[2]　Tie Xiao, *Revolutionary Waves: The Crowd in Modern China*, p.104.

[3]　Tie Xiao, *Revolutionary Waves: The Crowd in Modern China*, p.110.

情感。相比之下，在胡也频后来的创作中，革命现实主义中的大众幻想为他提供了一种想象的场景，通过这种场景，人们的私欲可以在浪漫感觉和政治刺激的融合中同时得到实现和克制。也就是说，浪漫化了的革命群众并非对个体的压抑，相反，革命群众想象营造启发了对个体的内在思考。从肖铁的分析中可以深刻地体会到，无论是悬而未决的紧张感，还是个体内在的成就，这其中升华出的是大革命时期一代中国先锋知识分子极度自觉的现代追求，而非自我迷失。而当这一代先锋知识分子奔赴抗战救国前线、投入土地革命之时，群众话语的内在张力和矛盾也出现了新的解决途径。

四　让群众发声

自民国初年蔓延开来的群众话语的内在张力始终没有消失，而在抗战救国和延安时期，群众话语的内在矛盾出现了新的解决方式。肖铁这一部分的讨论围绕着"如何让群众发声"这一核心问题展开。如何让革命群众发声？肖铁借用十分形象的"腹语术"这一艺术手法比附和概括革命知识分子对这一问题的回应。他用确凿的史料说明，郭沫若、任钧、艾青等投身革命的作家知识分子已经自觉地认识到自己的媒介作用。他们关注的核心问题是如何以产生最少噪声的方式，使群众的声音被听到。也就是说，他们意识到媒介的必要性，并试图超越媒介本身的局限。艾青在其抗战时期作品《群众》（1940）中认识到自己的"喉管"不是自己的而是大众的，徘徊在知识分子与大众融合的时刻。他惊诧于自己细小喉咙中涌动出的"万人的呼吸"，震撼自己成为群众声音的媒介和授权人。他反复问自己，群众究竟在想什么、做什么。在诗篇最后他化身为旁观者，看到自己消失在不可抵挡的大众洪流之中，化为数字，化为尘埃。等同于数字的"群众"和诗人个体的消亡，表面上似乎印证了勒庞的非理性群众话语。但肖铁指出，这种文学表达形式本身恰恰体现出革命知识分子的清醒与自觉，这种自觉的、有意识的与群众融合，完全不同于勒庞及其追随者的二元群众观。

解放战争时期，在以阶级和阶级斗争为主体的政治运动和文学想象中，群众话语的内在矛盾得到了解决。最近十几年，土改中的农民"诉苦"问题持续得到不同领域学者的关注。这些研究都认识到，农村的土地分配状况和社会生产关系并不能充分地诠释政党的阶级话语，因而均侧重从经济利益、政治权力方面，以农村、农民的主体角度来解析中国共产党的阶级和群众话语。[①]相比之下，肖铁认为土改诉苦让群众发声的重要意义在于一种新的政治文化的出现。在他看来，延安时期的土地改革不仅仅是在经济和社会意义上的农民革命，更是中共作为一种不同于以往的新的政治力量，奠定其政治文化的重要时刻。这个时刻是让群众能够意识到并且能够表述（阶级）政治的时刻。由此，这一时期

[①]　有关农民诉苦动因的研究，参见吴毅、陈颀《"说话"的可能性——对土改"诉苦"的再反思》，《社会学研究》2012 年第 6 期。有关技术动员和政治规训，见李里峰《土改中的诉苦：一种民众动员技术的微观分析》，《南京大学学报（哲学·人文科学·社会科学版）》2007 年第 5 期。

的土改诉苦运动以及相应的中共知识分子土改文学叙事，就成了他考察延安时期政党和知识精英如何处理民国以来群众话语内在矛盾的重要历史文献。

《革命之涛》中这一部分的论述主要围绕丁玲 1948 年的小说《太阳照在桑干河上》展开，集中关注这一重要文本对群众如何发声的描述和对群众形象的呈现。肖铁注意到小说中土改工作组组长的知识分子文采并未能唤起大众、使自己成为群众的"喉舌"，但群众却在出身农民的党的干部的帮助下，识别出村里的斗争对象。肖铁指出小说高潮部分的"诉苦"是一种农民集体打抱不平，同时也是一种对群众声音的规训。[1] 群众对自我苦难的认识和诉说是以阶级斗争的语言呈现出来的。诉苦引发了群众情感，甚至出现暴力的情形，党的干部又承担了克制和疏导群众情感和暴力的角色。肖铁评论道，小说高潮结局部分，我们似乎同时看到了群众爆发出的力量以及即刻被训诫的可能，看到了陈独秀、瞿秋白对于群众的担忧，也看到了胡汉民、张九如等关注的群众力量，以及领袖的规训作用。肖铁认为，丁玲小说中群众声音呈现的前后变化过程，十分集中地体现了革命主体的困境。群众虽然在革命诉苦过程中释放了他们的力量和声音，但这一自我建构的群众主体最终吊诡地被革命的过程本身所征服。[2] 这种革命叙事体现的是以群众发声为基础、以党的干部引导为方向的政

---

[1]　肖铁借用了文化人类学研究的成果，见 Ann Anagnost, "Making History Speak," *National Past-Times: Narrative, Representation, and Power in Modern China*, Durham, NC: Duke University Press, 1997。

[2]　Tie Xiao, *Revolutionary Waves: The Crowd in Modern China*, p.183.

治文化逻辑。自民国以来的能动又不稳定的"群众"话语的内在矛盾由此得到了解决和升华。

五　从"群众"历史到群众历史

从五四运动时期西方群众心理学最初进入中国的争辩，经由 20 世纪 30 年代的流变，到 40 年代"群众"成为描述中共土地革命的核心词语，《革命之涛》清晰地呈现了身处社会变革中的中国精英的群众观念的演变，也识别出近代中国群众话语的普遍性和特殊性。该书雄辩地说明了在近代中国知识话语中，"群众"绝非一个先验、稳定的社会学和政治学范畴，而是问题意识本身。从这些意义上来说，这是一部具有深度和广阔视野的优秀著作。

我认为这本书的天然缺陷是，作者论域限制在有关群众的知识论争，并没有观照具体革命运动中革命政党和群众之间的关系，因此影响了对群众政治的深入考察。但与此同时，我认为该书的讨论整体上引发了革命史领域的一个重要但尚未被充分研究的问题，即革命主体经历的多样性。如同肖铁书中呈现的革命知识分子对于群众的复杂心态，近些年涌现的一批新锐的革命史研究也清晰地表明，无论是革命中坚力量的知识分子、干部，还是被动员的群众，都不是一成不变的和被动的。这些研究认为，革命的主体和客体都无法化约为集体政治中没有灵魂的个体，也不是单纯的经济理性人群。革命的经历源自复杂和朴素的地方性因素，与此同时，革命境遇本身也塑造和改变了婚姻、两性情感、个人与社会，甚至日常生活等议题的意涵。① 由此，我认为政治动员工具论和政治规训论，并不能充分地描述和诠释革命政党和知识分子走向群众、组织动员群众的复杂过程。因为这个思路不可避免地将能动、多元的群众和地方化约为政治的"傀儡"，② 也无法顾及和考量参与其中的知识分子及政党在思想和文化层面上的复杂性。走向群众的过程，不仅仅是政治动员的过程，也是一个多层次的思想、文化乃至既有观念和生活方式碰撞的过程。恰恰是在这一过程中，多层次的既有思想、社会和文化的力量被革命的力量所融合和重新塑造。也恰恰是在这样的意义上，有关"群众"的知识论争和思想层面的历史，才有可能融入革命和群众的历史，才可能实现多样、深入的群众史和革命史。

原刊《史学理论研究》2020 年第 6 期

---

① 近期的研究包括但不限于丛小平《左润诉王银锁：20 世纪 40 年代陕甘宁边区的妇女、婚姻与国家建构》，《开放时代》2009 年第 10 期；黄道炫《"二八五团"下的心灵史——战时中共干部的婚恋管控》，《近代史研究》2019 年第 1 期；李里《"革命夫妻"：中共白区机关家庭化中的党员角色探析（1927—1934）》，《中共党史研究》2019 年第 11 期；冯淼《〈读书生活〉与三十年代上海城市革命文化的发展》，《文学评论》2019 年第 4 期。

② 相关的讨论见吴毅、陈颀《"说话"的可能性——对土改"诉苦"的再反思》，《社会学研究》2012 年第 6 期。上注所列的丛小平的研究说明了 20 世纪 40 年代陕甘宁边区婚姻法改革实践中农村妇女是地方社会与国家权力博弈中不可忽视的力量，冯淼的研究注意到识字劳工的日常生活经历和情感偏好影响了左翼、中共知识分子的城市革命文化实践。

图书在版编目（CIP）数据

近代中国大众教育的兴起：1927-1937 / 冯淼著
. -- 北京：社会科学文献出版社，2023.5
ISBN 978-7-5228-1742-2

Ⅰ.①近… Ⅱ.①冯… Ⅲ.①教育史－研究－中国－
1927-1937 Ⅳ.① G529.5

中国国家版本馆 CIP 数据核字（2023）第 073256 号

近代中国大众教育的兴起（1927—1937）

著　　者 /	冯　淼
出 版 人 /	王利民
责任编辑 /	陈肖寒
责任印制 /	王京美
出　　版 /	社会科学文献出版社·历史学分社（010）59367256
	地址：北京市北三环中路甲 29 号院华龙大厦　邮编：100029
	网址：www.ssap.com.cn
发　　行 /	社会科学文献出版社（010）59367028
印　　装 /	三河市尚艺印装有限公司
规　　格 /	开本：889mm×1194mm 1/32
	印张：9.5　字数：207 千字
版　　次 /	2023 年 5 月第 1 版　2023 年 5 月第 1 次印刷
书　　号 /	ISBN 978-7-5228-1742-2
定　　价 /	79.00 元

读者服务电话：4008918866